신주 사마천 사기 30

전단열전

노중련추양열전

굴원가생열전

여불위열전

자객열전

이 책은 롯데장학재단의 지원을 받아 번역, 출간되었습니다.

신주 사마천 사기 30 / 전단열전·노중련추양열전·굴원가생열전 여불위열전·자객열전

초판 1쇄 인쇄 2023년 10월 15일
초판 1쇄 발행 2023년 11월 10일

지은이 (본문) 사마천
          (삼가주석) 배인·사마정·장수절
번역 및 신주 한가람역사문화연구소 사기연구실

펴낸이 이덕일
펴낸곳 한가람역사문화연구소

등록번호 제2019-000147호
주소 서울특별시 종로구 김상옥로17 대호빌딩 신관 305호
전화 02) 711-1379
팩스 02) 704-1390
이메일 hgr4012@naver.com

ISBN 979-11-90777-43-8 94910

값은 뒤표지에 있습니다.

세계 최초
**삼가주석
완역**

신주
사마천
사기

전단열전 | 노중련추양열전
굴원가생열전 | 여불위열전
자객열전

지은이
본문_ 사마천
삼가주석_ 배인·사마정·장수절
번역 및 신주
한가람역사문화연구소 사기연구실

한가람역사문화연구소

차례

사기 제83권 史記卷八十三
노중련추양열전 魯仲連鄒陽列傳

사기 제84권 史記卷八十四
굴원가생열전 屈原賈生列傳

차례

사기 제85권 史記卷八十五
여불위열전 呂不韋列傳

사기 제86권 史記卷八十六
자객열전 刺客列傳

新註史記

원 사료는 중화서국中華書局 발행의 《사기》와 영인본 《백납본사기百衲本史記》를 기본으로 삼고, 인터넷 사료로는 대만 중앙연구원 역사어언연구소歷史語言研究所에서 제공하는 한적전자문헌자료고漢籍電子文獻資料庫의 《사기》를 참조했다.

일러두기

❶ 네모 상자 안의 글은 사기 본문 및 삼가주석 서문의 글이다.

❷ 한글 번역문 바로 아래 한문 원문을 실어 쉽게 대조할 수 있게 했다.

❸ 삼가주석 아래 신주를 실어 우리 연구진의 새로운 해석을 달았다.

❹ 사기 분문뿐만 아니라 삼가주석도 필요할 경우 신주를 달았다.

❺ 직역을 원칙으로 삼고 의역은 최대한 피했다.

❻ 한문 원문에서 ( )는 빠져야 할 글자를, 〔 〕는 추가해야 할 글자를 나타낸다.
예) 살펴보니 15개 읍은 이 두 읍에 가까웠다.
案 十五邑近此(三)〔二〕邑

《사기》〈열전〉의 넓고 깊은 세계에 관하여

1. 시대별 〈열전〉의 세계

《사기》는 〈본기本紀〉, 〈표表〉, 〈서書〉, 〈세가世家〉, 〈열전列傳〉의 다섯 부분으로 구성된 기전체紀傳體 역사서이다. 기전체라는 이름은 다섯 부분 중에 제왕의 사적인 〈본기〉와 신하의 사적인 〈열전〉이 중심이라는 사실을 시사하고 있다. 〈본기〉가 북극성이라면 〈세가〉와 〈열전〉은 북극성을 향하는 뭇별이라는 구성이다. 〈열전〉은 모두 70편으로 구성되어 있지만 한 편의 〈열전〉에 여러 명을 수록하는 경우가 여럿이어서 실제 수록된 인물은 300명이 넘는다. 중국의 24사는 대부분 《사기》를 따라 기전체를 택하고 있지만 《사기》만의 독창적 내용이 적지 않다.

먼저 서술 시기를 보면 《사기》는 한 왕조사가 아니라 오제五帝부터 자신이 살던 한무제漢武帝 시기까지 천하사天下史를 기술했기에 그 시기가 광범위한데, 이는 〈열전〉도 마찬가지다. 그래서 이를 시기별로 나누어 정리할 필요가 있다.

첫째 시기는 춘추春秋시대 이전부터 춘추시대까지 활동했던 여러 인물이다. 〈백이열전伯夷列傳〉부터 〈중니제자열전仲尼弟子列傳〉까지 7편이 그런 경우로서 백이伯夷·숙제叔齊, 관중管仲, 안영晏嬰, 노자老子, 손자孫子, 오자서伍子胥, 공자孔子의 제자들 등이 이에 속한다.

둘째 시기는 전국戰國시대와 진秦 조정에서 활동한 인물들에 대해서 서술했다. 〈상군열전商君列傳〉부터 〈몽염열전蒙恬列傳〉까지 21편이 이런 경우로서 상앙商鞅, 소진蘇秦, 장의張儀, 백기白起, 왕전王剪, 전국 4공자, 여불위呂不韋, 이사李斯, 몽염蒙恬 등이 이에 속한다.

셋째 시기는 초楚와 한漢이 중원의 패권을 다투던 시기에 활동했던 인물들이다. 〈장이진여열전張耳陳餘列傳〉부터 〈전담열전田儋列傳〉까지 6편으로 장이, 진여, 한신韓信, 노관盧綰 등이 이에 속한다.

넷째 시기는 한고조 유방부터 경제景帝 때까지의 인물들을 서술하고 있다. 〈번역등관열전樊酈滕灌列傳〉부터 〈오왕비열전吳王濞列傳〉으로 번쾌樊噲, 육가陸賈, 계포季布, 유비劉濞 등이 이에 속한다.

다섯째 시기는 한무제 때의 인물들이다. 〈위기무안후열전魏其武安侯列傳〉등으로 두영竇嬰, 이광李廣, 위청衛青, 곽거병霍去病 등과 사마천 자신에 대해서 서술한 〈태사공자서太史公自序〉도 이 범주에 들 수 있다.

사마천은 한 사람의 인생 전부를 서술하는 개념으로 〈열전〉을 서술하지는 않았다. 그가 관심을 가진 것은 특정 인물이 어떤 사상을 가지고 한 시대를 어떻게 헤쳐 나갔는가, 또는 그 시대에 어떤 영향을 미쳤는가 하는 것이지 인생 전반을 세세하게 서술하는 것은 아니었다. 그러다보니 《사기》〈열전〉을 보면 한 인간의 역경을 통해서 그가 산 시대의 생생한 분위기도 엿볼 수 있다.

2. 〈백이열전〉을 첫머리로 삼은 이유

《사기》〈열전〉이 지금껏 인구에 회자되는 것은 사마천이 당위성만 추구한 것이 아니라 당위성과 실제 현실 사이의 괴리를 포착해 한 인물의 부침을 서술했기 때문이기도 할 것이다. 그가 〈열전〉의 첫머리를 〈백이열전〉으로 삼은 것은 〈세가〉의 첫머리를 〈오태백세가吳泰伯世家〉로 삼아 막내 계력季歷에게 왕위를 물려준 사양辭讓의 정신을 크게 높인 것과 마찬가지로 이利보다는 의義를 추구한 백이·숙제를 높인 것이다.

사마천은 제후가 아닌 공자를 〈공자세가〉로 높여 서술하고 〈중니제자열전〉과 〈유림열전儒林列傳〉도 서술해 유가儒家를 높이기도 하였다. 그러나 사마천은 단순히 유학을 높인 것이 아니라 유학에서 천하는 공公의 것이기에 자기 자식이 아니라 현명한 인물에게 자리를 넘겨주는 선양禪讓의 정신을 높게 산 것이다. 그래서 오제의 황제黃帝부터 요순堯舜까지 행해졌던 선양禪讓의 정신을 크게 높였다.

그러나 〈백이열전〉에서 사마천은 "백이·숙제는 남을 원망하지 않았다."는 공자의 말을 수록하면서도 사마천 자신은 공자의 견해에 동의하지 않고 백이·숙제의 뜻을 비통한 것으로 여겼다. 또한 그가 의문을 가진 것은 "하늘의 도道는 친함이 없고 항상 선한 사람과 함께한다."라고 했는데 선한 사람인 백이·숙제 같은 사람이 왜 굶어죽어야 했느냐는 질문이다. 그럼에도 불구하고 이利를 추구하는 삶보다 의義를 추구하는 삶이 중요하다는 생각에서 〈백이열전〉을 첫머리로 삼은 것이다.

〈백이열전〉뿐만 아니라 초나라를 끝까지 부흥시키려고 했던 〈춘신군열전春申君列傳〉이나 〈자객열전刺客列傳〉 등도 이에 속한다. 〈자객열전〉의 형가荊軻가 남긴 "장사 한 번 떠나면 다시 돌아오지 않으리[壯士一去兮不復還]"라는 시가가 대일항전기 의열단원들이 목숨을 걸고 국내에 잠입할 때 동지들과 나누던 시가라는 점은 시대와 장소를 넘어 의義의 실천에 목숨을 건 사람들이 깊은 동질감을 느꼈기 때문일 것이다.

3. 주제별 〈열전〉

〈열전〉 중에는 각 부문의 사람들을 주제별로 묶어서 서술한 〈열전〉이 적지 않다. 좋은 벼슬아치를 뜻하는 〈순리열전循吏列傳〉은 이후 많은 기전체 역사서가 따라서 서술하고 있다. 후세 벼슬아치들에게 역사의 포상이 가장 중요한 상으로 여기고 좋은 벼슬아치가 되려고 노력하라는 권고의 뜻을 담고 있다. 또한 혹독한 벼슬아치를 뜻하는 〈혹리열전酷吏列傳〉은 반대로 역사의 비판이 가장 무거운 형벌임을 깨닫고 백성들을 가혹하게 대하거나 가렴주구를 하지 말라는 권고를 담고 있다.

사마천은 비록 유학을 높였지만 유자儒者는 칭송을 받는데 유협游俠은 비난을 받는 현실에 대해서도 불만이었다. 그래서 유협들도 수백 년이 지난 후에도 제사를 받든다면서 〈유협열전〉을 서술했다. 〈유협열전〉같은 경우 《사기》, 《한서》와 그 전편이 모두 전하지 않는 《위략魏略》 정도가 이어서 유협에 대해 서술하였고 이후의 역사서에서는 외면받았던 인물들이다.

사마천은 또한 '기업가 열전'이라고 할 〈화식열전貨殖列傳〉을 서술했다는 이유로도 비판받았지만 그가 지금껏 역사가의 전범典範으로 대접받는 밑바탕에는 경제를 무시하지 않았던 역사관이 깔려 있었다. 그러나 〈화식열전〉은 이후《사기》와《한서》에서만 서술하고 있을 정도로 여러 사서는 벼슬아치와 학자만 높였지 사업가는 낮춰 보았던 것이 동양 유학 사회의 현실이었다.

《사기》에만 실려 있고, 다른 기전체 사서는 외면한 〈열전〉이 〈골계열전滑稽列傳〉, 〈일자열전日者列傳〉, 〈귀책열전龜策列傳〉이다. 〈골계열전〉은 보통 세속을 따르지 않고, 세상의 이익을 다투지 않는 것을 귀하게 여기는 사람들의 풍자정신에 대해 서술한 것으로 해석된다. 사마천이 보기에는 천문관측에 관한 〈일자열전〉이나 길흉을 점치는 복서卜筮에 대한 〈귀책열전〉도 나라를 다스리는데 필수적이라는 생각에서 이를 〈열전〉에 서술했다.

4. 위만조선만 서술한 〈조선열전〉

사마천이 〈열전〉에서 창안한 형식중 하나가 외국에 대한 〈열전〉이다. 사마천은 〈흉노열전匈奴列傳〉을 필두로 〈남월열전南越列傳〉, 〈동월열전東越列傳〉, 〈조선열전朝鮮列傳〉, 〈서남이열전西南夷列傳〉 등을 서술했다. 이것이 공자가《춘추》에서 높인 존주대의尊周大義와 함께 중국의 전통적인 화이관華夷觀을 만들어 낸 것으로 볼 수 있다.

그러나 사마천은 동이족이 분명한 삼황三皇을 배제하고 오제五帝부터 서술한 데에서 알 수 있는 것처럼 화하족華夏族의 뿌리를 찾기 어렵다는 현실에 부닥칠 수밖에 없었다. 그래서 때로는 이족夷族의 역사를 무리하게 화하족 역사로 편입시키려 노력했다. 한나라를 크게 괴롭혔던 흉노를 하夏나라의 선조 하후夏后의 후예로 서술하고, 남월, 동월 등도 그 뿌리를 모두 화하족과 연결되게 서술한 것은 이 때문일 것이다.

〈조선열전〉에서는 단군과 기자의 사적은 생략하고 연나라 출신 위만衛滿에 대해서만 서술했다. 사마천은 《사기》의 여러 부분에서 기자箕子에 대해 서술했고, 그가 존경하던 공자가 《논어》에서 기자를 미자微子, 비간比干과 함께 삼인三仁으로 꼽았으므로 그의 사적을 몰랐을 리 없다. 그러니 기자가 주무왕周武王에 의해 석방된 후 '조선朝鮮'으로 갔다는 사실을 몰랐을 리 없고 기자가 간 조선이 '단군조선檀君朝鮮'이라는 사실도 몰랐을 리 없다. 그러나 사마천은 단군과 기자는 생략하고 위만조선만 서술했다. 그럼에도 그가 〈조선열전〉이라도 서술했기에 우리는 위만조선과 한나라의 관계나 위만조선의 왕족과 귀족들이 왜 망국 후 한나라의 제후로 봉함을 받았는지 알 수 있게 되었다.

이제 〈열전〉을 내놓으면서 40권에 이르는 《신주 사마천 사기》의 대단원의 막이 내려진다. 《신주 사마천 사기》는 비단 지금까지 전 세계에서 발간된 가장 방대한 《사기》 번역서 및 주석서일 뿐만 아니라 그간 《사기》에서 놓쳤던 여러 관점과 사실에 대해 알 수 있다. 예를 들면 《사기》 본문 및 그 주석에 숱하게 드러나고 있는 이족夷族의 역사를 되도록 되살렸다는 내용면에서도 새로운 시도라고 자평할 수 있다. 《신주 사마천 사기》 완간을 계기로 사마천이 그렸던 천하사가 더욱 풍부해질 뿐만 아니라 《사기》 속에 숨어 있던 우리 선조들의 이야기가 우리 후손들의 가슴 속에 자리잡게 된다면 망외의 소득이라고 말할 수 있을 것이다.

사기 제82권 史記卷八十二

전단열전 田單列傳

사기 제82권 전단열전 제22

史記卷八十二 田單列傳第二十二

신주 본 열전은 전단이 제나라 민왕 때 하급관리로 출발하여 장수되어 즉묵 사람들을 이끌고 연군燕軍을 격파하며 빼앗긴 옛 땅을 수복하는 과정을 그리고 있다.

제나라는 위왕威王과 선왕宣王 시대를 거치면서 동방의 최강국으로 떠오르며, 서쪽의 진秦나라에 대적할 수 있는 유일한 세력으로 성장한다. 그러나 민왕 때 진나라를 필두로 한 6국 연합의 공격을 받으며, 제나라는 처참하게 무너진다. 특히 제나라에 커다란 원한을 가지고 있던 연나라 장군 악의樂毅의 공격에 속수무책으로 무너지며 동쪽은 즉묵卽墨, 남쪽은 거莒와 그 일대만을 남기고, 수도 임치臨淄를 비롯한 제나라의 국토 대부분을 5년 동안 연나라에 점령당하는 상태가 되는데, 이때 등장하는 인물이 전단이다.

전단田單(?~?)은 제나라 전씨 일족으로, 연나라와의 안평전투에서 구사일생으로 살아남아 일족을 이끌고 즉묵으로 피한다. 마침 연나라 소왕昭王이 죽고 혜왕惠王이 즉위하자 전단은 반간계反間計로 악의를 내치고 기겁騎劫으로 대신하게 한 다음, 화우지계火牛之計로 연나라를 물리친다. 이 승세를 타고 연나라 군을 연달아 격파하여 제나라 옛 성 70여 성을 되찾음으로써 잃어버린 국토를 거의 회복한다. 이에 양왕은 그를 안평군安平君으로 봉한다. 하지만 국력을 소모한 제나라는 연나라의 재침입으로 무너져 다시 재기하지 못했다. 그러나 그가 제나라의 옛 땅을 회복하는 과정에서 벌인 반간계反間計와 화우지계火牛之計는 대단한 책략이었다. 이를 사마천은 "처음에는 마치 처녀처럼 하여 적군이 문을 열게 하고 나중에는 집을 탈출한 토끼와 같았다."라고 평가하였다.

제나라를 회복한 전단

전단田單[1]은 제나라 (왕족들인) 전씨들의 먼 친속이다. 민왕湣王 때 전단은 임치臨菑의 시연市掾(시장담당 하급관리)이 되었지만 (남들이) 알아주지 않았다.

연나라에서 악의를 시켜 제나라를 정벌하고 깨뜨리자, 제나라 민왕은 탈출해 도망친 다음 거성莒城을 지키고 있었다. 연나라 군대는 멀리까지 적을 몰아내 제나라를 평정했다. 전단은 안평安平[2]으로 달아나 그의 종인들로 하여금 차축 끝을 잘라서[3] 쇠를 부착시켜 잘 굴러가도록[4] 했다.

이윽고 연나라 군사들이 안평을 공격하여 안평성이 무너졌다. 제나라 사람들이 달아나느라 길을 다투다가 수레의 굴대가 부러지고 수레는 전복되어[5] 연나라 포로가 되었다. 오직 전단의 집안 종족들만 쇠로 수레의 굴대를 감싼 덕분에 그곳을 벗어나 동쪽 즉묵卽墨으로 가서 보존했다.

연나라는 이미 제나라 성을 모두 항복시켰으나 유독 거와 즉묵을 함락시키지 못했다.[6] 연나라 군사들은 제나라 왕이 거 땅에 있다는 소문을 듣고 군사를 합쳐 그곳을 공격했다. 요치[7]가

민왕을 거에서 살해한 다음에 견고하게 지키며 연나라 군사를 막
았는데 여러 해가 지나도록 함락되지 않았다.

田單①者 齊諸田疏屬也 湣王時 單爲臨菑市掾 不見知 及燕使樂毅伐破
齊 齊湣王出奔 已而保莒城 燕師長驅平齊 而田單走安平② 令其宗人盡
斷其車軸末③而傅鐵籠④ 已而燕軍攻安平 城壞 齊人走 爭塗 以轊折車
敗⑤ 爲燕所虜 唯田單宗人以鐵籠故得脫 東保卽墨 燕旣盡降齊城 唯獨
莒卽墨不下⑥ 燕軍聞齊王在莒 幷兵攻之 淖齒⑦旣殺湣王於莒 因堅守
距燕軍 數年不下

① 田單전단

색은 單의 발음은 '단丹'이다.

單音丹

② 安平안평

집해 서광이 말했다. "지금의 동안평東安平이며 청주 임치현 동쪽 19리
에 있다. 옛 기紀나라의 휴읍酅邑을 제나라에서 고쳐 안평安平이라 하였
는데 진秦나라에서 제나라를 멸하고 고쳐 동안평현으로 삼아 제군에 속
하게 했다. 정주定州에도 안평이 있으므로 '동東' 자를 더했다."

徐廣曰 今之東安平也 在青州臨菑縣東十九里 古紀之酅邑 齊改爲安平 秦滅齊
改爲東安平縣 屬齊郡 以定州有安平 故加 東 字

색은 살펴보니 〈지리지〉에 동안평은 치천국에 속한다.

按 地理志東安平屬淄川國也

③ 斷其車軸末단기차축말

[색은] 斷의 발음은 '단[都緩反]'이다. 그 굴대를 자른 것은 아마 길어서 서로 튕겨질까 봐서 그런 것이다. 쇠로 굴대의 머리를 싼 것은 단단하여 쉽게 나아가게 한 것이다.

斷音都緩反 斷其軸 恐長相撥也 以鐵裹軸頭 堅而易進也

④ 傅鐵籠부철롱

[집해] 서광이 말했다. "傅의 발음은 '부附'이다."

徐廣曰 傅音附

[색은] 傅의 발음은 '부附'이다. 살펴보니 굴대와 바퀴를 가지런하게 절단해 쇠붙이 경첩을 굴대 끝에 붙여 쇠 가운데에 비녀장을 설치하여 수레바퀴를 제어하게 한 것이다. 또《방언》에서 "수레의 비녀장을 제나라는 롱籠이라고 이른다."고 했는데, 곽박은 "수레의 굴대이다."라고 했다.

傅音附 按 截其軸與轂齊 以鐵鍱附軸末 施轄於鐵中以制轂也 又方言曰 車轄 齊謂之籠 郭璞云 車軸也

⑤ 蕢折車敗예절차패

[집해] 서광이 말했다. "예蕢는 수레 굴대의 머리이다." 蕢의 발음은 '위衞'이다.

徐廣曰 蕢 車軸頭也 音衞

⑥ 唯獨莒卽墨不下

[신주] 〈악의열전〉 등에서 설명했듯이, 거 땅을 필두로 산동 남쪽과 즉묵을

필두로 산동 동쪽은 아직 모두 제나라 땅이었다.

⑦ 淖齒요치

집해 서광이 말했다. "도치悼齒로 되어 있는 것이 많다."

徐廣曰 多作悼齒也

연나라가 군사를 이끌고 동쪽에서 즉묵을 포위하자 즉묵의 대부
가 나가서 싸우다 패하여 죽었다. 성안 사람들이 서로 함께 전단
을 추대해서 말했다.

"안평의 싸움에서 전단이 집안 종족들에게 쇠로 수레의 굴대를
감싸게 해 온전할 수 있었으니 병법에 익숙하다."

전단을 세워 장군으로 삼고 즉묵에서 연나라를 막았다. 얼마 후
연나라 소왕이 죽고 혜왕이 섰는데 악의와 틈이 있었다. 전단이 이
소문을 듣고 이에 반간계를 써 연나라에 보내 널리 퍼뜨려 말했다.

"제나라 왕은 벌써 죽었고 함락시키지 못한 성은 둘 뿐이다. 악의
는 죽을까 두려워 감히 돌아가지 못하고 제나라를 정벌하는 것
을 명분으로 삼지만 실제로는 군사들과 연결하여 남면하고 제나
라 왕이 되려는 것이다. 제나라 사람들이 붙지 않으므로 잠시 즉
묵 공격을 늦추어 그 일을 기다리는 것이다. 제나라 사람들이 두
려워하는 것은 다만 다른 장수가 와서 즉묵을 짓밟는 것이다."

연왕은 그러할 것이라고 여겨 기겁騎劫으로 하여금 악의를 대신
하게 했다.

악의가 이로 인해 조나라에 귀순하자 연나라 사람과 사졸들이 분개했다. 전단이 이에 성안 사람들에게 끼니마다 반드시 먼저 그들의 선조를 위해 뜰에서 제사 지내게 하자[①] 나는 새들이 빙빙 돌아 춤추며 모두 성안으로 내려와 음식을 먹었다. 연나라 사람들이 이를 괴이하게 여겼다. 전단은 이에 선언하여 말했다.

"신령이 내려와서 우리를 가르친다."

이에 성안 사람들에게 명령을 내려 말했다.

"마땅한 신인神人이 있으면 나는 스승으로 삼을 것이다."

어떤 한 병졸이 말했다.

"신臣이 스승이 될 수 있겠습니까?"

말을 하고 되돌아 달아났다. 전단이 이에 일어나 돌아오도록 하고 동쪽을 향해 앉아서 스승으로 섬겼다. 병졸이 말했다.

"신臣이 군君을 속였으며 실로 능력이 없습니다."

전단이 말했다.

"그대는 말을 하지 말라!"

이로 말미암아 그를 스승으로 삼았다. 출동할 때마다 약속하고 반드시 신령스런 스승이라고 일컬었다. 이에 선언하여 말했다.

"우리가 오로지 두려워하는 것은 연나라 군사가 제나라 병졸을 사로잡아 코를 베고, 그들을 앞세워서[②] 우리와 싸우게 해서 즉묵이 무너지는 것이다."

연나라 사람들은 이를 듣고 그 말처럼 했다. 성안의 사람들은 제나라의 항복한 자들이 모두 코가 베인 것을 보고 모두 노하여 굳게 지켰는데, 오직 그렇게 당할 것을 우려해서이다.

燕引兵東圍卽墨 卽墨大夫出與戰 敗死 城中相與推田單 曰 安平之戰
田單宗人以鐵籠得全 習兵 立以爲將軍 以卽墨距燕 頃之 燕昭王卒 惠
王立 與樂毅有隙 田單聞之 乃縱反間於燕 宣言曰 齊王已死 城之不拔
者二耳 樂毅畏誅而不敢歸 以伐齊爲名 實欲連兵南面而王齊 齊人未
附 故且緩攻卽墨以待其事 齊人所懼 唯恐他將之來 卽墨殘矣 燕王以
爲然 使騎劫代樂毅 樂毅因歸趙 燕人士卒忿 而田單乃令城中人食必
祭其先祖於庭^① 飛鳥悉翔舞城中下食 燕人怪之 田單因宣言曰 神來下
教我 乃令城中人曰 當有神人爲我師 有一卒曰 臣可以爲師乎 因反走
田單乃起 引還 東鄉坐 師事之 卒曰 臣欺君 誠無能也 田單曰 子勿言也
因師之 每出約束 必稱神師 乃宣言曰 吾唯懼燕軍之劓所得齊卒 置之
前行^② 與我戰 卽墨敗矣 燕人聞之 如其言 城中人見齊諸降者盡劓 皆
怒 堅守 唯恐見得

① 令城中人食必祭其先祖於庭령성중인식필제기선조어정

신주 우리의 풍속인 '고수레'와 같은 의식이다.

② 置之前行치지전항

정의 行의 발음은 '항[胡郎反]'이다.

胡郎反

전단은 또 반간계를 써서 말하게 했다.

"우리가 두려워하는 것은 연나라 사람들이 우리 성 밖의 무덤을 파고 선인先人들을 모욕하는 것이니 마음이 떨린다."

연나라 군대는 무덤을 모두 파헤치고 죽은 사람들을 불태웠다. 즉묵 사람들은 성 위에 올라서 바라보고 모두 눈물을 흘리며 함께 나가서 싸우고자 하는데 노여움이 저절로 열 배가 되었다.

전단은 사졸들을 쓸 만하게 된 것을 알고 이에 자신이 판자와 가래를 가지고① 사졸들과 작업을 나누어하였고, 아내와 첩까지 군대의 대열 사이에 편입시켰고 음식들을 모두 군사들이 나누어 먹게 했다. 갑옷을 입은 군사들은 모두 숨겨두고 노약자와 부녀자들을 성에 오르게 하며 사자를 보내서 연나라에 항복을 약속했다. 연나라 군사는 모두 만세를 불렀다. 전단은 또 백성의 금을 거두어 천일天溢②을 얻어 즉묵의 부호를 시켜서 연나라 장수에게 보내 말하게 했다.

"즉묵이 곧 항복하면 원컨대 우리의 가족과 아내와 첩들을 포로로 삼고 노략질하지 말고 안도하게 해주시오."

연나라 장수가 크게 기뻐하며 이를 허락했다. 연나라 군사들이 이로 말미암아 더욱 느슨해졌다.

單又縱反間曰 吾懼燕人掘吾城外冢墓 僇先人 可爲寒心 燕軍盡掘壟墓 燒死人 卽墨人從城上望見 皆涕泣 俱欲出戰 怒自十倍 田單知士卒之可用 乃身操版插① 與士卒分功 妻妾編於行伍之間 盡散飮食饗士 令甲卒皆伏 使老弱女子乘城 遣使約降於燕 燕軍皆呼萬歲 田單又收民金 得千溢② 令卽墨富豪遺燕將 曰 卽墨卽降 願無虜掠吾族家妻妾 令安堵 燕將大喜許之 燕軍由此益懈

① 身操版揷신조판삽

操의 발음은 '초[七高反]'이다. 揷의 발음은 '츕[初洽反]'이다.

操音七高反 揷音初洽反

옛날 행군에는 항상 판삽版揷을 지고 다녔다.

古之軍行 常負版揷也

판삽版揷은 판자와 성을 쌓는 기구이다. 옛날에 행군할 때는 항상 지고 다녔다고 한다.

② 千溢천일

일溢은 스물냥 혹은 스물넉 냥중兩重이다. 스물 냥으로 계산하면 천일은 2만냥중, 스물넉 냥으로 계산하면 2만 4,000냥중에 해당한다. 고대에는 '일鎰'자와 서로 통용되었다.

전단은 이에 성내城內의 1,000여 마리의 소를 거두어 비단옷을 만들어 오색의 용무늬를 그려 입히고 칼날을 소의 뿔에 묶고 꼬리에는 기름 부은 갈대 다발을 매달아 그 끝에 불을 붙였다. 성벽에 수십 개의 구멍을 뚫어 밤에 소를 풀어놓고 장사 5,000명으로 그 뒤를 따르게 했다.

소의 꼬리가 뜨거워져 소가 성이나 연나라 군사에게 달려가자 연나라 군사는 밤에 크게 놀랐다. 소 꼬리의 횃불은 광채가 나는데 연나라 군사들이 살펴보니 모두 용의 무늬였으며 부딪히는 곳마다 모두 죽거나 다쳤다. 5,000명은 이에 함매銜枚(재갈)를 물고 공격하고 성안에서는 북을 울려 따르며 노약자들은 모두 구리 그 릇들을 쳐서 소리를 냈다. 그 소리가 천지에 진동하였다.

연나라 군이 크게 놀라 무너져서 달아나자, 제나라 사람들이 마침내 그 장수 기겁을 죽였다. 연나라 군사가 마구 어지럽게 달아나자 제나라 사람들은 도망가는 자들을 추격해 북쪽으로 쫓아내니, 지나가는 곳의 성과 읍은 모두 연나라를 배반하고 전단에게로 돌아와 군사들은 날마다 더욱 많아졌으며, 승세를 타니 연나라는 날마다 패하여 도망쳤다. 마침내 하상河上^①에 이르러 제나라 70여 개의 성을 모두 회복시켜 제나라 것이 되었다. 이에 양왕을 거 땅에서 맞이하여 임치로 들어와 정사를 다스리게 했다. 양왕은 전단을 봉해 호를 안평군安平君^②이라 했다.

田單乃收城中得千餘牛 爲絳繒衣 畫以五彩龍文 束兵刃於其角 而灌脂束葦於尾 燒其端 鑿城數十穴 夜縱牛 壯士五千人隨其後 牛尾熱 怒而奔燕軍 燕軍夜大驚 牛尾炬火光明炫燿 燕軍視之皆龍文 所觸盡死傷 五千人因銜枚擊之 而城中鼓譟從之 老弱皆擊銅器爲聲 聲動天地 燕軍大駭 敗走 齊人遂夷殺其將騎劫 燕軍擾亂奔走 齊人追亡逐北 所過城邑皆畔燕而歸田單 兵日益多 乘勝 燕日敗亡 卒至河上^① 而齊七十餘城皆復爲齊 乃迎襄王於莒 入臨菑而聽政 襄王封田單 號曰安平君^②

---

① 河上하상

색은 하상은 곧 제나라 북쪽 영역이며 하수 동쪽에 가까운 제나라 옛 땅이다.

河上卽齊之北界 近河東 齊之舊地

신주 당시 황하는 지금 황하의 하류 분기수이며 하북평원을 대각선으로 흐르는 청하淸河였다. 따라서 청하 언저리까지 제나라 영토였다. 제수濟水는 두 물줄기가 나란히 흐른다고 해서 붙은 이름이다. 제齊나라 이름은 땅이니 수氵를 제거하여 여기에서 비롯되었다. 현재 황하 본류는 그 제수의 북쪽 줄기로 흐르며, 그 바람에 현재 제수는 둘이 아니라 하나의 물줄기가 되었다.

② 安平君안평군

색은 전단은 처음에 안평에서 일어났다. 그러므로 호로 삼았다.

以單初起安平 故以爲號

태사공은 말한다.

전쟁이란 정공법으로 맞서 싸우지만, 변칙으로 승리한다.① 싸움을 잘하는 자는② 속임수를 내는 것이 끊이지 않는다.③ 변칙과 정공법이 번갈아 서로 나오니④ 마치 고리의 끝이 없는 것과 같다.⑤ 대저 처음에는 마치 처녀처럼 하여⑥ 적군이 문을 열게 하고⑦ 나중에는 집을 탈출한 토끼처럼 하여 적이 막지 못하게 하였는데⑧ 아마 전단을 일컫는 것이다.

太史公曰 兵以正合 以奇勝① 善之者② 出奇無窮③ 奇正還相生④ 如環之無端⑤ 夫始如處女⑥ 適人開戶⑦ 後如脫兔 適不及距⑧ 其田單之謂邪

---

① 兵以正合 以奇勝병이정합 이기승

집해 위무제(조조)가 말한다. "먼저 나가서 맞아 싸우는 것은 정공법으로 삼고 뒤에 나가는 것은 변칙으로 한다. 정공법은 적을 마주하는 것이고 변칙의 군사로 준비하지 않은 곳을 치는 것이다."

魏武帝曰 先出合戰爲正 後出爲奇也 正者當敵 奇兵擊不備

[색은] 살펴보니 기奇는 임기응변의 속임수를 이른다. 주석에 위무제를 인용한 것은 아마도 또한 군령일 것이다.

按 奇謂權詐也 注引魏武 蓋亦軍令也

② 善之者선지자

[색은] 병법에서는 속이는 것을 싫어하지 않으므로 '선지善之'라고 했다.

兵不厭詐 故云善之

③ 出奇無窮출기무궁

[색은] 임기응변의 꾀가 많은 것을 이른다.

謂權變多也

④ 奇正還相生기정환상생

[정의] 해당하여 합치는 것과 같다. 정공법은 진陣에 해당하고 좌우 날개를 펼쳐서 그 대비하지 않는 곳을 덮치니, 즉 변칙과 정공이 합해져서 적을 무너뜨린다는 말이다.

猶當合也 言正兵當陣 張左右翼掩其不備 則奇正合敗敵也

⑤ 如環之無端여환지무단

[색은] 용병의 방법은 어떤 때는 정공법을 쓰고 어떤 때는 속임수를 사용해 앞에 있는 적으로 하여금 가늠하지 못하도록 하는데, 마치 고리 속을

살펴보면 끝과 사이를 알지 못하는 것과 같다는 말이다.

言用兵之術 或用正法 或用奇計 使前敵不可測量 如尋環中不知端際也

⑥ 始如處女시여처녀

색은 군사의 시작은 마치 처녀의 연약한 것과 같다는 말이다.

言兵之始 如處女之軟弱也

⑦ 適人開戶적인개호

집해 서광이 말했다. "適의 발음은 '적敵'이다."

徐廣曰 適音敵

색은 適의 발음은 '적敵'이다. 만약 우리가 처녀의 약한 것과 같이 하면 적인敵人이 가볍게 업신여겨 문을 열고 대비하지 않는 것과 같은 것이다.

適音敵 若我如處女之弱 則敵人輕侮 開戶不爲備也

정의 적인敵人은 연나라 군사를 이른다. 연나라 군사는 전단의 반간들에게 당해 장수를 바꾸고 병졸들의 코를 베며 무덤을 파서 (시체를) 불태움에 이르러 제나라 병졸들로 하여금 매우 분노하게 한 것이니, 이것이 적인敵人들이 전단을 위해 문호를 개방했다는 말이다.

敵人謂燕軍也 言燕軍被田單反間 易將及劓卒燒壟墓 而令齊卒甚怒 是敵人爲單開門戶也

⑧ 後如脫兎 適不及距후여탈토 적불급거

집해 위무제가 말했다. "여자와 같이 허약한 것을 보여서 토끼가 뛰쳐나가듯 신속하게 가는 것이다."

魏武帝曰 如女示弱 脫兎往疾也

적에게 승리한 뒤에는 갑옷을 말아 두고 달려서 마치 토끼가 탈출하는 것과 같이 빨리 달려간다는 말이다. 적불급거敵不及距란, 만약 탈출한 토끼처럼 갑자기 지나가면 적은 그 막을 바를 잊는 것과 같다.

言克敵之後 卷甲而趨 如兔之得脫而走疾也 敵不及距者 若脫兔忽過 而敵忘其
所距也

왕촉의 절개

애초에 요치가 민왕을 살해하자 거 땅 사람들이 민왕의 아들 법
장法章을 찾았는데, 태사 교嬓의 집에서 그를 찾고 보니^① 집주인
을 위해 정원에 물을 주고 있었다.

교의 딸은 그를 애처롭게 여기고 잘 대우했다. 뒤에 법장은 몰래
자신의 사정을 그녀에게 알렸고, 그녀와 마침내 정을 통했다. 거
사람들이 함께 법장을 세워서 제왕으로 삼았다. 거에서 연나라를
막아내고 태사씨의 딸이 드디어 후가 되었는데 이른바 '군왕후君
王后'라고 했다.

初 淖齒之殺湣王也 莒人求湣王子法章 得之太史嬓之家^① 爲人灌園 嬓
女憐而善遇之 後法章私以情告女 女遂與通 及莒人共立法章爲齊王
以莒距燕 而太史氏女遂爲后 所謂 君王后也

① 太史嬓之家태사교지가

정의 嬓의 발음은 '교皎'이다.

嬓音皎

연나라에서 처음으로 제나라에 쳐들어와 획읍畫邑 사람 왕촉王
蠋[1]이 현명하다는 소문을 듣고 군중軍中에 영을 내려 말했다.

"획읍의 30리 둘레에는 쳐들어가지 말라."

이것은 왕촉이 있었기 때문이다. 얼마 후 사신을 보내 왕촉에게
일러 말하게 했다.

"제나라 사람들은 대부분 그대의 의義를 높이고 있는데, 우리는
그대를 장군으로 삼고 그대를 1만 가家에 봉하겠소."

왕촉은 굳이 사양했다. 연나라 사람이 말했다.

"그대가 듣지 않는다면 우리는 3군을 이끌고 획읍을 도륙할 것이오."

왕촉이 말했다.

"충신은 두 군주를 섬기지 않고 정절이 곧은 여인은 지아비를 바
꾸어 둘로 하지 않소. 제나라 왕은 우리가 간하는 것을 듣지 않았
기 때문에 물러나 들에서 밭을 가는 것이오. 국가가 이미 부서져
망했으니 나는 능히 살아 있는 것이 아니오. 그런데 지금 또 군사
로써 겁박당하여 군君의 장수가 된다면, 이것은 걸桀을 도와서 포
악한 일을 하는 것이오. 살아서 의로움이 없기보다는 참으로 삶
아지는 것만 못하오."

마침내 그의 목을 나뭇가지에 걸고[2] 스스로 분기하여 목[3]을 매
죽었다. 제나라에서 도망치던 대부가 이 소문을 듣고 말했다.

"왕촉은 일반 백성인데도 의로 연나라에 북면하지 않았는데 하
물며 녹봉을 먹는 지위에 있는 자에 있어서랴!"

이에 서로 모여 거 땅으로 가서 민왕의 아들을 찾아서 세워 양왕
襄王으로 삼았다.

燕之初入齊 聞畫邑人王蠋^①賢 令軍中曰 環畫邑三十里無入 以王蠋之

故 已而使人謂蠋曰 齊人多高子之義 吾以子爲將 封子萬家 蠋固謝 燕

人曰 子不聽 吾引三軍而屠畫邑 王蠋曰 忠臣不事二君 貞女不更二夫

齊王不聽吾諫 故退而耕於野 國旣破亡 吾不能存 今又劫之以兵爲君

將 是助桀爲暴也 與其生而無義 固不如烹 遂經^②其頸於樹枝 自奮絶脰

而死^③ 齊亡大夫聞之 曰 王蠋 布衣也 義不北面於燕 況在位食祿者乎

乃相聚如莒 求諸子 立爲襄王

① 畫邑人王蠋획읍인왕촉

집해 유희가 말했다. "획읍은 제나라 서남쪽에 가까운 읍이다. 畫의
발음은 '획獲'이다."

劉熙曰 齊西南近邑 畫音獲

색은 畫의 발음은 일명 '획獲'이다. 또 발음은 '홰[胡卦反]'이다. 유희가
말했다. "획읍은 제나라 서남쪽에 가까운 읍이다." 蠋의 발음은 '촉觸'이
다. 또 '촉歜'으로 발음한다.

畫 一音獲 又音胡卦反 劉熙云 齊西南近邑 蠋音觸 又音歜

정의 《괄지지》에서 말한다. "극리성은 임치 서북쪽 30리에 있으며 춘
추시대 극읍棘邑이고 또 획읍溎邑이라고 한다." 왕촉이 거처한 곳이 곧
이 읍이고 획수溎水로 인해서 이름으로 삼았다.

括地志云 戟里城在臨淄西北三十里 春秋時棘邑 又云溎邑 蠋所居卽此邑 因溎

水爲名也

② 經경

살펴보니 경經은 매는 것과 같다.

按 經猶繫也

③ 奮絶脰분절두

하휴가 말했다. "두脰는 목이고 제나라 말이다. '두豆'로 발음한다."

何休云 脰 頸 齊語也 音豆

사마정이 펼쳐서 밝히다.

병법은 정공으로 하지만 실제는 변칙을 높이 산다. 굴대를 잘라 스스로 벗어나고 반간계를 먼저 실행했다. 새 떼는 연나라 군사를 미혹시켰고 소 떼는 깃발을 드날렸다. 마침내 기겁을 쳐부수고 제나라 성을 모두 회복했다. 양왕은 후계를 잇고 곧 안평군으로 봉했다.

軍法以正 實尙奇兵 斷軸自免 反間先行 群鳥或衆 五牛揚旌 卒破騎劫 皆復齊城 襄王嗣位 乃封安平

[지도 1] 전단열전

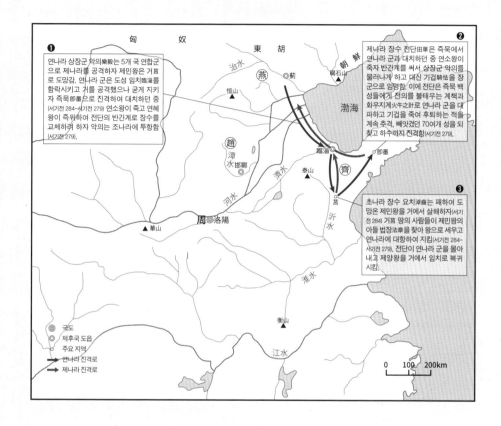

❶ 연나라 상장군 악의樂毅는 5개 국 연합군으로 제나라를 공격하자 제민왕은 거莒로 도망감. 연나라 군은 도성 임치臨淄를 함락시키고 거를 공격했으나 굳게 지키자 즉묵即墨으로 진격하여 대치하던 중(서기전 284~서기전 279) 연소왕이 죽고 연혜왕이 즉위하여 전단의 반간계로 장수를 교체하려 하자 악의는 조나라에 투항함(서기전 279).

❷ 제나라 장수 전단田單은 즉묵에서 연나라 군과 대치하던 중 연소왕이 죽자 반간계를 써서 상장군 악의를 물러나게 하고 대신 기겁騎劫을 장군으로 임명함. 이에 전단은 즉묵 백성들에게 전의를 불태우는 계책과 화우지계火牛之計로 연나라 군을 대파하고 기겁을 죽여 후퇴하는 적을 계속 추격, 빼앗겼던 700여개 성을 되찾고 하수까지 진격함(서기전 279).

❸ 초나라 장수 요치淖齒는 패하여 도망온 제민왕을 거莒에서 살해하자(서기전 284) 거莒 땅의 사람들이 제민왕의 아들 법장法章을 찾아 왕으로 세우고 연나라에 대항하여 지킴(서기전 284~서기전 279). 전단이 연나라 군을 몰아내고 제양왕을 거에서 임치로 복귀시킴.

사기 제83권 史記卷八十三

노중련추양열전 魯仲連鄒陽列傳

사기 제83권 노중련추양열전 제23

史記卷八十三 魯仲連鄒陽列傳第二十三

신주 본 열전은 전국시대 변설가 노중련魯仲連이 위魏나라 객장군 신원
연과 연나라 장군을 설득한 일화와 전한 때 양梁나라 효왕의 문객 추양
鄒陽이 양승羊勝의 시기로 옥에 갇혀 '옥중상양왕서獄中上梁王書'를 올려
양왕을 설득하는 내용을 실었다.

노중련(?~?)은 전국시대 후기 제나라 출신으로, 직하稷下 학파를 거
쳤다. 직하란 제나라 임치의 직문이 있는 곳이다. 제선왕이 직문稷門에
학궁學宮을 짓고, 당시 천하의 명망 있는 학자 76명을 초빙하여 상대부
上大夫라는 직책을 주고 사상적인 토론만 하게 했다. 이들을 직하 학파라
고 부르는데 노중련도 이 중의 한 사람이다. 벼슬에 부름을 받았으나 나
아가지 않고 은둔隱遁 생활을 하였다. 장평대전 이후 신원연과의 대화에
서 진나라의 잘못을 조목조목 비판하면서 "진나라가 천하통일을 하면
동해에 빠져 죽겠다."라고 할 만큼 강단 있고 시세에 타협하지 않는 생으
로 일관하였다.

추양(?~?)은 원래 한漢나라 문제文帝 때 오왕吳王 유비劉濞의 문객이었으
나, 양梁나라로 가서 효왕孝王을 섬겼다. 이후 양효왕에게 미움을 받아 투
옥되었으나, 옥중에서 양효왕에게 상서를 올리는데, 그가 올린 '옥중상양

왕서獄中上梁王書'는 중국 역대의 흥망興亡한 인적人的 사례를 들어 비교하며 효왕을 설득함으로써 깊은 감명을 주었다. 이로써 석방되면서 효왕이 객경客卿으로 삼았다.

그러나 이 열전은 다른 열전과는 달리 서사적인 내용이라기보다 단편적 일화나 단편의 문장만 싣고 있어, 내용 면에서 열전으로 다룰 만한 사안은 아니었다. 이에 사마천은 열전에 편입한 이유를 "노중련은 벼슬 없는 신분으로 있으면서도 호탕하게 그의 뜻을 마음대로 하고 제후들에게 굴하지 않으면서도 당세에 담론을 말하고, 추양의 말은 비록 공손하지 못했어도 그러나 그가 사물에 비유하고 종류를 연결함에 동정할 만하며 또한 강경하고 정직하여 굽히지 않는 것이라 열전에 이를 만하다."라고 하였다.

신원연을 설득한 노중련

노중련은 제나라 사람이다. 그는 성격이 기이하고 뜻이 대단히 커서 계책을 세우는 것을 좋아했지만,[1] 벼슬하여 관직을 맡는 것은 즐겨하지 않았고 높은 절개를 가지는 것을 좋아했다. 조나라에서 활동했다.

조나라 효성왕孝成王 때 진나라 왕은 백기 장군에게 조나라 장평長平의 군사 40여만 명을 쳐부수게 하니 진나라 군사는 드디어 동쪽으로 가서 한단을 포위했다. 조왕은 두려워했고 제후들의 구원병은 감히 진나라 군사를 공격하지 못했다. 위나라 안희왕安釐王은 장군 진비晉鄙를 시켜 조나라를 구원케 했는데, 진나라를 두려워하여 탕음蕩陰[2]에서 멈추고서 나아가지 못했다.

魯仲連者 齊人也 好奇偉俶儻之畫策[1] 而不肯仕宦任職 好持高節 游於趙 趙孝成王時 而秦王使白起破趙長平之軍前後四十餘萬 秦兵遂東圍邯鄲 趙王恐 諸侯之救兵莫敢擊秦軍 魏安釐王使將軍晉鄙救趙 畏秦止於蕩陰[2]不進

① 魯仲連者~俶儻之畫策노중련자~척당지획책

색은 살펴보니 《광아》에서 말한다. "척당은 뛰어나게 남다른 것이다."

按 廣雅云 俶儻 卓異也

정의 俶의 발음은 '척[天歷反]'이다. 《노중련자》에 말한다. "제나라 변사辯士 전파田巴는 저구狙丘를 따르면서 직하稷下에서 의논했는데, 오제五帝를 헐뜯고 삼왕三王을 죄주고 오패五伯를 굴복시키고 견백堅白을 가르고 동이同異를 합해서 하루에 1,000명을 복종시켰다. 서겁徐劫이라는 자가 있는데 그의 제자를 노중련이라 했다. 나이 12세에 '천리구千里駒'라고 불렸으며 전파에게 가서 청하여 이르기를 '신이 듣기에, 대청 위에서는 떨치지 않고 교외의 풀은 향기롭지 않습니다. 흰 칼날은 앞에서 맞부딪히고 날아오는 화살에서 구제하지 못해서, 다급하여 느슨할 겨를이 없습니다. 지금 초나라는 남양에 주둔하고 조나라는 고당高唐을 정벌하며 연나라 10만 명은 요성聊城에서 떠나지 않으니, 국가의 망함이 절박하여 선생은 무얼 하십니까? 할 수 없을 것 같으면 선생의 말씀은 올빼미 울음과 같을지라도 성을 나가면 사람들이 싫어할 것입니다. 바라건대 선생께서는 다시 말하지 마십시오.'라고 했다. 전파가 말하기를 '삼가 명을 듣겠습니다.'라고 했다. 전파가 서겁에게 일러 말하기를 '선생은 곧 날쌘 토끼인데 어찌 천리구를 당하겠습니까!'라고 하고는 전파는 종신토록 담론을 하지 않았다."

俶 天歷反 魯仲連子云 齊辯士田巴 服狙丘 議稷下 毀五帝 罪三王 服五伯 離堅白 合同異 一日服千人 有徐劫者 其弟子曰魯仲連 年十二 號 千里駒 往請田巴曰 臣聞堂上不奮 郊草不芸 白刃交前 不救流矢 急不暇緩也 今楚軍南陽 趙伐高唐 燕人十萬 聊城不去 國亡在旦夕 先生奈之何 若不能者 先生之言有似梟鳴 出城而人惡之 願先生勿復言 田巴曰 謹聞命矣 巴謂徐劫曰 先生乃飛兔也 豈直千里駒 巴終身不談

② 蕩陰탕음

집해 〈지리지〉에는 하내군에 탕음현이 있다.

地理志河內有蕩陰縣

정의 蕩의 발음은 '창[天郞反]'이다. 상주相州의 현이다.

蕩 天郞反 相州縣

신주 〈위공자열전〉에는 탕음이 아니라 업鄴이라 하며, 자세한 주석은 〈위공자열전〉에 있다.

위왕은 객장군客將軍 신원연新垣衍①을 시켜서 틈을 보아 한단으로 들어가 평원군을 거쳐 조왕에게 일러 말하게 했다.

"진나라에서 급박하게 조나라 수도 한단을 포위한 것은, 지난날 진나라 왕이 제나라 민왕과 강력함을 다투어 제帝가 되었는데, 그만두었다가 다시 제帝로 돌아가려고 하는 것이오. 지금 제나라는 이미 더욱 허약해지고 바야흐로 이제 오직 진나라가 천하에서 우뚝하니, 이것이 꼭 한단을 탐하는 것이 아니라 그 뜻은 다시 제帝가 되기를 구하고자 하는 것입니다. 조나라에서 진실로 사신을 보내서 진나라 소왕을 높여서 제帝로 삼는다면, 진나라는 반드시 기뻐하고 군사를 물리어 떠날 것이오."

평원군은 머뭇거리며 결정을 내리지 못하였다.

魏王使客將軍新垣衍①間入邯鄲 因平原君謂趙王曰 秦所爲急圍趙者
前與齊湣王爭彊爲帝 已而復歸帝 今齊(湣王)已益弱 方今唯秦雄天下
此非必貪邯鄲 其意欲復求爲帝 趙誠發使尊秦昭王爲帝 秦必喜 罷兵
去 平原君猶預未有所決

① 新垣衍신원연

색은 신원新垣은 성이고 연衍은 이름이다. 양梁(위나라) 장군이다. 옛날
한漢나라에는 신원평新垣平이 있었다.

新垣 姓 衍 名也 爲梁將 故漢有新垣平

이때 노중련은 조나라에 가서 유람하는데 마침 진나라에서 조나
라를 포위했으며, 또 위나라 장군이 조나라로 하여금 진나라를
높여 제帝로 삼게 하려고 한다는 소문을 들었다. 이에 평원군을
만나보고 말했다.

"일을 장차 어떻게 하실 작정입니까?"

평원군이 말했다.

"제가 어떻게 감히 섬길 것을 말하겠소! 지난날 40여만 명의 군
사를 밖에서 잃었고 지금은 또 안으로 한단이 포위되어 물리치지
도 못합니다. 위왕은 객장군 신원연을 보내 조나라로 하여금 진나
라를 제帝로 받들라고① 하는데 지금 그 사람이 이곳에 있소. 제
가 어찌 감히 섬길 것을 말하겠소."

노중련이 말했다.

"나는 처음부터 군君을 천하의 어진 공자로 여겼는데 나는 지금 이후로부터는 천하의 어진 공자가 아니라는 것을 알았습니다. 양나라 객장군 신원연은 어디에 있습니까? 나는 청컨대 군君을 위해 꾸짖어 돌아가게 하겠습니다."

평원군이 말했다.

"제가 청해 소개②하여 선생에게 보이겠습니다."

此時魯仲連適游趙 會秦圍趙 聞魏將欲令趙尊秦爲帝 乃見平原君曰 事將奈何 平原君曰 勝也何敢言事 前亡四十萬之衆於外 今又內圍邯鄲而不能去 魏王使客將軍新垣衍令趙帝秦① 今其人在是 勝也何敢言事 魯仲連曰 吾始以君爲天下之賢公子也 吾乃今然後知君非天下之賢公子也 梁客新垣衍安在 吾請爲君責而歸之 平原君曰 勝請爲紹介②而見之於先生

① 令趙帝秦영조제진

[색은] 신원연이 조나라를 시켜 진나라를 높여서 제帝로 삼게 하고자 한 것이다.

新垣衍欲令趙尊秦爲帝也

② 紹介소개

[집해] 곽박이 말한다. "소개는 서로 돕는 것이다."

郭璞曰 紹介 相佑助者

[색은] 살펴보니 소개는 매개媒介와 같다. 또 예禮에는 빈賓이 이르면 반드시 개介를 따라서 이야기를 전한다. 소紹는 잇는 것이다. 개介는 한

사람이 아니다. 그러므로 예에서 '소개한 사람에 잇대어 명을 전한다.'
라고 이른 것이 이것이다.

按 紹介猶媒介也 且禮 賓至必因介以傳辭 紹者 繼也 介不一人 故禮云 介紹而
傳命 是也

평원군은 마침내 신원연을 만나서 말했다.

"동쪽 나라에 노중련이란 선생이 있는데 지금 그 사람이 이곳에
있소. 제가 청해서 소개할 터이니 장군께서 교제를 해보시오."

신원연이 말했다.

"제가 듣기에, 노중련 선생은 제나라 고명한 인사라고 했습니다.
나는 위나라 신하이며 사신의 일을 맡고 있으니 나는 노중련 선
생을 만나보는 것을 원치 않습니다."

평원군이 말했다.

"제가 이미 그에게 말을 흘렸습니다."

신원연은 허락했다. 노중련이 신원연을 만났으나 말이 없었다.

신원연이 말했다.

"내가 살펴보건대 이곳의 포위된 성안에 있는 자들은 모두 평원
군에게 바라는 것이 있지만 지금 내가 선생의 용모를 관찰하니 평
원군에게 바라는 것이 있지 않은 것 같은데, 어찌하여 오래도록
포위된 성안에 있으면서 떠나지 않는 것입니까?"

平原君遂見新垣衍曰 東國有魯仲連先生者 今其人在此 勝請爲紹介
交之於將軍 新垣衍曰 吾聞魯仲連先生 齊國之高士也 衍人臣也 使事

有職 吾不願見魯仲連先生 平原君曰 勝旣已泄之矣 新垣衍許諾 魯連
見新垣衍而無言 新垣衍曰 吾視居此圍城之中者 皆有求於平原君者也
今吾觀先生之玉貌 非有求於平原君者也 曷爲久居此圍城之中而不去

노중련은 대답했다.

"세상에서는 포초鮑焦를 매우 너그럽지 못하여 죽었다고 하는데
그것은 모두 잘못된 것이오.① 많은 사람은 알지 못하면서 자기
한 몸만을 위했다고 여기오.② 저 진나라는 예의를 버리고 공로만
을 최고로 여기는 나라이며③ 권세로 그 군사를 부리고 노예를 그
백성으로 부립니다.④

저들이 제멋대로 그리하여⑤ 제帝가 되고 잘못된⑥ 것으로 천하에
서 정치를 하게 된다면⑦ 저는 동해에 빠져 죽을 뿐이지 나는 차
마 진나라 백성이 되지 않을 것이오.⑧ 장군을 뵙고자 하는 것은
조나라를 돕고자 하기 때문이오."

魯仲連曰 世以鮑焦爲無從頌而死者 皆非也① 衆人不知 則爲一身② 彼
秦者 棄禮義而上首功之國也③ 權使其士 虜使其民④ 彼卽肆然⑤而爲帝
過⑥而爲政於天下⑦ 則連有蹈東海而死耳 吾不忍爲之民也⑧ 所爲見將
軍者 欲以助趙也

---

① 鮑焦爲無從頌而死者皆非也포초위무종송이사자개비야

[집해] 포초는 주나라의 기개 있는 인사이다. 《장자》에 나타나 있다.

鮑焦 周之介士也 見莊子

종송從頌은 종용從容이다. 세상 사람들이 포초의 죽음을 보고 모두 생각하기를 관용치 않아서 죽음을 당했다고 하는데 이는 그른 말이다.
從頌者 從容也 世人見鮑焦之死 皆以爲不能自寬容而取死 此言非也

《한시외전》에서 말한다. "성은 포鮑이고 이름은 초焦이며 주나라 때의 은자隱者이다. 행동을 꾸미고 세상을 비난하며 청렴하고 깨끗한 것을 지켜 짐을 지고 땔나무를 채취하며 상수리를 주워서 먹을 것으로 보충했다. 그러므로 자식과 손자도 없고 천자에게 신하가 되지 않으며 제후를 벗으로 삼지 않았다. 자공子貢이 만나서 이르기를 '나는 듣자니 그 정치가 잘못된 곳에는 그 땅을 밟지 않고 그 군주를 더럽게 여기고 그 이익을 받지 않는다고 했습니다. 지금 그대는 그의 땅을 밟고 그 이로운 것을 먹으니, 옳습니까?'라고 했다. 포초가 이르기를 '나는 들었는데 청렴한 사인은 나아가는 것을 신중하게 하고 물러나는 것을 가벼이 하고 어진 사람은 쉽게 부끄러워하며 죽음을 가볍게 여긴다고 했습니다.'라고 하고는 드디어 나무를 안고 서서 말라죽었다." 살펴보니 노중련이 조나라에 머물러 떠나지 않은 것은 자기 한 몸만을 위해서가 아니었다.

韓詩外傳云 姓鮑 名焦 周時隱者也 飾行非世 廉潔而守 荷擔採樵 拾橡充食 故無子胤 不臣天子 不友諸侯 子貢遇之 謂之曰 吾聞非其政者不履其地 汙其君者不受其利 今子履其地 食其利 其可乎 鮑焦曰 吾聞廉士重進而輕退 賢人易愧而輕死 遂抱木立枯焉 按魯仲連留趙不去者 非爲一身

② 爲一身위일신

많은 사람들은 포초의 뜻을 알지 못하고 포초가 혼탁한 세상에 사는 것을 부끄러워 피했다고 여기는데, 자기 한 몸만을 위하고 죽음을 근심한 것이 아니라는 말이다. 이 일은 《장자》에 나타나 있다.

言衆人不識鮑焦之意 焦以恥居濁世而避之 非是自爲一身而憂死 事見莊子也

③ 棄禮儀而上首功之國也기예의이상수공지국야

집해 초주가 말했다. "진나라는 위앙의 계책을 사용해 작위爵位 20등을 제정하고 전쟁에서 수급首級을 얻은 것을 계산해서 작위를 주었다. 이 때문에 진나라 사람들은 언제나 전쟁에서 승리하고 노약자나 부인들이 모두 죽은 것까지 공로나 상으로 계산한 것이 수만 명에 이르렀다. 천하에서 이르기를 '상수공지국上首功之國'이라고 하고 모두 싫어했다."

譙周曰秦用衞鞅計 制爵二十等 以戰獲首級者計而受爵 是以秦人每戰勝 老弱婦人皆死 計功賞至萬數 天下謂之 上首功之國 皆以惡之也

색은 진나라 법에는 머리를 벤 것이 많으면 상공上功으로 삼았다. 한 사람의 머리를 베면 작위 1급을 준다고 일렀다. 그러므로 진나라를 일컬어 수공지국首功之國이라 한다.

秦法 斬首多爲上功 謂斬一人首賜爵一級 故謂秦爲首功之國也

④ 權使其士虜使其民권사기사노사기민

색은 진나라 사람은 권세로 속여서 그 전사戰士들을 부리고 포로로 잡혀 노예가 된 사람들을 그 백성으로 부린다는 말이다. 은혜로써 아래를 구휼함이 없다는 말이다.

言秦人以權詐使其戰士 以奴虜使其人 言無恩以恤下

신주 《사기지의》에 따르면, 《염철론》〈논공〉에서 인용한 것은 '학사기민虐使其民'(그 백성을 혹사하다)이라 한다. 《염철론》에서 인용한 문장이

사실에 가깝다고 보인다.

⑤ 肆然사연

[색은] 사연은 멋대로 한다는 뜻과 같다.

肆然猶肆志也

⑥ 過과

[정의] '과過' 자에 이르러 절구絶句가 된다. 사연肆然은 그 의지意志이다. 진나라는 멋대로 하는 뜻을 얻어 제가 되면 아마 (죄인을) 삶고 젓을 담고 (공납을) 창고에 들여서 두루 천자의 예를 행하는 것이 있을 것이라는 말이다. 과過는 잘못이다.

至過字爲絶句 肆然其志意也 言秦得肆志爲帝 恐有烹醢納筦 徧行天子之禮 過失也

⑦ 過而爲政於天下과이위정어천하

[색은] 잘못된 것으로써 정치를 하는 것을 이른다.

謂以過惡而爲政也

⑧ 連有蹈東～爲之民也연유도동～위지민야

[정의] 만약 조나라와 위나라가 진나라를 제帝로 삼아 정치와 교화를 천하에 행하게 만든다면 노중련은 동해를 밟고 빠져 죽지 차마 진나라 백성은 되지 않겠다는 것이다.

若趙魏帝秦 得行政教於天下 魯連蹈東海而溺死 不忍爲秦百姓

신원연이 말했다.

"선생께서 장차 어떻게 돕겠다는 것입니까?"

노중련이 말했다.

"나는 장차 양나라와 연나라로 하여금 돕도록 하고 제나라와 초나라가 반드시 돕게 할 것입니다."

신원연이 말했다.

"연나라라면 나는 청하여 따르게 하겠소. 만약 양나라라면 내가 양나라 사람인데 선생이 어찌 양나라가 돕게 한다는 것이오?"

노중련이 말했다.

"양나라는 진나라에서 제帝를 일컬어 그 피해를 보지 않았기 때문일 뿐이오. 양나라로 하여금 진나라에서 제帝를 일컬어 피해를 보게 한다면 반드시 조나라를 돕게 될 것이오."

新垣衍曰 先生助之將奈何 魯連曰 吾將使梁及燕助之 齊楚則固助之矣 新垣衍曰 燕則吾請以從矣 若乃梁者 則吾乃梁人也 先生惡能使梁助之 魯連曰 梁未睹秦稱帝之害故耳 使梁睹秦稱帝之害 則必助趙矣

신원연이 말했다.

"진나라에서 제帝라 일컬은 피해가 어떤 것입니까?"

노중련이 말했다.

"옛날에 제나라 위왕威王이 일찍이 인의仁義를 위해 천하의 제후들을 거느리고 주나라에 조회를 했습니다. 주나라는 빈궁하고 또 미약했으므로 제후들이 조회하지 않았으나 제나라만이 홀로 조회를 했습니다.

한 해 남짓 되어서 주나라 열왕烈王이 붕어하자① 제나라에서 늦게 갔는데 주나라에서 노하고 제나라에 알려서② 말하기를 '하늘이 무너지고 땅이 갈라져 천자가 하석下席하고③ 있는데 동쪽 울타리의 신하인 제나라가 뒤에 이르렀으니 목을 베겠소.④'라고 하자 제나라 위왕威王이 벌컥 화를 내어 말하기를 '아아, 어미가 종년이지!⑤'라고 했습니다.

마침내 천하의 웃음거리가 되었소. 그러므로 살아 있을 때 주나라에 조회하고 죽어서 꾸짖는 것은 참으로 그 요구를 참지 못한 것이었소. 저 천자란 본디 그러한 것이며 그것을 족히 괴이하게 여길 수 없소."

新垣衍曰 秦稱帝之害何如 魯連曰 昔者齊威王嘗爲仁義矣 率天下諸侯而朝周 周貧且微 諸侯莫朝 而齊獨朝之 居歲餘 周烈王崩① 齊後往 周怒 赴於齊②曰 天崩地坼 天子下席③ 東藩之臣因齊後至 則斬④ 齊威王勃然怒曰 叱嗟 而母婢也⑤ 卒爲天下笑 故生則朝周 死則叱之 誠不忍其求也 彼天子固然 其無足怪

① 周烈王崩주열왕붕

집해 서광이 말했다. "열왕은 10년에 붕어했는데 위왕 7년이다."

徐廣曰 烈王十年崩 威王之七年

정의 〈주본기〉와 〈육국연표〉에는 열왕은 7년에 붕어했고 제위왕 10년이라고 했으니, 서광의 말과 다르다.

周本紀及年表云烈王七年崩 齊威王十年也 與徐不同

사마천의 〈육국연표〉는 주석과 같으나 실제로는 이때 제 나라 군주는 환공桓公 7년이었다. 노중련의 말은 사마천이나 후세 누군 가에 의해 고쳐졌을 가능성이 높다.

② 赴於齊부어제

정현이 말했다. "부赴는 알리는 것이다. 금문에 '부赴'는 '부訃'로 되어 있다."

鄭玄云 赴 告也 今文 赴 作訃

③ 天子下席천자하석

살펴보니 열왕의 태자 안왕安王 교驕를 이른다. 하석은 거적에서 잠을 자고 여막에 거처한다는 말이다.

按 謂烈王太子安王驕也 下席 言其寢苫居廬

잘못된 주석이다. 열왕의 후임은 현왕顯王이다. 안왕은 열왕의 아버지이다.

④ 則斮즉착

《공양전》에서 말한다. "삼군을 속인 자는 법에 따라 목을 벤다." 하휴가 말했다. "착斮은 목을 베는 것이다."

公羊傳曰 欺三軍者其法斮 何休曰 斮 斬也

⑤ 而母婢也이모비야

열왕의 왕후를 욕한 것이다.

罵烈王后也

신원연이 말했다.

"선생은 홀로 저 종들을 보지 못했습니까? 10명이 한 사람을 따르는 것은 어찌 힘으로 이기지도 못하고 지혜도 같지 못해서이겠습니까? 두렵기 때문입니다.①"

노중련이 말했다.

"오호라! 양나라가 진나라에 비교하면 종과 같은 것이오?"

신원연이 말했다.

"그렇습니다."

노중련이 말했다.

"나는 장차 진왕으로 하여금 양왕을 솥에 삶고 젓을 담게 할 것이오."

신원연은 불만스럽고② 불쾌하여 말했다.

"어허③ 너무 심하시오. 선생의 말씀이! 선생께서 또 어찌 진왕으로 하여금 양왕을 솥에 삶고 젓을 담게 한다는 것입니까?"

新垣衍曰 先生獨不見夫僕乎 十人而從一人者 寧力不勝而智不若邪 畏之也① 魯仲連曰 嗚呼 梁之比於秦若僕邪 新垣衍曰 然 魯仲連曰 吾將使秦王烹醢梁王 新垣衍快然②不悅 曰 噫嘻③ 亦太甚矣先生之言也 先生又惡能使秦王烹醢梁王

① 十人而從 ~ 邪畏之也 십인이종 ~ 사외지야

색은 노복 10명이 1명을 따르는 것이라고 말했는데, 정녕 이것은 힘으로 이기지 못하고 또 지혜도 같지 못한 것이 아니라 딱히 그 주인을 두려워하기 때문일 뿐이라는 말이다.

言僕夫十人而從一人者 寧是力不勝 亦非智不如 正是畏懼其主耳

② 怏然앙연

정의 怏의 발음은 '앙[於尙反]'이다.

怏 於尙反

③ 噫嘻의희

색은 앞에 噫의 발음은 '의依'이고, 의噫는 불평의 소리이다. 뒤에 嘻의 발음은 '희僖'이다. 희嘻는 놀라고 한탄하는 소리이다.

上音依 噫者 不平之聲 下音僖 嘻者 驚恨之聲

노중련이 말했다.

"확실하오. 내 말하리다. 옛날 구후九侯와 악후鄂侯①와 주나라 문왕文王은 주왕紂王의 삼공三公이었소. 구후에게는 딸이 있어서 아름다웠는데 주왕에게 바쳤소. 주왕은 못생겼다고 여겨서 구후를 소금에 절여 죽였소. 악후는 간하기를 강력히 하고 변호를 해 미움을 받았소. 그래서 악후를 죽여 포脯를 뜨게 했소. 문왕이 듣고 위연喟然히 탄식했으므로 유리牖里②의 감옥에 100일을 구금시켰으며 죽이고자 했소. 어찌하여 남들과 함께 왕을 칭하다가 마침내 포로 떠지고 소금에 절여지는 지경으로 나아가고자 하시오?

魯仲連曰 固也 吾將言之 昔者九侯鄂侯①文王 紂之三公也 九侯有子而好 獻之於紂 紂以爲惡 醢九侯 鄂侯爭之彊 辯之疾 故脯鄂侯 文王聞之 喟然 而歎 故拘之牖里②之庫百日 欲令之死 曷爲與人俱稱王 卒就脯醢之地

① 九侯鄂侯구후악후

집해 서광이 말했다. "업현에는 구후성이 있다. 구九는 다른 판본에는 '귀鬼' 자로 되어 있다. 악鄂은 다른 판본에는 '형邢' 자로 되어 있다."

徐廣曰 鄴縣有九侯城 九 一作鬼 鄂 一作邢

정의 구후성은 상주相州 부양현 서남쪽 50리에 있다.

九侯城在相州滏陽縣西南五十里

② 牖里유리

정의 상주相州 탕음현 북쪽 9리에 유성羑城이 있다.

相州蕩陰縣北九里有羑城

제나라 민왕이 노나라로 가려는데 이유자夷維子①가 말채찍을 잡고 따랐소. 노나라 사람들에게 일러 말하기를 '그대들은 장차 어떻게 우리의 군주를 대우하겠습니까?'라고 했소. 노나라 사람들이 '우리는 장차 열 가지 태뢰太牢로 그대의 군주를 대우하겠소.'라고 했소. 이유자가 말하기를 '그대들은 어디에서 예를 취하여 우리의 군주를 대우하려 합니까? 저 우리의 군주는 천자이십니다. 천자가 순수巡狩할 때는 제후들은 관사를 비우고② 창고의 열쇠③를 바치며 옷자락을 걷고 궤를 안고④ 당堂의 아래에서 좋은 반찬을 살피고 천자가 이미 식사를 끝내면 이에 물러나 조회를 듣는 것이오.'라고 했소.

노나라 사람들은 그들 관문의 열쇠를 내던지고 과연 받아들이지 않았소.⑤ 노나라로 들어가지 못하고 장차 설薛 땅⑥으로 가는데 지나가는 길에 임시로 추鄒 땅에 이르렀소. 이때는 추나라의 군주가 죽어 민왕이 들어가 조문을 하려고 했는데, 이유자가 추나라 고孤(태자)에게 일러 말하기를 '천자가 조문을 하면 주인은 반드시 빈소의 관을 등지고 남쪽에서 북면하며, 그런 다음에 천자는 남면하고 조문하는 것이오.⑦'라고 했소.

齊湣王之魯 夷維子①爲執策而從 謂魯人曰 子將何以待吾君 魯人曰 吾將以十太牢待子之君 夷維子曰 子安取禮而來〔待〕吾君 彼吾君者 天子也 天子巡狩 諸侯辟舍② 納筦籥③ 攝袵抱机④ 視膳於堂下 天子已食 乃退而聽朝也 魯人投其籥 不果納⑤ 不得入於魯 將之薛⑥ 假途於鄒 當是時 鄒君死 湣王欲入弔 夷維子謂鄒之孤曰 天子弔 主人必將倍殯棺 設北面於南方 然后天子南面弔也⑦

① 夷維子이유자

[색은] 살펴보니 유維는 동래군의 읍이고 그곳은 이夷가 거처하므로 이유자라고 호칭했다. 그러므로 안자晏子가 래萊의 이유夷維 사람이라 한 것이 이들이다.

按 維 東萊之邑 其居夷也 號夷維子 故晏子爲萊之夷維人是也

[정의] 밀주密州 고밀현은 옛 이안성夷安城이다. 응소가 말했다. "옛 래이의 유읍維邑이다." 아마 읍을 따라 성으로 삼은 것이다. 자子는 남자의 미칭이다. 또 자子라고 이른 것은 작위이다.

密州高密縣 古夷安城 應劭云 故萊夷維邑也 蓋因邑爲姓 子者 男子之美號 又云子 爵也

② 辟舍피사

색은 辟의 발음은 '피避'이다. 정침正寢을 피한 것이다. 살펴보니《예기》에서 말한다. "천자가 제후에게 가면 반드시 그의 조묘祖廟에서 머문다."

辟音避 避正寢 案 禮 天子適諸侯 必舍(於)〔其〕祖廟

③ 筦籥관약

색은 筦籥의 발음은 '관약管藥'이다.

音管藥

신주 관약은 창고의 열쇠이다.

④ 攝袵抱机섭임포기

색은 机의 발음은 '기紀'이다.

音紀

정의 袵의 발음은 '임[而甚反]'이다.

袵音而甚反

신주 섭임포기攝袵抱机는 옷자락을 걷어 올리고 궤를 안아 바치는 일이다.

⑤ 投其籥不果納투기약불과납

색은 합闔의 내문으로 제나라 군주를 들이지 않았음을 이른다.

謂闔內門不入齊君

정의 약籥은 곧 자물쇠와 열쇠이다. 자물쇠와 열쇠를 땅에 던진 것이다.

籥卽鑰匙也 投鑰匙於地

⑥ 薛설

[정의] 설후의 고성은 서주徐州 등현 영역에 있다.

薛侯故城在徐州滕縣界也

⑦ 將倍殯棺～南面弔也장패빈관～남면조야

[색은] 倍의 발음은 '패佩'이다. 주인은 빈소의 동쪽에 있지 않고 장차
그 빈소의 관을 등지고 서쪽 계단 위에 서서 북면하고 곡하는 것을 이른
것으로 이것이 배背이다. 천자는 이에 동쪽 계단 위에서 남면하고 조문
한다.

倍音佩 謂主人不在殯東 將背其殯棺立西階上 北面哭 是背也 天子乃於阼階上
南面而弔之也

추나라 군신들이 말하기를 '반드시 이같이 한다면 우리는 장차
칼에 엎드려 죽을 것이오.'라고 했소. 이에 감히 추나라에 또 들
어가지 못했소. 추나라와 노나라의 신하들은 살아서는 섬김과 봉
양을 다하지 못했고, 죽어서는 부의와 수의①를 바치는 예도 하지
못했소. 그러나 또 (민왕은) 천자의 예로써 추나라와 노나라에 행하
고자 했으나 추나라와 노나라의 신하들은 과연 받아들이지 않았
던 것이소.②

지금 진나라는 만승의 나라이고 양나라도 또한 만승의 나라이오.
함께 만승의 나라에 의지하여 각각 왕의 명칭으로 일컫고 있는데
그 한 번 싸워 승리하는 것을 보고 따라서 제로 삼으려고 한다면,

이는 삼진三晉의 대신들은 추나라나 노나라의 종이나 첩 같지도 못한 것이오. 또 진나라가 중지하지 않고 제가 된다면 또 제후들의 대신들도 바꾸어버릴 것이오.

저 진나라는 그 불초한 자에게서 빼앗아 그 어진 자에게 주고 그 미워하는 자에게서 빼앗아 그 아끼는 자에게 줄 것이오. 저들은 또 장차 그의 자녀나 헐뜯는 첩들로 제후의 비와 여자를 삼아서 양나라 궁 안에서 거처하게 할 것이오. 양왕이 어찌 편안함을 얻어서 머무를 것입니까? 장군은 또 어찌 옛날 총애를 얻겠소?”

鄒之群臣曰 必若此 吾將伏劍而死 固不敢入於鄒 鄒魯之臣 生則不得 事養 死則不得賻襚^① 然且欲行天子之禮於鄒魯 鄒魯之臣不果納^② 今 秦萬乘之國也 梁亦萬乘之國也 俱據萬乘之國 各有稱王之名 睹其一 戰而勝 欲從而帝之 是使三晉之大臣不如鄒魯之僕妾也 且秦無已而 帝 則且變易諸侯之大臣 彼將奪其所不肖而與其所賢 奪其所憎而與其 所愛 彼又將使其子女讒妾爲諸侯妃姬 處梁之宮 梁王安得晏然而已乎 而將軍又何以得故寵乎

① 賻襚_{부수}

정의 의복을 수襚라고 하고 재물을 부賻라고 하며, 모두 산 자를 돕고 죽은 자를 보내는 예이다.

衣服曰襚 貨財曰賻 皆助生送死之禮

② 鄒魯之臣不果納_{추로지신불과납}

색은 당시의 군주는 약하고 신하는 강성했다. 그러므로 추나라와 노나라 군주가 살아 있을 때 (천자의) 신하로 나란히 섬겨서 봉양함을 다 하는 것을 얻지 못하고 죽어서도 또한 부의나 수의의 예를 행하는 것을 얻지 못한 것을 이른다. 그러나 제나라가 천자의 예를 추나라와 노나라에 행하고자 했는데 추나라와 노나라 신하들은 모두 과연 받아주지 않았다. 이는 오히려 예를 쥐고서 대체大體를 보존한 것이다.

謂時君弱臣彊 故鄒魯君生時臣竝不得盡事養 死亦不得行賵襚之禮 然齊欲行天子禮於鄒魯 鄒魯之臣皆不果納之 是猶秉禮而存大體

이에 신원연이 일어나 두 번 절하고 사과하여 말했다.

"처음에는 선생을 못난 사람으로 여겼는데 나는 오늘에야 선생께서 천하의 인사라는 것을 알았습니다. 나는 이곳을 떠나기를 청할 것이고 다시 진나라를 제帝로 삼자는 말을 감히 하지 않겠습니다."

진나라 장수는 이를 듣고 군사를 50리나 물러나게 했다. 또 마침 위나라 공자 무기無忌가 진비晉鄙의 군사를 빼앗아 조나라를 구원하여 진나라 군대를 공격하자, 진나라 군대는 마침내 군사를 이끌고 떠나갔다. 이에 평원군이 노중련을 봉하고자 했는데 노중련은 세 번 사양하고 끝내 받으려 하지 않았다. 평원군이 이에 술자리를 마련하여 주연이 무르익자 앞에서 일어나 천금으로 노중련의 장수를 빌었다. 노중련이 웃으면서 말했다.

"천하의 인사가 귀하게 여기는 것은 남을 위해 걱정을 덜어주고 어려움을 풀어주며 어지러움을 풀어주면서도 취하는 것이 없습니다. 곧 취하는 것이 있으면 이는 장사꾼들의 일입니다. 그러니 저는 차마 하지 못하겠습니다."

마침내 평원군에게 하직인사를 하고 떠나서 생을 마치도록 다시 평원군을 만나지 않았다.

於是新垣衍起 再拜謝曰 始以先生爲庸人 吾乃今日知先生爲天下之士 也 吾請出 不敢復言帝秦 秦將聞之 爲卻軍五十里 適會魏公子無忌奪 晉鄙軍以救趙 擊秦軍 秦軍遂引而去 於是平原君欲封魯連 魯連辭讓 (使)者三 終不肯受 平原君乃置酒 酒酣起前 以千金爲魯連壽 魯連笑曰 所貴於天下之士者 爲人排患釋難解紛亂而無取也 卽有取者 是商賈之 事也 而連不忍爲也 遂辭平原君而去 終身不復見

제二장

연나라 장군을 이긴 노중련

그 20여 년 뒤에 연나라 장군이 요성[1]을 공격해 함락시켰다. 그런데 요성 사람의 어떤 자가 연나라 장군을 헐뜯었다. 연나라 장군이 처벌받을 것을 두려워하여 요성을 보전하여 지키고 감히 돌아가지 못했다.

제나라 전단이 요성을 공격한 지[2] 한 해 남짓 되었는데 사졸들이 많이 죽었지만 요성을 항복시키지 못했다. 노중련은 이에 글을 써서 화살에 매어 성안으로 쏘아 연나라 장군에게 보냈다. 편지에 말했다.

"내가 듣건대, 지혜로운 자는 때를 거역해 이로운 것을 버리지 않고, 용사는 죽음을 피하려고[3] 명예를 훼손하지 않으며, 충성스런 신하는 자신을 먼저 하려고 군주를 뒤로 하지 않는다고 했습니다. 지금 공公께서는 하루아침의 분노를 행하여 연왕의 신하가 없음을 돌아보지 않으니 충성은 아닙니다. 자신은 죽고 요성마저 잃으면 위엄은 제나라에 펴지 못할 것이니 용기가 아닙니다. 공로가 무너지고 명예가 없어지면 후세에 일컬어지는 것이 없을 것이니 지혜가 아닙니다.

이상 세 가지는 세상의 군주가 신하로 여기지 않고 유세하는 사인들의 입에도 오르내리지 않는 것입니다. 그러므로 지혜로운 자는 두 번 계획을 세우지 않고 용사는 죽음을 겁내지 않는 것입니다. 지금 생사, 영욕, 귀천, 존비는 이때 두 번 다시 이르지 않는 것이니 원컨대 공께서는 자세히 살피어 속된 사람들과 함께함이 없도록 하십시오.

其後二十餘年 燕將攻下聊城^① 聊城人或讒之燕 燕將懼誅 因保守聊城 不敢歸 齊田單攻聊城^②歲餘 士卒多死而聊城不下 魯連乃爲書 約之矢 以射城中 遺燕將 書曰 吾聞之 智者不倍時而棄利 勇士不却死^③而滅名 忠臣不先身而後君 今公行一朝之忿 不顧燕王之無臣 非忠也 殺身亡 聊城 而威不信於齊 非勇也 功敗名滅 後世無稱焉 非智也 三者世主不 臣 說士不載 故智者不再計 勇士不怯死 今死生榮辱 貴賤尊卑 此時不 再至 願公詳計而無與俗同

① 聊城요성

정의 지금 박주의 현이다

今博州縣也

② 齊田單攻聊城제전단공료성

집해 서광이 말했다. "〈육국연표〉를 살펴보니 전단이 요성을 공격한 일은 장평의 싸움이 있은 지 10여 년 뒤에 있었다."

徐廣曰 案年表 田單攻聊城在長平後十餘年也

색은 살펴보니 서광이 〈육국연표〉에 의거해 전단이 요성을 공격한 것이 장평의 싸움이 있은 지 10여 년 뒤에 있었다고 여겼을 따름이니, 30여 년이란 말은 잘못일 것이다.

按 徐廣據年表 以爲田單攻聊城在長平後十餘年耳 言 三十餘年 誤也

신주 현재 〈육국연표〉에는 이런 말이 없다. 다만 뒤에서 연나라 율복이 패한 것을 말한 것을 보면 서광의 말이 맞을 것이다. 또 주석에서 '30여 년'이라 한 것은 아마 본문의 '20여 년'을 잘못 쓴 것으로 보인다.

③ 却死각사

색은 각사는 죽음을 피함과 같다.

却死猶避死也

또 초나라가 제나라 남양南陽①을 공격하고 위나라가 평륙平陸②을 공격하는데, 제나라는 남쪽으로 마주할 마음이 없으며 남양을 잃는 것은 피해가 작은 것으로 여기고 제수 북쪽을 얻는 이로움이 큰 것만③ 못합니다. 그러니 계획을 정하여 살펴서 대처하시오. 지금 진나라 사람들이 군사를 내려보내면 위나라는 감히 동쪽으로 마주하지 못하고 진나라와 연횡連橫하는 형세가 이루어지면④ 초나라 형세는 위태할 것입니다. 제나라에서 남양을 버리고⑤ 오른쪽 땅을 끊어내며⑥ 제수 북쪽을 평정시킨다면⑦ 계획이 오히려 또 그러할 만합니다.

또 무릇 제나라는 반드시 요성聊城에서 결판낼 것이니 공께서는 다시 생각하지 마시오. 지금 초나라와 위나라는 번갈아 제나라에서 물러나는 중이고 연나라 구원병은 도착하지 않았습니다.[8] 온 제나라 병력을 다해서 천하를 헤아리지 않고 요성과 함께 1년의 피폐함에 의지하니, 신이 보건대 공公은 성공하지 못할 것입니다.

且楚攻齊之南陽[1] 魏攻平陸[2] 而齊無南面之心 以爲亡南陽之害小 不如得濟北之利大[3] 故定計審處之 今秦人下兵 魏不敢東面 衡秦之勢成[4] 楚國之形危 齊棄南陽[5] 斷右壤[6] 定濟北[7] 計猶且爲之也 且夫齊之必決於聊城 公勿再計 今楚魏交退於齊 而燕救不至[8] 以全齊之兵 無天下之規 與聊城共據期年之敝 則臣見公之不能得也

① 南陽남양

색은 곧 제나라 회수 북쪽이고 사수泗水 부근의 땅이다.

卽齊之淮北 泗上之地也

② 平陸평륙

색은 평륙은 읍 이름이고 제나라 서쪽 영역에 있다.

平陸 邑名 在西界

정의 연주의 현이다

兗州縣也

③ 濟北之利大제북지이대

색은 곧 요성의 땅이다.

卽聊城之地也

제나라는 남쪽으로 마주하여 초나라와 위나라를 공격하려는 마음이 없고 남양이나 평륙의 해는 작아 요성의 이익이 큰 것만 못하다고 여겨서, 말하여 반드시 공격한다는 말이다.

言齊無南面攻楚魏之心 以爲南陽平陸之害小 不如聊城之利大 言必攻之也

④ 衡秦之勢成형진지세성

색은 이때 진나라와 제나라는 화평했다. 그러므로 '진나라와 연횡하는 형세가 이루어져'라고 했다.

此時秦與齊和 故云衡秦之勢成也

⑤ 齊棄南陽제기남양

색은 초나라에서 공격하는 사수 부근을 버리는 것이다.

棄楚所攻之泗上也

⑥ 斷右壤단우양

색은 또 위나라에서 공격하는 제나라 우양右壤(오른편의 땅)의 땅인 평륙을 끊어내는 것이 이것이다. 오른편의 땅을 끊어 버리고 구원하지 않는다는 말이다.

又斷絕魏之所攻齊右壤之地平陸是也 言右壤斷棄而不救也

⑦ 定濟北정제북

색은 (제나라) 뜻은 요성을 공격하여 제수 북쪽을 평정시키는데 있는 것이다.

志在攻聊城而定濟北也

⑧ 楚魏交退於濟而燕救不至초위교퇴어제이연구부지

색은 살펴보니 교交는 '함께'이다. 이전 시기에 초나라가 남양을 공격하고 위나라가 평륙을 공격했으나 지금 두 나라 군사가 함께 퇴각했으며, 연나라 구원병은 또 이르지 않으니 이것은 세력이 위태한 것이다.
按 交者 俱也 前時楚攻南陽 魏攻平陸 今二國之兵俱退 而燕救又不至 是勢危也

신주 여기서는 '交'를 글자 뜻대로 '번갈아'라는 뜻으로 번역한다.

또 연나라는 크게 어지러워져서 군주와 신하는 계책을 잃었고 위아래가 미혹되었소. 율복栗腹은 10만의 군사로 밖에서 다섯 번이나 패배하여[1] 만승의 국가로써 조나라에 포위를 당해 땅은 깎이고 군주는 곤욕을 당해 천하에서 비웃음거리가 되었소. 나라는 황폐해지고 재앙이 많으며 백성은 마음 돌릴 곳이 없소.
지금 공께서 또 피폐한 요성의 백성으로 제나라 모든 병사를 막았으니, 이것은 묵적墨翟의 수비일 것이오.[2] 사람을 잡아먹고 사람의 뼈로 밥을 짓는데도 군사들이 밖으로 배반하려는 마음이 없으니, 이것은 손빈孫臏의 병사들일 것이오.[3] 그리하여 (당신의) 능력은 천하에 드러났소.[4]

且燕國大亂 君臣失計 上下迷惑 栗腹以十萬之衆五折於外[1] 以萬乘之國被圍於趙 壤削主困 為天下僇笑 國敝而禍多 民無所歸心 今公又以敝聊之民距全齊之兵 是墨翟之守也[2] 食人炊骨 士無反外之心 是孫臏之兵也[3] 能見於天下[4]

① 栗腹以十萬之衆五折於外율복이십만지중오절어외

[집해] 서광이 말했다. "이 일은 장평 싸움에서 10년 떨어져있다."

徐廣曰 此事去長平十年

② 墨翟之守也묵적지수야

[정의] 묵적이 송나라를 지켜서 초나라 군대를 물리친 것과 같은 것이다.

如墨翟守宋 卻楚軍

③ 孫臏之兵也손빈지병야

[정의] 손빈이 능히 사졸들을 어루만져서 사졸들이 두 마음을 갖지 않았다는 말이다.

言孫臏能撫士卒 士卒無二心也

④ 能見於天下능견어천하

[신주] 묵적처럼 잘 지키고 손빈처럼 군사를 잘 조련하고 다독였으니, 당신의 능력을 천하에 나타낸 것이라는 말이다.

비록 그러하나 공을 위한 계책은 수레와 갑병을 온전히 해 연나라에 보답하는 것만 못합니다. 수레와 갑병을 온전히 해 연나라로 돌아간다면 연나라 왕은 반드시 기뻐할 것입니다. 자신을 온전히 해 국가로 돌아가면 사인과 백성은 부모를 만난 것과 같이

여길 것이고 친구들은 팔을 걷어붙이고 세상에서 의논할 것이니,
공업은 밝혀질 것입니다.

위로는 외로운 군주를 보좌하여 여러 신하를 통제하고 아래로는
백성을 기르고 유세객들을 밑바탕으로 삼아[①] 국가를 바로잡고
풍속을 바꾼다면[②] 공로와 명성은 세워질 수 있습니다. 그럴 뜻이
없다면 또한 연나라와 세상을 버리고 동쪽 제나라에서 노니시렵
니까?[③]

땅을 떼어 봉지를 정하면 부유함은 도공陶公과 위공衛公에 견주
고[④] 대대로 고孤(제후)를 칭하여 제나라와 함께 오래도록 보존할
것이니, 또 하나의 계책일 것입니다. 이상의 두 가지 계책이란 명
성을 드러내고 실리를 두텁게 하는 것입니다. 원컨대 공께서는 자
세히 계획하고 살펴서 한 곳에 처하십시오.

雖然 爲公計者 不如全車甲以報於燕 車甲全而歸燕 燕王必喜 身全而
歸於國 士民如見父母 交游攘臂而議於世 功業可明 上輔孤主以制群
臣 下養百姓以資說士[①] 矯國更俗[②] 功名可立也 亡意亦捐燕棄世 東游
於齊乎[③] 裂地定封 富比乎陶衛[④] 世世稱孤 與齊久存 又一計也 此兩計
者 顯名厚實也 願公詳計而審處一焉

① 下養百姓以資說士하양백성이자세사

색은 이미 백성을 기르고 또 세사說士를 바탕 삼아 마침내 강성한 국가
에 견준다는 말이다. 유씨는 '세사說士'를 '예사銳士'로 삼아 읽어야 한다고
했으나, 뜻은 비록 또한 편리하지만 글자대로 따르는 것만 못할 것이다.

言既養百姓 又資說士 終擬強國也 劉氏云讀 說士 爲 銳士 意雖亦便 不如依字

② 矯國更俗교국경속

색은 연나라 장수로 하여금 연나라로 돌아가게 하려는 것은 국사를 바로잡고 다시 무너진 풍속을 고치게 하고자 한 것이다.

欲令燕將歸燕 矯正國事 改更獎俗也

③ 亡意亦捐~游於齊乎무의역연~류어제호

색은 亡의 발음은 '무無'이다. 만약 반드시 연나라로 돌아갈 뜻이 없다면 연나라를 버리고 동쪽의 제나라에서 놀겠는가라는 말이다

亡音無 言若必無還燕意 則捐燕而東游於齊乎

④ 富比陶衛부비도위

색은 살펴보니 연독은 《전국책》에 주석하여 '도陶는 도주공陶朱公(범려)이다. 위衛는 위공자 형荊이다.'라고 했으나 잘못이다. 왕소는 '위염魏冉은 도陶에 봉해졌고 상군商君의 성은 위衛이다.'라고 말했다. 그래서 부유함은 도공과 위공에 견준다는 것은 이것을 이른다.

按 延篤注戰國策云 陶 陶朱公也 衛 衛公子荊 非也 王劭云 魏冉封陶 商君姓衛 富比陶衛 謂此也

또 내가 듣기에, 작은 절개에 얽매이는 자는 영예로운 명성을 이루지 못하고 작은 부끄러움을 싫어하는 자는 큰 공로를 세우지 못한다고 했습니다. 옛날 제나라 관이오管夷吾는 환공桓公을 활로 쏘아 허리띠 고리를 맞혔는데 이는 찬탈 행위였습니다. 공자 규糾를

저버리고 죽지 않은 것은 비겁한 것이었으며[1] 차꼬와 수갑에 묶인 것은 치욕이었습니다.

이상과 같이 세 가지의 행동은 세상의 군주가 신하로 여기지 아니하고 고을에서도 통교하지 않는 것입니다. 가령[2] 관자管子가 감옥에 갇혀 나오지 못하고 자신이 죽어 제나라로 돌아오지 못했다면 또한 명성은 남에게 치욕을 당하고 행동은 천박한 것을 벗어나지 못했을 것입니다. 남종이나 여종들도[3] 명성을 함께하는 것을 부끄러워했을 것인데 하물며 세상 사람도 오죽하겠습니까?

그러므로 관자는 자신이 감옥에 갇혀 있는 것을 부끄럽게 여기지 않았고 천하가 다스려지지 않는 것을 부끄러워했습니다. 공자 규와 함께 죽지 않은 것을 부끄럽게 여기지 않았고 위엄이 제후들에게 퍼지지 않는 것을 부끄러워했습니다. 그러므로 세 번 행동의 과오를 겸했는데도 오패에서 으뜸이 되었고[4] 명성은 천하에서 높아지고 광채는 이웃 나라에 비추었습니다.

且吾聞之 規小節者不能成榮名 惡小恥者不能立大功 昔者管夷吾射桓公中其鉤 簒也 遺公子糾不能死 怯也[1] 束縛桎梏 辱也 若此三行者 世主不臣而鄉里不通 鄉使[2]管子幽囚而不出 身死而不反於齊 則亦名不免爲辱人賤行矣 臧獲[3]且羞與之同名矣 況世俗乎 故管子不恥身在縲紲之中而恥天下之不治 不恥不死公子糾而恥威之不信於諸侯 故兼三行之過而爲五霸首[4] 名高天下而光燭鄰國

① 遺公子糾不能死 怯也유공자규불능사 겁야

색은 遺유는 버리는 것이다. 공자 규糾를 버리고 소백을 섬긴 것을 이른다.

遺 棄也 謂棄子糾而事小白也

정의 관중은 공자 규를 도왔는데 노나라에서 공자 규를 죽일 때 관중이 공자 규를 따라 죽지 않았으니, 이것이 겁이 많고 죽음을 두려워한 것이다.

管仲傅子糾而魯殺之 不能隨子糾死 是怯懦畏死

② 鄕使향사

신주 향사란 '가령, 만약에' 등의 뜻이다.

③ 臧獲장획

집해 《방언》에서 말한다. "형, 회, 해, 대, 연, 제주의 사이에서는 남종을 욕하여 장臧이라고 하고 여종을 욕하여 획獲이라 한다."

方言曰 荊淮海岱燕齊之間罵奴曰臧 罵婢曰獲

④ 五霸首오패수

정의 살펴보니 제환공은 최초로 주양왕周襄王이 문왕과 무왕의 제사를 지낸 제육과 동궁시彤弓矢(붉은 활과 화살)와 대로大輅(천자의 수레)를 하사 받았다. 그러므로 오패의 첫째가 된다.

按 齊桓最初得周襄王賜文武胙彤弓矢大輅 故爲五伯首也

조자曹子(조말)①는 노나라 장군이 되어 세 번을 싸워 세 번을 패하여 국토를 500리나 잃었습니다. 가령 조자가 계획해서 되돌리는 것을 생각하지 않고 의논하여 뒤를 돌아보지 않고 목 찔러서 죽었다면 또한 명성은 패배한 군대의 장수로서 사로잡힌 장군이라는 것에서 벗어나지 못했을 것입니다.

조자는 세 번 패배한 치욕을 버리고 물러나 노나라의 군주와 계획했습니다. 환공이 천하에서 조회하러 온 제후들과 회맹할 때, 조자는 하나의 검에 내맡겨 단상에 뛰어올라 환공의 가슴에 비수를 겨누었는데,[②] 안색이 변하지 않고 말씨가 어그러지지 않은 채 세 번 싸워 잃은 땅을 하루아침에 회복했으니, 천하가 진동하고 제후들이 깜짝 놀라며 위엄은 오나라와 월나라에까지 더해졌습니다.

이와 같은 두 사람은 작은 염치를 성취하고 작은 절개를 행하지 않으려는 것은 아니었습니다. 자신을 죽이고 몸을 없애서 세대를 끊고 후사를 없게 해 공명을 세우지 못하는 것은 지혜가 아니라고 여겼던 것입니다. 그러므로 분하고 원망스러운 감정을 없애고 종신토록 명성을 세웠습니다. 화나고 원망스러운[③] 절개를 버리고 대대로 쌓이는 공로를 정착하였습니다. 이 때문에 업적은 삼왕 三王[④]과 다투어 흐르고 명성은 천지와 함께 서로 남게 되었습니다. 원컨대 공께서는 하나를 택하여 실행하십시오."

曹子[①]爲魯將 三戰三北 而亡地五百里 鄕使曹子計不反顧 議不還踵 刎頸而死 則亦名不免爲敗軍禽將矣 曹子棄三北之恥 而退與魯君計 桓公朝天下 會諸侯 曹子以一劍之任 枝桓公之心[②]於壇坫之上 顔色不變 辭氣不悖 三戰之所亡一朝而復之 天下震動 諸侯驚駭 威加吳越 若此二士者 非不能成小廉而行小節也 以爲殺身亡軀 絶世滅後 功名不立 非智也 故去感忿之怨 立終身之名 棄忿[③]悁之節 定累世之功 是以業與三王[④]爭流 而名與天壤相獘也 願公擇一而行之

① 曹子조자

[색은] 노나라 장군 조말이다.

魯將曹沫是也

② 枝桓公之心지환공지심

[색은] 살펴보니 지枝는 겨누는 것과 같다.

按 枝猶擬也

[신주] 《사기지의》에 따르면 조말이 환공을 겁박한 것은 한漢나라 때 죽백竹帛에 저술된 《공양전》에 바탕한 것으로 믿기 부족하며 망령이 심한 것이라고 한다. 실제 《좌전》에는 그런 내용이 일체 나오지 않는다. 어쨌거나 사마천은 그것을 역사적 사실로 믿고 《사기》를 저술했다.

③ 忿悁분연

[정의] 忿의 발음은 '분[敷粉反]'이고, 悁의 발음은 '연[於緣反]'이다.

忿 敷粉反 悁 於緣反

[신주] 분연은 성을 내거나 화를 내는 것이다.

④ 三王삼왕

[신주] 하夏, 은殷, 주周를 삼대三代라 하고 그 시초를 연 세 왕을 삼왕이라 한다. 하나라 우와 은나라 성탕成湯과 주나라 문왕文王을 가리킨다. 주나라는 문왕 대신에 무왕武王을 넣기도 한다.

연나라 장군은 노중련의 서신을 보고 3일 동안 울고 어떻게 할까 주저하면서 스스로 판단할 수 없었다. 연나라로 돌아가고자 하나 이미 연나라와는 사이가 벌어져 있어 처벌될 것이 두려웠다. 제나라에 항복하자니 제나라 포로들을 너무 많이 죽여서 자신이 항복하면 뒤에 치욕을 당할 것이 두려웠다. 이에 한숨 쉬며 탄식해 말했다.

"남의 칼날에 죽는 것보다 차라리 스스로 죽겠다."

이에 자살했다. 요성이 어지러워지자 전단은 드디어 요성을 도륙했다.① 돌아와서 노중련에게 벼슬을 주고자 말했다. 노중련은 바닷가로 도망쳐 은둔하여 말했다.

"내가 부귀하면서 남에게 굴복하는 것보다는 차라리 빈천하여 세상을 가볍게 여기고 뜻을 마음껏② 하리라."

燕將見魯連書 泣三日 猶豫不能自決 欲歸燕 已有隙 恐誅 欲降齊 所殺虜於齊甚衆 恐已降而後見辱 喟然歎曰 與人刃我 寧自刃 乃自殺 聊城亂 田單遂屠聊城① 歸而言魯連 欲爵之 魯連逃隱於海上 曰 吾與富貴而詘於人 寧貧賤而輕世肆②志焉

① 乃自殺~田單遂屠聊城내자살~전단수도요성

【신주】 《사기지의》에 따르면 《전국책》에서는 연나라 장수가 군사를 물리고 철수했다고 하고, 또 요성은 제나라 땅이므로 전단이 도륙한 것은 사실이 아니라고 한다.

② 肆사

【색은】 사肆는 '마음껏'과 같다.

肆猶放也

양효왕을 설득한 추양

추양은 제나라 사람이다.[1] 양梁나라에서 유람했으며 옛 오나라 사람 장기부자莊忌夫子[2]와 회음군 사람 매생枚生[3]의 무리와 사귀었다. 글을 올려 양승羊勝과 공손궤公孫詭와 함께 하는 사이가 되었다.[4]

양승 등은 추양을 시기하고 양효왕[5]에게 추양에 대해 헐뜯었다. 양효왕은 노하여 관리에게 하옥시켜 장차 죽이려고 했다. 추양은 객客으로 유람하다가 참소당하고 사로잡혀, 만약 죽으면 죄과만 쌓일까 여겨서[6] 이에 감옥 안에서 글을 올려 말했다.

鄒陽者 齊人也[1] 游於梁 與故吳人莊忌夫子[2]淮陰枚生[3]之徒交 上書而介於羊勝公孫詭之間[4] 勝等嫉鄒陽 惡之梁孝王[5] 孝王怒 下之吏 將欲殺之 鄒陽客游 以讒見禽 恐死而負累[6] 乃從獄中上書曰

① 齊人也제인야

신주 추양은 한문제漢文帝 때의 사람이다. 따라서 제나라는 한漢나라 제후국인 제나라를 가리킨다.

② 莊忌夫子장기부자

기忌는 회계군 사람이다. 성은 장씨莊氏이고 자字는 부자夫子이다. 후손이 한나라 명제明帝의 휘를 피해서 성을 고쳐 엄嚴이라 했다.

忌 會稽人 姓莊氏 字夫子 後避漢明帝諱 改姓曰嚴

명제는 후한 때 군주이다. 따라서 여기 後자는 단순히 '뒤'가 아니라 '후손'이라 번역해야 한다.

③ 枚生매생

이름은 승乘이고 자는 숙叔이며 그의 아들 고皐와 《한서》에 나란히 〈열전〉이 있다. 아마 함매씨衛枚氏에서 성씨를 얻었을 것이다.

名乘 字叔 其子皐 漢書竝有傳 蓋以衛枚氏而得姓也

④ 介於羊勝公孫詭之間개어양승공손궤지간

추양은 글을 올려서 스스로 통달했다고 하면서 양승과 공손궤 두 사람의 사이에서 놀았다. 어떤 때는 저곳에 가고 어떤 때는 이곳에 간 것을 말이다. 개介는 그 사이에 간격이 있다는 말이다. 그러므로 두예는 '개介는 간間과 같다.'고 했다.

言鄒陽上書自達 而游於二人之間 或往彼 或往此 介者 言有隔於其間 故杜預曰 介猶間也

〈양효왕세가〉에 보면, 양효왕이 모았던 세 사람이 언급되어 나온다.

⑤ 梁孝王양효왕

당시 황제이던 경제景帝의 동복아우이며, 문제文帝의 작은 아들이다. 춘추전국시대 송나라 땅이던 양梁에 봉해지고 시호를 효왕이라 하여 양효왕이라 부른다. 〈양효왕세가〉에 자세하다.

⑥ 負累부루

[정의] 죄가 아닌 것인데도 쌓여서 누累가 된다고 했다.

諸不以罪爲累

"신이 듣건대, 충성은 갚지 아니함이 없고 믿음은 의심을 보이지 않는다고 합니다. 신은 항상 그러한 것으로 여겼으나 다만 헛된 말일 뿐입니다. 옛날 형가荊軻는 연나라 태자 단丹의 정의를 사모했는데, 흰 무지개가 해를 관통하자 태자는 이를 두려워했습니다.① 위선생衛先生은 진秦나라를 위해 장평長平의 사업을 계획했으나 태백太白이 묘성昴星을 먹자 소왕昭王이 이를 의심했습니다.② 대저 정성은 하늘과 땅을 변화시키는데 믿음은 두 주인을 깨우치지 못하게 했으니 어찌 슬프지 않겠습니까!

지금 신이 충성을 다하고 정성을 다하며 의견을 다하여 알아주기를 바랬으나③ 좌우가 밝지 못해④ 마침내 관리로부터 심문받아 세상 사람들에게 의심받게 되었습니다. 이것은 형가와 위선생이 다시 일어난다고 하더라도 연나라와 진나라는 깨닫지 못할 것입니다. 원컨대 대왕께서 익히 살펴주십시오.

臣聞忠無不報 信不見疑 臣常以爲然 徒虛語耳 昔者荊軻慕燕丹之義 白虹貫日 太子畏之① 衞先生爲秦畫長平之事 太白蝕昴 而昭王疑之② 夫精變天地而信不喩兩主 豈不哀哉 今臣盡忠竭誠 畢議願知③ 左右不明④ 卒從吏訊 爲世所疑 是使荊軻衞先生復起 而燕秦不悟也 願大王執察之

① 太子畏之태자외지

집해 응소가 말했다. "연나라 태자 단은 진나라에 인질이 되었는데 진시황이 무례하게 대우하자 태자 단은 도망쳐 떠났다. 그러므로 형가를 두텁게 대우하고 서쪽으로 가서 진왕을 찔러 죽이라고 한 것이다. 정성이 하늘을 감동시켜 흰 무지개가 태양을 관통했다." 여순이 말했다. "흰 무지개는 군사의 상징이다. 태양은 군주이다." 《열사전》에서 말한다. "형가가 출발한 뒤에 태자가 스스로 일기日氣를 살폈는데 무지개가 태양을 관통해서 뚫지 못한 것을 보고 이르기를 '나의 일은 성공하지 못할 것이다.'라고 했다. 뒤에 형가가 죽고 일이 성취되지 못했다는 것을 듣고 이르기를 '나는 그러할 것을 알았다.'라고 했다."

應劭曰 燕太子丹質於秦 始皇遇之無禮 丹亡去 故厚養荊軻 令西刺秦王 精誠感天 白虹爲之貫日也 如淳曰 白虹 兵象 日爲君 烈士傳曰 荊軻發後 太子自相氣 見虹貫日不徹 曰 吾事不成矣 後聞軻死 事不立 曰 吾知其然也

색은 《열사전》에서 말한다. "형가가 출발한 뒤에 태자가 스스로 일기日氣를 살폈는데 무지개가 태양을 관통해서 뚫지 못한 것을 보고 이르기를 '나의 일은 성공하지 못할 것이다.'라고 했다. 뒤에 형가가 죽고 일이 성취되지 못했다는 것을 듣고 이르기를 '나는 그러할 것을 알았다.'라고 했다." 이것이 두려워한 것이다.

또 왕소는 "형가가 장차 진나라에 들어가려고 그의 객을 기다리며 출발하지 못하자 태자 단이 그를 의심하고 두려워한 것이다. 그러므로 두렵다고 한 것이다."고 했으니, 그의 해설은 무지개가 태양을 관통해서 뚫지 못한 것을 본 것과 같지 않다. 《전국책》에는 또 이르기를 섭정聶政이 한괴韓傀를 찌른 것을 또한 '흰 무지개가 해를 꿰뚫었다.'라고 일컬었다.

烈士傳曰 荊軻發後 太子自相氣 見虹貫日不徹 曰 吾事不成 後聞軻死 事不就

曰 吾知其然 是畏也 又王劭云 軻將入秦 待其客未發 太子丹疑其畏懼 故曰畏
之 其解不如見虹貫日不徹也 戰國策又云聶政刺韓傀 亦曰 白虹貫日也

② 太白蝕昴而昭王疑之태백식묘이소왕의지

[집해] 소림이 말했다. "백기白起는 진나라를 위해 조나라를 정벌해 장
평에서 군사를 쳐부수고 마침내 조나라를 멸망시키고자 위선생衛先生을
파견해 소왕昭王을 설득해 군사와 양식을 늘려 달라고 했다. 응후(범저)
는 자기에게 해가 된다고 여겼으므로, 일을 사용하는 것이 성취되지 못
했다. 그의 정성은 위로 하늘에 이르렀다. 그러므로 태백성이 묘성昴星을
먹은 것이다. 묘昴는 조나라 땅의 분야이다. 장차 전쟁이 있으므로 태백
성이 묘성을 먹은 것이다. 식食은 범해서 지나간 것이다." 여순이 말했다.
"태백성은 곧 하늘의 장군이다."

蘇林曰 白起爲秦伐趙 破長平軍 欲遂滅趙 遣衛先生說昭王益兵糧 乃爲應侯所
害 事用不成 其精誠上達於天 故太白爲之蝕昴 昴 趙地分野 將有兵 故太白食
昴 食 干歷之也 如淳曰 太白乃天之將軍也

[색은] 복건이 말했다. "위선생은 진나라 사람이다. 백기가 조나라 군사
를 장평에서 공격하고 위선생을 파견해 소왕을 설득해 군사와 식량을 늘
려 달라고 했다. 양후穰侯(위염)는 자기에게 해가 된다고 여겨 일이 성사되
지 못했다. 정성이 하늘을 감동시켰다. 그러므로 태백성이 묘성을 먹은
것이다. 묘는 조나라 땅의 분야이다." 여순이 말했다. "태백성은 서방을
주관하며 진나라는 서쪽에 있으니 조나라가 무너질 징조이다. 식食은 범
하여 지나간 것을 이른다." 또 왕충이 말했다. "대저 흰 무지개가 태양을
관통하고 태백성이 묘성을 먹었다는 말은 진실이나, 형가의 계획이나 위
선생의 계책이 황천皇天을 감동시켜 태양을 관통하고 묘성을 먹었다는

말은 곧 빈말이다."

服虔云 衞先生 秦人 白起攻趙軍於長平 遣衞先生說昭王請益兵糧 爲穰侯所害
事不成 精誠感天 故太白食昴 昴 趙分也 如淳云 太白主西方 秦在西 敗趙之兆
也 食謂干歷之也 又王充云 夫言白虹貫日 太白食昴 實也 言荊軻之謀 衞先生
之策 感動皇天而貫日食昴 是虛也

신주 진나라 장군 백기가 조나라를 정벌하기 위해 군량 지원 요청하자
이를 저지한 인물이 집해 주석에서는 응후 범저라고 했고, 색은 주석
에서는 양후 위염이라고 했다. 〈백기왕전열전〉과 〈범저채택열전〉에 따르
면, 백기를 막은 사람은 응후이다.

③ 畢議願知필의원지

집해 장안이 말했다. "그의 계획의 의논을 다해서 왕이 알기를 바란
것이다."

張晏曰 盡其計議 願王知之也

④ 左右不明좌우불명

색은 좌우가 밝지 못하다고 한 것은 왕을 물리치고자 하지 않는다는
것을 말한다.

言左右之不明 不欲斥王

옛날에 변화卞和는 보배를 바쳤는데 초왕은 그를 발뒤꿈치 베
는 형벌에 처했습니다.① 이사李斯는 충성을 다했으나 호해胡亥는

극형을 내렸습니다. 이에 은殷나라의 기자箕子는 거짓으로 미친 척했고② 초나라 접여接輿도 세상을 피했는데③ 아마 이러한 근심을 만날까 봐서입니다.

원컨대 대왕께서는 변화와 이사의 뜻을 익히 살피시고, 초왕과 호해가 들은 것을④ 뒤로 하여 신으로 하여금 기자와 접여가 되는 웃음거리가 없도록 하십시오. 신이 듣기에, 왕자 비간比干은 심장이 쪼개졌고 오자서는 가죽포대에 담겼다는데,⑤ 신은 처음에는 믿지 않았으나 이제는 알겠습니다. 원컨대 대왕께서는 익히 살피시고 조금이라도 가엾게 여겨 주십시오.

昔卞和獻寶 楚王刖之① 李斯竭忠 胡亥極刑 是以箕子詳狂② 接輿辟世③ 恐遭此患也 願大王孰察卞和李斯之意 而後楚王胡亥之聽④ 無使臣爲箕子接輿所笑 臣聞比干剖心 子胥鴟夷⑤ 臣始不信 乃今知之 願大王孰察 少加憐焉

① 卞和獻寶楚王刖之변화헌보초왕월지

집해 응소가 말했다. "변화卞和는 다듬지 않은 옥을 얻어서 무왕武王에게 바쳤다. 무왕은 옥 감정인에게 보였는데 옥 감정인이 '돌입니다.'라고 하자 이에 오른쪽 발뒤꿈치가 잘렸다. 무왕이 죽고 다시 문왕文王에게 바쳤는데 옥 감정인이 다시 '돌입니다.'라고 했다. 이에 그의 왼쪽 발뒤꿈치가 잘렸다. 성왕成王 때에 이르러 변화가 박璞을 안고 교외에서 통곡하자 이에 옥윤玉尹을 시켜 다듬게 했는데 과연 보옥을 얻었다."

應劭曰 卞和得玉璞 獻之武王 武王示玉人 玉人曰 石也 刖右足 武王沒 復獻文王 玉人復曰 石也 刖其左足 至成王時 卞和抱璞哭于郊 乃使玉尹攻之 果得寶玉

초나라 사람 변화가 다듬지 않은 옥을 얻은 일은《국어》와《여씨

춘추》에 나타나 있다. 〈초세가〉를 살펴보니 초무왕의 이름은 웅통熊通

이다. 문왕의 이름은 현賢이고 무왕의 아들이다. 성왕은 문왕의 아들이

고 이름은 운惲이다.

楚人卜和得玉璞事見國語及呂氏春秋 案世家 楚武王名熊通 文王名賢 武王子

也 成王 文王子也 名惲

② 箕子詳狂기자양광

색은 詳의 발음은 '양陽'이다. 거짓으로 미치광이가 된 것을 이른다.

사마표가 "기자의 이름은 서여胥餘이다."라고 한 것이 이것이다.

詳音陽 謂詐爲狂也 司馬彪曰 箕子名胥餘 是也

③ 接輿辟世접여피세

집해 장안이 말했다. "초나라 현인이며 거짓으로 미친 척하고 세상을

피해 살았다."

張晏曰 楚賢人 詳狂避世也

색은 장안이 말했다. "초나라 현인이다."《고사전》에서 "초나라 사람

육통陸通이고 자는 접여接輿이다."라고 한 것이 이것이다.

張晏曰 楚賢人 高士傳 楚人陸通 字接輿 是也

④ 楚王胡亥之聽초왕호해지청

색은 초왕과 호해의 잘못된 것을 들었음을 이른다. 그러므로 뒤에 사

용하지 말라는 것이다. 후後는 하下와 같다.

謂以楚王胡亥之聽爲謬 故後之而不用 後猶下也

⑤ 子胥鴟夷자서치이

色隱 살펴보니 위소가 말했다. "가죽을 사용해 올빼미의 형상을 만드 니 이름을 '치이鴟夷'라고 한다. 치이는 가죽 통이다." 복건이 말했다. "말 가죽을 사용해 포대를 만든 것이다. (오자서의) 시체를 담아서 강수에 던 졌다."

按 韋昭云 以皮作鴟鳥形 名曰 鴟夷 鴟夷 皮榼也 服虔曰 用馬革作囊也 以裹尸 投之于江

속담에 이르기를 '머리가 셀 때까지도 새로 사귀는 벗과 같고,① 수레 덮개가 (오래되어) 기울어져도 옛 벗처럼 여긴다.②'라고 합니 다. 왜냐하면 알고 알지 못하고의 차이입니다.③ 그러므로 옛날에 번오기樊於期는 진나라에서 도망쳐 연나라로 가서 형가에게 자기 머리를 대주어 태자 단丹의 일을 받들게 했습니다.④ 왕사王奢는 제나라를 버리고 위魏나라로 갔는데, 성에 올라가 스스로 자신의 목을 찔러서 제나라를 물리치고 위나라를 보존했습니다.⑤

대저 왕사와 번오기는 제나라와 진나라에는 새 벗이 아니었고 연 나라와 위나라에는 오랜 벗과 같았습니다. 때문에 두 나라를 떠 났으나 두 군주를 위해 죽은 것들은 행동이 뜻에 부합하고 의를 흠모함이 끝이 없었기 때문이었습니다.

이 때문에 소진蘇秦은 천하에서 믿음을 얻지 못했으나 연나라에 서 미생尾生과 같은 믿음이 있게 되었습니다.⑥ 백규白圭는 전투하 여 여섯 곳의 성城을 잃었으나 위魏나라를 위해 중산中山을 빼앗아

주었습니다.⑦ 무슨 까닭입니까. 진실로 서로를 아는 것이 있기 때문입니다.

諺曰 有白頭如新① 傾蓋如故② 何則 知與不知也③ 故昔樊於期逃秦之燕 藉荊軻首以奉丹之事④ 王奢去齊之魏 臨城自刭以卻齊而存魏⑤ 夫王奢樊於期非新於齊秦而故於燕魏也 所以去二國死兩君者 行合於志而慕義無窮也 是以蘇秦不信於天下 而爲燕尾生⑥ 白圭戰亡六城 爲魏取中山⑦ 何則 誠有以相知也

① 白頭如新백두여신

색은 살펴보니 복건이 말했다. "사람이 서로 알지 못하면 처음부터 사귀어 머리가 셀 때까지도 오히려 새로운 벗과 같은 것이다."

案 服虔云 人不相知 自初交至白頭 猶如新也

② 傾蓋如故경개여고

색은 복건이 말했다. "오나라 계찰과 정나라 교僑(자산)와 같은 것이다." 살펴보니 《공자가어》에서 말한다. "공자께서 정자程子를 길에서 만났는데 수레의 덮개를 기울이고서 말을 나누었다." 또 《지림》에서 말한다. "경개傾蓋란, 길을 가다가 서로 만나면 수레를 나란히 하여 말을 나누는데, 양쪽 수레덮개가 서로 접혀져 조금 기울어진다. 그러므로 '경傾'이라 한다."

服虔云 如吳札鄭僑也 按 家語 孔子遇程子於途 傾蓋而語 又志林云 傾蓋者 道行相遇 軿車對語 兩蓋相切 小欹之 故曰傾也

③ 知與不知也지여부지야

[집해] 환담의 《신론》에서 말한다. "안으로 서로 아는지 모르는지가 있는 것이지, 새 벗과 오랜 벗에 달려있는 것이 아니라는 말이다."

桓譚新論曰 言內有以相知與否 不在新故也

④ 藉荊軻首以奉丹之事자형가수이봉단지사

[색은] 藉의 발음은 '쟈[子夜反]'이다. 위소가 말했다. "번오기가 진나라에서 도망쳐 연나라로 가서 머리를 형가에게 주어, (형가가) 사신으로 진나라로 들어가 믿음을 보이게 한 것을 이른다."

藉音子夜反 韋昭云 謂於期逃秦之燕 以頭與軻 使入秦以示信也

⑤ 王奢去齊~而存魏왕사거제~이존위

[집해] 《한서음의》에서 말한다. "왕사王奢는 제나라 사람이며 도망쳐 위나라에 이르렀다. 그 뒤에 제나라에서 위나라를 정벌하자 왕사는 성에 올라 제나라 장수에게 이르기를 '지금 군君이 오는 것은 왕사의 일에 지나지 않는 것이다. 대저 의義로써 구차하게 살아서 위나라에 누를 끼치지 않을 것이다.'라고 하고는 드디어 스스로 찔러 죽었다."

漢書音義曰 王奢 齊人也 亡至魏 其後齊伐魏 奢登城謂齊將曰 今君之來 不過以奢之故也 夫義不苟生以爲魏累 遂自剄也

⑥ 爲燕尾生위연미생

[색은] 복건이 말했다. "소진은 제나라에서 그 믿음을 내지 않았으나 연나라에서는 미생尾生의 믿음을 냈다." 위소가 말했다. "미생尾生은 믿음을 지키다 죽은 자이다." 살펴보니 소진이 연나라에서 홀로 믿음을 지킨

것이 미생과 같았다. 그러므로 '연나라에서 미생微生과 같은 믿음이 있게 되었습니다.'라고 한 것이다.

服虔云 蘇秦於齊不出其信 於燕則出尾生之信 韋昭云 尾生守信而死者 案 言 蘇秦於燕獨守信如尾生 故云 爲燕之尾生也

신주 미생은 좋아하는 여인을 다리 아래서 기다리다 갑자기 물이 불어서 물에 빠져 죽은 사람으로, 지나친 믿음으로 인한 어리석음의 대명사로 통한다. 그러나 여기서는 좋은 의미로 쓰였다.

⑦ 魏取中山위취중산

집해 장안이 말했다. "백규白圭는 중산국의 장수가 되어 6개의 성을 잃었는데, 중산 군주가 죽이려고 하자 도망쳐 위나라로 들어갔다. 위문후가 두터운 대우를 하자 돌아와서 중산을 함락시켰다."

張晏曰 白圭爲中山將 亡六城 君欲殺之 亡入魏 文侯厚遇之 還拔中山

색은 살펴보니 일이 《전국책》과 《여씨춘추》에 나타나 있다.

案 事見戰國策及呂氏春秋也

소진은 연나라 재상이 되었는데, 연나라 사람이 연왕에게 헐뜯자 연왕은 칼을 만지며 노하고 (소진에게) 결제駃騠를 잡아 먹였습니다.① 백규白圭는 중산국에서 이름을 날렸는데 중산의 사람들이 위魏나라 문후文侯에게 나쁘게 말하였지만, 문후는 (백규에게) 야광夜光의 구슬을 하사했습니다. 왜냐하면 두 군주와 두 신하는 마음을 드러내 보이고 진심을 보여 서로 믿었으니 어찌 근거 없는 말에 마음이 흔들리겠습니까!

그러므로 여자는 미인이건 추녀이건 관계없이 궁실에 들어가면 시샘을 받고, 사인은 현명하든 그렇지 않든 관계없이 조정에 들어가면 질시를 받습니다.[2] 옛날에 사마희司馬喜는 송宋나라에서 다리를 잘리는 형벌을 받았으나 마침내 중산국 재상이 되었고[3] 범저范雎는 위나라에서 갈비뼈가 부러지고 이가 부러지는[4] 수모를 겪었지만 끝내 응후應侯가 되었습니다.

이 두 사람은 모두 반드시 그럴 것이란 계획을 믿고, 붕당의 사사로움을 버리고 외로운 지위(군주)에 처하였습니다. 그러므로 스스로가 질투하는 사람들의 사이에서 벗어나지 못했습니다. 이 때문에 신도적申徒狄은 스스로 하수河水에 빠졌고[5] 서연徐衍은 돌을 지고 바다로 들어갔습니다.[6]

蘇秦相燕 燕人惡之於王 王按劍而怒 食以駃騠[1] 白圭顯於中山 中山人惡之魏文侯 文侯投之以夜光之璧 何則 兩主二臣 剖心坼肝相信 豈移於浮辭哉 故女無美惡 入宮見妒 士無賢不肖 入朝見嫉[2] 昔者司馬喜髕脚於宋 卒相中山[3] 范雎摺脅折齒[4]於魏 卒爲應侯 此二人者 皆信必然之畫 捐朋黨之私 挾孤獨之位 故不能自免於嫉妒之人也 是以申徒狄自沈於河[5] 徐衍負石入海[6]

① 食以駃騠사이결제

집해 《한서음의》에서 말한다. "결제駃騠는 뛰어난 말이다. 태어나서 7일 만에 그의 어미를 뛰어 넘는다. 소진을 공경하고 중하게 여겼으니, 비록 헐뜯는 것이 있었으나 다시 진기한 맛으로써 선물한 것이다."

漢書音義曰 駃騠 駿馬也 生七日而超其母 敬重蘇秦 雖有讒謗 而更膳以珍奇之味

[색은] 살펴보니 《자림》에서 말한다. "결제決啼의 두 발음이고 북적北狄의 좋은 말이며 말이 수컷이고 노새가 암컷이다."

案 字林云 決啼二音 北狄之良馬也 馬父羸母

[정의] 食의 발음은 '사寺'이다. 駃騠의 발음은 '결제決蹄'이다. 북적의 좋은 말이다.

食音寺 駃騠音決蹄 北狄良馬也

② 女無美惡~入朝見嫉여무미악~입조견질

[신주] 저소손은 〈외척세가〉에서 보충한 문장에, 사마천은 〈편작창공열전〉 논평에 이 문장을 그대로 사용했다.

③ 卒相中山졸상중산

[집해] 진작이 말했다. "사마희는 세 차례 중산의 재상이 되었다." 소림이 말했다. "육국시대(전국시대) 사람이며 이러한 형벌을 당했다."

晉灼曰 司馬喜三相中山 蘇林曰 六國時人 被此刑也

[색은] 일이 《전국책》과 《여씨춘추》에 나타나 있다. 소림이 말했다. "육국시대 사람이고 중산의 재상이다."

事見戰國策及呂氏春秋 蘇林云 六國時人 相中山也

④ 摺脅折齒접협절치

[색은] 살펴보니 〈응후(범제)열전〉에서 "갈비뼈가 부러지고 이가 부러졌다."라고 한 것이 이것이다. 《설문》에서 "납拉은 부러뜨리는 것이다."라고

했으며, 拉의 발음은 '랍[力答反]'이다.

案 應侯傳作 折脅摺齒 是也 說文 拉 摧也 音力答及

⑤ 申徒狄自沈於河신도적자침어하

집해 《한서음의》에서 말한다. "은나라 말기 사람이다."

漢書音義曰 殷之末世人

색은 신도적申屠狄이다. 살펴보니 《장자》에서 말한다. "신도적이 간했는데 사용되지 않자 돌을 지고 스스로 하수에 빠졌다." 위소가 말했다. "육국시대의 사람이다." 《한서》에는 스스로 옹하雍河에 빠졌다고 했는데, 복건은 옹주의 하수라고 했고 또 《신서》에는 "항아리를 안고 스스로 하수에 빠졌다."고 했으니, 같지 않다.

申屠狄 按 莊子 申屠狄諫而不用 負石自投河 韋昭云 六國時人 漢書云自沈於雍河 服虔曰 雍州之河 又新序作 抱甕自沈於河 不同也

⑥ 徐衍負石入海서연부석입해

집해 《열사전》에서 말한다. "주나라 말기 사람이다."

列士傳曰 周之末世人

색은 또한 《장자》에 보인다. 장안이 말했다. "돌을 지고 물에 빠지려고 했다."

亦見莊子 張晏曰 負石欲沈

세상에서 (그의 계획이) 받아들여지지 않는다고 해도 의리상 구차하게 취하지 않았으나, 조정에 있게 되어서는 한패가 되어 주상의 마음을 움직였습니다.[①] 그러므로 백리해百里奚는 도로에서 빌어먹었으나 진秦나라 목공穆公은 정사를 맡겼습니다. 영척甯戚은 수레 아래서 소를 먹였으나 제환공은 그에게 나라를 맡겼습니다.[②] 이 두 사람이 어찌 조정에서 벼슬아치의 힘을 빌렸을 것이며, 명예를 좌우에서 빌린 연후에야 두 군주가 등용했겠습니까? 마음으로 감동하고 행동으로 하나가 되면 아교나 칠과 같이 친해져서 형제라도 능히 이간시키지 못하는데, 어찌 많은 사람에게 의혹을 사겠습니까? 그러므로 한쪽 말만 들으면 간사함이 생겨나고, 한 사람에게 맡기면 어지러움이 이루어지는 것입니다.

옛날 노나라는 계손씨의 말만 듣고 공자孔子를 축출했고[③] 송나라는 자한子罕의 계획만 믿고 묵적墨翟을 가두었습니다.[④] 대저 공자와 묵적의 변설로도 능히 스스로 헐뜯고 아첨하는 것을 벗어나지 못해서 두 나라는 위태해졌습니다. 왜냐하면 여러 사람의 입은 쇠를 녹이고[⑤] 헐뜯음이 쌓이면 뼈를 녹일 수 있기 때문입니다.[⑥]

이 때문에 진秦나라는 융인戎人 유여由余를 등용하여 중원의 나라에서 패자가 되었고, 제나라는 월나라 사람 몽蒙[⑦]을 등용해서 위왕威王과 선왕宣王은 강성해졌습니다. 이 두 나라가 어찌 속된 것에 매이고 세속에 이끌리어 아부하고 치우친 말에 엮였겠습니까?

不容於世 義不苟取 比周於朝[①] 以移主上之心 故百里奚乞食於路 繆公委之以政 甯戚飯牛車下 而桓公任之以國[②] 此二人者 豈借宦於朝 假譽於左右 然後二主用之哉 感於心 合於行 親於膠漆 昆弟不能離 豈惑於

衆口哉 故偏聽生姦 獨任成亂 昔者魯聽季孫之說而逐孔子^③ 宋信子罕
之計而囚墨翟^④ 夫以孔墨之辯 不能自免於讒諛 而二國以危 何則 衆口
鑠金^⑤ 積毀銷骨也^⑥ 是以秦用戎人由余而霸中國 齊用越人蒙^⑦而彊威
宣 此二國 豈拘於俗 牽於世 繫阿偏之辭哉

① 比周於朝비주어조

신주 비주比周는 《논어》에서 "소인은 편당을 짓고 두루 화합하지 않는
다.[小人 比而不周]"는 의미이다. 여기서 비比는 '사리사욕을 위하여 결탁한
다'는 뜻이다. 주周는 '두루 화합한다'는 뜻이다.

② 甯戚飯牛~任之以國영척반우~임지이국

집해 응소가 말했다. "제환공이 밤에 나가 객을 맞이하는데 영척甯戚
이 빠르게 그의 소뿔을 치며 상가商歌를 불러 이르기를 '남산의 돌은 깨
끗하고 흰 돌은 찬란한데, 살아서 요임금과 순임금의 선양을 만나지 못
하네. 짧은 베의 홑옷은 마침 정강이에 닿고 저물녘부터 소를 먹이며 한
밤중에 이르는데 긴 밤은 길고 길어 어느 때나 아침인가?'라고 했다. 환
공이 불러서 함께 말을 나누고 기뻐하여 대부로 삼았다."

應劭曰 齊桓公夜出迎客 而甯戚疾擊其牛角商歌曰 南山矸 白石爛 生不遭堯與
舜禪 短布單衣適至骭 從昏飯牛薄夜半 長夜曼曼何時旦 公召與語 說之 以爲
大夫

색은 일이 《여씨춘추》에 보인다. 상가商歌는 상성商聲의 노래이다. 어
떤 이는 상려인商旅人의 노래라고 했다. 두 가지의 설명이 나란히 통한
다. 矸의 발음은 '간[公彈反]'이다. 안간은 깨끗한 모양이다. 고야왕은 또

'안岸'의 발음이라고 했다. 禪의 발음은 '선膳'이고 가장 통상적인 발음
으로 읽는데. 협운協韻을 잃었기 때문이다.《비창》에서 "한骭은 정강이다."
라고 했다.《자림》에서 骭의 발음은 '한[下諫反]'이라고 하였다.

事見呂氏春秋 商歌謂爲商聲而歌也 或云商旅人歌也 二說竝通 豜音公彈反 豜
者 白淨貌也 顧野王又作岸音也 禪音膳 如字讀 協韻失之故也 埤蒼云 骭 脛也
字林音下諫反

③ 季孫之說而逐公子계손지설이축공자

[색은]《논어》에서 "제나라 사람이 여악女樂을 보내자 계환자季桓子가
이들을 받고 3일 동안 조회 하지 않자 공자께서 떠났다."고 한 것이다.

論語 齊人歸女樂 季桓子受之 三日不朝 孔子行也

④ 宋信子罕之計而囚墨翟송신자한지계이수묵적

[색은]《좌전》을 살펴보니, 사성자한의 성은 악樂이고 이름은 희喜이며
송나라 현신賢臣이다.《한서》에는 '자염子冉'으로 되어 있다. 자염은 어떤
사람인지 알지 못하겠다. 문영이 말했다. "자염子冉은 자한이다." 또 살펴
보니〈순경전〉에서 말한다. "묵적은 공자 때의 사람이거나 혹은 공자보다
뒤에 있다고 일렀다."《좌전》양공 29년에 말한다. "송나라에 흉년이 들
자 자한이 곡식을 낼 것을 청했다." 살펴보니 당시는 공자께서 겨우 8세인
즉 묵적은 자한과 서로 동년배가 아니며, 어떤 이가 자염子冉이라 한 것이
맞을 것이다.

案左氏 司城子罕姓樂名喜 乃宋之賢臣也 漢書作 子冉 不知子冉是何人 文穎曰
子冉 子罕也 又按 荀卿傳云 墨翟 孔子時人 或云在孔子後 又襄二十九年左傳
宋饑 子罕請出粟 按 時孔子適八歲 則墨翟與子罕不得相輩 或以子冉爲是也

즉 묵적을 가두게 한 사람은 《사기》에서는 '자한'이라고 했고, 《한서》에서는 '자염'이라고 했다.

⑤ 衆口鑠金중구삭금

[색은] 살펴보니 《국어》에서 말한다. "많은 사람의 마음은 성城을 쌓고 여러 사람의 입은 쇠를 녹인다." 가규가 말했다. "삭鑠은 녹이는 것이다. 여러 사람의 입에서 미워하는 바는 비록 쇠라도 녹여서 없앤다." 또 《풍속통》에서 말한다. "어떤 이가 설명하기를 아름다운 금金이 이곳에 있는데, 여러 사람이 혹은 함께 헐뜯어 그것이 순금純金이 아니라고 말하면, 파는 자는 반드시 값을 받고자 하여 그에 따라 불을 살라 제련하여 그 참모습을 보인다. 이것이 여러 입은 쇠를 녹인다고 한다."

案 國語云 衆心成城 衆口鑠金 賈逵云 鑠 消也 衆口所惡 雖金亦爲之消亡 又風俗通云 或說有美金於此 衆人或共詆訿 言其不純金 賣者欲其必售 因取鍛燒以見其眞 是爲衆口鑠金也

⑥ 積毁鎖骨也적훼쇄골야

[색은] 대안이 말했다. "참소하는 사람이 오래도록 헐뜯는 것을 쌓으면 부형父兄이나 백숙伯叔이 스스로 서로를 처단해 죽인다. 그래서 골육들이 소멸되는 것이다."

大顔云 讒人積久譖毁 則父兄伯叔自相誅戮 骨肉爲之消滅也

대안은 《한서》에 주석을 단 안사고顔師古의 숙부 안유진顔遊秦이다. 그에 빗대어 안사고를 '소안'이라 부른다.

⑦ 越人蒙월인몽

월나라 사람 몽蒙은 출전한 곳을 보지 못했다. 《한서》에는 '자장 子臧'으로 되어 있다. 또 장안이 말했다. "자장은 월나라 사람이다." 어떤 이는 몽蒙의 자字라고 했다.

越人蒙未見所出 漢書作 子臧 又張晏云 子臧 越人 或蒙之字也

공정하게 듣고 아울러 관찰해서[1] 명성을 당세에 드리웠습니다. 그러므로 뜻이 맞으면 호胡와 월越도 형제가 되는 것이니, 유여由余와 월나라 사람 몽蒙이 이들입니다. 뜻이 맞지 않으면 골육이라도 쫓아내고 거두지 않으니 (요의 아들) 단주丹朱와 (순의 동생) 상象과 (주공의 형제) 관숙管叔과 채숙蔡叔이 그들입니다. 지금 군주께서 진실로 제나라와 진나라의 의義를 잘 쓰고, 송나라와 노나라의 들음을 뒤로 한다면 오패五伯라도 칭찬하기에 부족할 것이며 삼왕三王이라도 되기 쉬울 것입니다.

이 때문에 성왕聖王은 깨달아서 자지子之의 마음[2]을 버리고 전상田常의 어진 것[3]을 기뻐하지 않으며, 비간比干의 후예를 봉하고 임신한 부인의 묘를 수리했습니다.[4] 이 때문에 다시 공업이 천하에서 성취되었습니다. 왜 그랬겠습니까? 좋은 일을 하고자 하는데 싫어함이 없었기 때문입니다.

대저 진문공은 그의 원수에 친하게 하고 제후들에게 강력한 패자霸者가 되었습니다. 제환공은 그의 원수를 등용하고 천하를 한꺼번에 바로잡았습니다.[5] 왜냐하면 인자하고 은근하여 성실을 마음에 더해 빈 말을 하지 않았기 때문입니다.

公聽竝觀^① 垂名當世 故意合則胡越爲昆弟 由余越人蒙是矣 不合 則骨
肉出逐不收 朱象管蔡是矣 今人主誠能用齊秦之義 後宋魯之聽 則五
伯不足稱 三王易爲也 是以聖王覺寤 捐子之之心^② 而能不說於田常之
賢^③ 封比干之後 修孕婦之墓^④ 故功業復就於天下 何則 欲善無厭也 夫
晉文公親其讎 彊霸諸侯 齊桓公用其仇 而一匡天下^⑤ 何則 慈仁慇懃
誠加於心 不可以虛辭借也

① 公聽竝觀공청병관

[색은] 안사고가 말했다. "공청公聽은 말이 사사롭지 않은 것이다. 병관
竝觀은 보는 바가 가지런히 같은 것이다."

小顔云 公聽 言不私 竝觀 所見齊同也

② 子之之心자지지심

[집해] 서광이 말했다. "연왕이 그의 대신 자지에게 국가를 넘겨준 것이다."

徐廣曰 燕王讓國於其大臣子之也

③ 田常之賢전상지현

[집해] 응소가 말했다. "전상田常이 제간공齊簡公을 섬기자 간공이 기뻐
했는데 전상은 간공을 죽였다. 군주로 하여금 이런 마음을 버리게 한다
면 국가는 안전한 것이다."

應劭曰 田常事齊簡公 簡公說之 而殺簡公 使人君去此心 則國家安全也

④ 修孕婦之墓수잉부지묘

집해 응소가 말했다. "(은나라) 주왕紂王은 임신한 부인의 배를 가르게 하고 그의 태와 산도産道를 관찰했다."

應劭曰 紂剞姙者 觀其胎産也

색은 살펴보니 왕자 비간의 후예라고 했는데, 후예는 아들을 말한다. 그 문장은 보이지 않는다. 《상서》에는 비간의 묘를 봉하라 했고, 또 생각건대 임신부를 갈라 보았다고 이른 것은 곧 무왕武王이 비록 상商나라의 정치를 되돌렸더라도 또한 반드시 임신부의 묘지를 보수하지는 않았을 것이다.

案 比干之後 後謂子也 不見其文 尙書封比干之墓 又惟云剞剔孕婦 則武王雖 反商政 亦未必修孕婦之墓也

⑤ 晉文公~一匡天下진문공~일광천하

집해 진晉나라 내시 발제勃鞮와 제나라 관중을 이른다.

謂晉寺人勃鞮齊管仲也

무릇 진秦나라는 상앙商鞅의 법을 사용하여 동쪽 한韓나라와 위魏나라를 약하게 했고 군사는 천하에서 강력함에 이르렀지만, 마침내 (상앙은) 수레에 찢기는 형벌에 처하였습니다. 월나라는 대부 종種의 계책을 이용해서 강력한 오나라를 포로로 잡고 중국에서 패자가 되었으나, 끝내 그의 몸은 처단되었습니다. 이 때문에 손숙오孫叔敖는 세 번 재상에서 물러났으나 후회하지 않았으며,① 오릉於陵의 자중子仲은 삼공三公의 지위를 사양하고 남을 위해 정원에서 물을 주었습니다.②

지금 군주께서 진실로 능히 교만한 마음을 버리고 보답할 뜻을 품을 수 있으며 마음속을 드러내고 진심을 보이며 간과 담을 떨어뜨려서 두터운 덕을 베풀어 마침내 빈궁한 것과 영달한 것을 함께하여 사인에게 아까워하는 것이 없다면, 걸왕桀王의 개로 하여금 요임금에게 짖게 할 수 있는 것이고③ 도척의 손님으로 하여금 허유許由를 찌르게 할 수 있는 것입니다.④ 하물며 만승의 권력으로 인한 것인데, 성왕聖王의 자질을 빌리시겠습니까? 그런즉 형가의 칠족七族을 몰살시키고⑤ 요리要離의 처자식을 불사르는 것이⑥ 어찌 (군주의) 도리로 만족하겠습니까?

至夫秦用商鞅之法 東弱韓魏 兵彊天下 而卒車裂之 越用大夫種之謀 禽勁吳 霸中國 而卒誅其身 是以孫叔敖三去相而不悔① 於陵子仲辭三公爲人灌園② 今人主誠能去驕傲之心 懷可報之意 披心腹 見情素 墮肝膽 施德厚 終與之窮達 無愛於士 則桀之狗可使吠堯③ 而蹠之客可使刺由④ 況因萬乘之權 假聖王之資乎 然則荊軻之湛七族⑤ 要離之燒妻子⑥ 豈足道哉

① 孫叔敖三去相而不悔손숙오삼거상이불회

색은 살펴보니 세 번 재상의 지위를 얻었으나 기뻐하지 않았는데, 그의 재주로써 스스로 얻은 것을 알았기 때문이었다. 세 번 재상에서 물러났어도 후회하지 않았는데, 자신의 죄가 아닌 것을 안 것이다.

案 三得相不喜 知其才之自得也 三去相不悔 知非己之罪也

② 於陵子仲辭三公爲人灌園오릉자중사삼공위인관원

집해 《열사전》에서 말한다. "초나라 오릉의 자중은 초왕이 재상으로 삼으려고 하자 허락하지 않고 남을 위해 정원에서 물을 뿌리는 일을 했다."

列士傳曰 楚於陵子仲 楚王欲以爲相 而不許 爲人灌園

색은 살펴보니 《맹자》에서 진중자陳仲子는 제나라 진씨陳氏의 일족이라 한다. 형(전완田完)은 제나라 경卿이 되었는데 진중자는 불의로 여기고이에 초나라로 가서 오릉於陵에 살며 스스로 오릉자중이라고 했다. 초왕이 맞이해서 재상으로 삼으려고 했지만, 자중은 마침내 부부가 서로 함께 도망쳐 남을 위해 정원에서 나무에 물을 주었다. 《열사전》에서는 자중의 자를 자종子終이라 했다.

案 孟子云陳仲子 齊陳氏之族 兄爲齊卿 仲子以爲不義 乃適楚 居于於陵 自謂於陵子仲 楚王騁以爲相 子仲遂夫妻相與逃 爲人灌園 烈士傳云字子終

③ 桀之狗可使吠堯걸지구가사폐요

집해 위소가 말했다. "은혜가 두터워 부리지 못하는 것이 없다는 말이다."

韋昭曰 言恩厚無不使也

색은 아래에 이르러 '척지객가사자유跖之客可使刺由'라고 한 것과 더불어 이 문장은 나란히 《전국책》에 보인다. 복건은 (由를) 중유仲由라고 했다. 응소는 허유許由라고 했다.

及下跖之客可使刺由 此竝見戰國策 服虔云仲由也 應劭云許由也

④ 跖之客可使刺由척지객가사자유

집해 응소가 말했다. "도척의 객이 그 사람을 위해 허유를 찌르게 하는 것이다. 유由는 허유許由이다. 척蹠은 도척이다."

應劭曰 跖之客爲其人使刺由 由 許由也 跖 盜跖也

⑤ 荊軻之湛七族형가지침칠족

집해 응소가 말했다. "형가가 연나라를 위해 진시황을 칼로 찔렀으나 성공하지 못하고 죽어 그의 가족이 연좌되어 몰살당했다. 오왕 합려는 왕자 경기慶忌를 죽이고자 했고 요리要離는 거짓으로 죄를 짓고 도망쳐서 오왕으로 하여금 그의 처자식을 불살라 죽이게 했다. 요리가 달아나 경기를 만나자 그를 칼로 찔렀다." 장안이 말했다. "칠족은 위로는 증조에 이르고 아래로는 증손에 이른다."

應劭曰 荊軻爲燕刺秦始皇 不成而死 其族坐之湛沒 吳王闔閭欲殺王子慶忌 要離詐以罪亡 令吳王燔其妻子 要離走見慶忌 以劍刺之 張晏曰 七族 上至曾祖 下至曾孫

색은 湛의 발음은 '침沈'이다. 장안이 말했다. "칠족은 위로는 증조에 이르고 아래로는 원손元孫에 이른다." 또 일설에는 부父의 가족이 첫째, 고姑의 아들이 둘째, 자매姊妹의 아들이 셋째, 여자의 아들이 넷째, 모母의 가족이 다섯째, 종자從子가 여섯째, 처妻의 부모에 이르기까지 총 일곱째라 한다.

湛音沈 張晏云 七族 上至曾祖 下至元孫 又一說云 父之族 一也 姑之子 二也 姊妹之子 三也 女子之子 四也 母之族 五也 從子 六也 及妻父母凡七

⑥ 要離之燒妻子요리지소처자

색은 사건이 《여씨춘추》에 보인다.

事見呂氏春秋

신주 《여씨춘추》〈십이기十二紀〉의 제11권 '삼왈충렴三曰忠廉'편에 자세한 내용이 기록되어 있다.

신이 듣기에, 밝은 달 같은 구슬과 야광 벽옥을 몰래 길에서 사람들에게 던져두면 사람들은 검을 어루만지며 서로 돌아보지 아니함이 없다고 합니다. 왜 그랬겠습니까? 까닭 없이 눈앞에 나타났기 때문입니다. 굽은 나무의 뿌리 밑이 꼬불꼬불하고[1] 마디졌는데도[2] 만승萬乘의 기물로 삼습니다. 왜 그랬겠습니까? 좌우에서 먼저 모양을 꾸미기 때문입니다.[3] 그러므로 까닭 없이 눈앞에 이르면 비록 수후隨侯의 구슬이나 야광 벽옥이 나오더라도 오히려 원한을 맺고 덕을 보지 못합니다. 그러므로 누군가 먼저 이야기하면 마른 나무나 썩은 그루터기일지라도 공을 세워 잊히지 않습니다. 지금 대저 천하의 일반인이나 궁색한 사인은 몸이 가난하고 비천한 곳에 있어도 비록 요임금과 순임금의 치술에 힘입는다면,[4] 이윤과 관중의 말재주를 지니고 관용봉關龍逢과 왕자 비간의 뜻을 품으며 당세의 군주에게 충성을 다하고자 하는데, 본래 뿌리를 받아들일 맘이 없습니다. 비록 정신과 생각을 다해 충성과 신용을 열어서 군주의 다스림에 보좌하려고 해도, 군주는 반드시 칼을 어루만지고 흘겨보는 자취가 있습니다. 이것이 일반인에게 마른 나무와 썩은 그루터기의 바탕이 되는 것조차 되지 못하게 하는 것입니다.

臣聞明月之珠 夜光之璧 以闇投人於道路 人無不按劍相眄者 何則 無因而至前也 蟠木根柢 輪囷[1]離詭[2] 而爲萬乘器者 何則 以左右先爲之

容也^③ 故無因至前 雖出隨侯之珠 夜光之璧 猶結怨而不見德 故有人先
談 則以枯木朽株樹功而不忘 今夫天下布衣窮居之士 身在貧賤 雖蒙
堯舜之術^④ 挾伊管之辯 懷龍逢比干之意 欲盡忠當世之君 而素無根柢
之容 雖竭精思 欲開忠信 輔人主之治 則人主必有按劍相眄之跡 是使
布衣不得爲枯木朽株之資也

① 蟠木根柢 輪囷반목근저윤균

색은 맹강이 말했다. "서려 얽힌 나무이다." 진작이 말했다. "반저槃柢
는 나무뿌리이다."

孟康云 蟠結之木也 晉灼云 槃柢 木根也

신주 윤균輪囷은 꼬불꼬불하게 돌아 감긴 것을 뜻한다.

② 離詭이궤

집해 장안이 말했다. "근저根柢는 밑의 뿌리이다. 윤균이궤輪囷離詭는
꼬불꼬불하게 감겨 어긋난 것이다."

張晏曰 根柢 下本也 輪囷離詭 委曲槃戾也

신주 윤균이궤輪囷離詭는 뿌리가 꼬불꼬불하고 마디진 것을 뜻한다.

③ 左右先爲之容也좌우선위지용야

색은 좌우에서 먼저 조각하는 것을 더하는 것을 말하며 이것이 용모
를 꾸미는 것이다.

謂左右先加雕刻 是爲之容飾也

④ 蒙堯舜之術몽요순지술

살펴보니 '비록 요임금과 순임금의 치도에 힘입어'라는 말이다.
案 言雖蒙被堯舜之道

이 때문에 성왕聖王은 세상을 제재하고 풍속을 다스리는데, 홀로
도균陶鈞의 위①에서 조화시켜 비속하고 어지러운 말에 끌려 다니
지 않고 사람들의 말에 빼앗기지 않았습니다. 그러므로 진시황제
는 중서자인 몽가蒙嘉의 말에 맡겨 형가의 말을 믿었다가 비수ㄴ
首가 몰래 날아들었습니다.②

주나라 문왕은 경수涇水와 위수渭水 가에서 사냥하다가 여상呂尙을
싣고 돌아와 천하의 왕이 되었습니다. 그러므로 진시황제는 좌우의
말만 믿었다가 저격당했고, 주나라 문왕은 까마귀가 모여들 듯이 모
인 (인재를) 등용해서 왕이 되었습니다.③ 왜냐하면 그는 세상의 속된
의견에 이끌려 좌우되는 말은 넘기고, 범속凡俗에 벗어나는 의견은
지나치면서 홀로 밝고 넓은 도를 살피는 능력이 있었기 때문입니다.

지금 군주께서는 아첨하는 말에 빠지고 휘장에 싸인 신첩들이 견
제하는데④ 이끌려 굴레를 쓰지 않은 사인들에게 소와 천리마와
함께 구유를 같이 쓰게 하는 것처럼 하고 있으니⑤ 이것은 포초
鮑焦가 세상에 대해 분개하며 부귀의 즐거움에 마음을 두지 않은
까닭입니다.⑥

是以聖王制世御俗 獨化於陶鈞之上① 而不牽於卑亂之語 不奪於衆多
之口 故秦皇帝任中庶子蒙嘉之言 以信荊軻之說 而匕首竊發② 周文王

獵涇渭 載呂尙而歸 以王天下 故秦信左右而殺 周用烏集而王③ 何則
以其能越攣拘之語 馳域外之議 獨觀於昭曠之道也 今人主沈於諂諛之
辭 牽於帷裳之制④ 使不羈之士與牛驥同皁⑤ 此鮑焦所以忿於世而不
留富貴之樂也⑥

① 陶鈞之上도균지상

[집해] 《한서음의》에서 말한다. "도가陶家의 명칭에 거푸집 아래에서 둥
글게 돌리는 것을 균鈞이라 하는데, 그것으로 능히 그릇을 통제하여 크
고 작은 것을 만드니 하늘에 비유한 것이다."

漢書音義曰 陶家名模下圓轉者爲鈞 以其能制器爲大小 比之於天

[색은] 장안이 말했다. "도陶는 다듬는 것이다. 균鈞은 틀이다. 그릇을
만드는데 아래에서 회전시키는 것을 이름하여 균鈞이라고 한다." 위소가
말했다. "도陶는 기와를 굽는 가마이다. 균鈞은 나무의 길이는 7척이고
현絃이 있어 조절해서 기구를 만드는 것이다." 최호가 말했다. "균으로
제어하니 그릇은 만 가지로 다르게 되므로 조화造化와 같은 것이다."

張晏云 陶 冶 鈞 範也 作器 下所轉者名鈞 韋昭曰 陶 燒瓦之竈 鈞 木長七尺 有
絃 所以調爲器具也 崔浩云 以鈞制器萬殊 故如造化也

② 匕首竊發비수절발

[색은] 살펴보니 《통속문》에서 말한다. "그 머리가 숟가락과 비슷하다.
그러므로 비수匕首라고 하며 짧아 사용하기 간편하다."

案 通俗文云 其頭類匕 故曰匕首 短而便用也

③ 周用烏集而王주용오집이왕

집해 《한서음의》에서 말한다. "태공망은 (문왕을) 길에서 만났는데, 졸지에 만나서 함께 왕의 공업을 성취하자 마치 까마귀가 모여들 듯이 (인재가) 부쩍 모여드는 것이다."

漢書音義曰 太公望塗覯卒遇 共成王功 若烏鳥之暴集也

색은 위소가 말했다. "여상呂尙이 주나라로 간 것은 까마귀가 모인 것 같다."

韋昭云 呂尙適周 如烏之集

④ 帷常之制유상지제

집해 《한서음의》에서 말한다. "좌우에게 치우쳐 휘장에서 모시는 신첩들에게 견제 당한다는 말이다."

漢書音義曰 言爲左右便辟侍帷裳臣妾所見牽制

⑤ 不羈之士與牛驥同皁불기지사여우기동조

집해 《한서음의》에서 말한다. "소와 말에게 먹이는 그릇을 나무로 만드니 조槽(구유)와 같다."

漢書音義曰 食牛馬器 以木作 如槽也

색은 살펴보니 잘 달리는 말에는 굴레를 씌우지 않는 것으로 재주가 뛰어난 사람에 비교한다는 말이다. 응소는 "조皁는 마구간이다."라고 하고 위소는 "조皁는 말을 기르는 관직이고 하급 사인이다."라고 했다. 살펴보니 말을 기르는 관직은 그 옷이 검다. 또 곽박은 "조皁는 말을 기르는 기구이다."라고 했다.

案 言駿足不可羈絆 以比逸才之人 應劭云 皁 櫪也 韋昭云 皁 養馬之官 下士也 案 養馬之官 其衣皁也 又郭璞云 皁 養馬器也

정의 안사고가 말했다. "불기不羈는 재주와 지식이 뛰어나 굴레에 얽매이지 않는다는 말이다. 皁의 발음은 '조[在早反]'이다. 《방언》에서 '양, 송, 제, 초, 연의 사이에서는 마구간을 조皁라고 한다.'라고 했다."

顔云 不羈 言才識高遠 不可羈係 皁 在早反 方言云 梁宋齊楚燕之間謂櫪曰皁

⑥ 鮑焦～不留富貴之樂也포초～불류부귀지락야

집해 여순이 말했다. "《장자》에서 포초는 행동을 꾸미고 세상을 비난하며 나무를 안고 죽었다고 한다."

如淳曰 莊子云鮑焦飾行非世 抱木而死

색은 진작이 말했다. "《열사전》에서, 포초는 세상에서 자기를 등용하지 않는 것을 원망하고 길에서 나물을 캤다. 자공이 힐난해서 이르기를 '그 시대를 비난하면서 그 나물을 캐니 이것이 포초가 할 짓인가?'라고 하자, 그는 나물을 버리고 이에 낙수洛水 가에 서서 말라 죽었다고 한다." 살펴보니 이 일은 《장자》, 《설원》, 《한시외전》에 나타나 있는데, 조금 같지 않을 뿐이다.

晉灼云 列士傳鮑焦怨世不用己 採蔬於道 子貢難曰 非其代而採其蔬 此焦之有哉 棄其蔬 乃立枯洛水之上 案 此事見莊子及說苑韓詩外傳 小有不同耳

신이 듣기에, 의관을 바르게 하고 조회에 드는 자는 이로운 것으로써 의를 더럽히지 않고, 이름을 갈고 닦는 자는 욕심으로써 행실을 해치지 않는다고 했습니다. 그러므로 현 이름이 승모勝母[1]여서 증자曾子는 들어가지 않았습니다.[2] 읍을 조가朝歌[3]라고 부르는

곳에서 묵자墨子는 수레를 돌렸습니다.④

지금 천하에 포부가 큰 사인으로 하여금 위엄있고 막중한 권세를 가지게 하고, 지위와 세력의 귀한 것을 주관하게 했습니다. 그러므로 얼굴을 돌리고 더러운 행동으로 아첨하는 사람을 섬김으로서 좌우에게 친근함을 구하게 한다면, 사인은 굴속과 수풀 속에 엎드려 죽을 뿐이지⑤ 어찌 즐겨 충성과 믿음을 다하여 대궐 아래로 달려가는 자가 있겠습니까?"

글이 양효왕에게 아뢰어지자 효왕은 사람을 시켜 내보내게 했고, 마침내 상객으로 삼았다.

臣聞盛飾入朝者不以利汙義 砥厲名號者不以欲傷行 故縣名勝母①而曾子不入② 邑號朝歌③而墨子回車④ 今欲使天下寥廓之士 攝於威重之權 主於位勢之貴 故回面汙行以事諂諛之人而求親近於左右 則士伏死堀穴巖(巖)〔藪〕之中耳⑤ 安肯有盡忠信而趨闕下者哉 書奏梁孝王 孝王使人出之 卒爲上客

① 勝母승모

집해 《한서》에는 마을 이름이 승모勝母라고 했다.

漢書云里名勝母也

정의 《염철론》에는 모두 마을 이름이라고 했고 《시자》와 〈추양열전〉에는 현 이름이라고 하는데, 자세하지 않다.

鹽鐵論皆云里名 尸子及此傳云縣名 未詳也

② 曾子不入증자불입

살펴보니 《회남자》와 《염철론》에는 나란히 마을 이름은 승모勝母이며 증자가 들어가지 않았는데, 아마 이름이 순하지 않았기 때문이다. 《시자》에는 공자께서 승모현에 이르렀으며 날이 저물어도 숙박하지 않았다고 했으니 동일하지 않다.

按 淮南子及鹽鐵論竝云里名勝母 曾子不入 蓋以名不順故也 尸子以爲孔子至 勝母縣 暮而不宿 則不同也

③ 朝歌조가

집해 진작이 말했다. "조가朝歌라 한 것은 그때가 아니었다."

晉灼曰 朝歌者 不時也

정의 조가는 지금의 위주의 현이다.

朝歌 今衛州縣也

신주 조가는 은나라 마지막 수도이다.

④ 回車회거

색은 두예가 말했다. "회回는 비켜가는 것이다."

杜預云 回 邪也

신주 저녁 무렵에 도착했는데, 고을 이름이 '아침 노래[조가朝歌]'라서 비켜갔다는 뜻이다.

⑤ 巖藪之中耳암수지중이

집해 《시경》에서 말한다. "우뚝 솟은 저 남산이여[절피남산節彼南山] 삐죽삐죽한 바위는 첩첩이 쌓여 있네.[유석암암維石巖巖]"

詩云 節彼南山 維石巖巖

태사공은 말한다.

노중련이 가리키는 뜻이 비록 대의大義에 부합하지 않았다고 하더라도 내가 생각하건대 그는 벼슬 없는 신분으로 있으면서도 호탕하게 그의 뜻을 마음대로 하고 제후들에게 굴하지 않으면서도 당세에 담론을 말하여 경卿이나 재상들의 권세를 꺾었다고 여겨진다.

추양의 말은 비록 공손하지 못했어도 그러나 그가 사물에 비유하고 종류를 연결함에 동정할 만하며 또한 강경하고 정직하여 굽히지 않는 것이라 이를 만하다. 나는 이 때문에 《열전》에 붙여두는 것이다.

太史公曰 魯連其指意雖不合大義 然余多其在布衣之位 蕩然肆志 不詘於諸侯 談說於當世 折卿相之權 鄒陽辭雖不遜 然其比物連類 有足悲者 亦可謂抗直不橈矣 吾是以附之列傳焉

色隱述讚 사마정이 펼쳐서 밝히다.

노중련은 달관한 사인이며 높은 재주가 멀리까지 이르렀다. 어려움을 풀고 분란을 해결했어도 작록을 사양하고 뜻을 펼쳤다. 제나라 장수는 달변으로 꺾으려 했고 연나라 군대는 기개에 막혔다. 추양은 헐뜯음을 만나고 옥리에게 꾸중 당했으나 강개하여 설득하니 시대에 왕의 그릇이 되었구나!

魯連達士 高才遠致 釋難解紛 辭祿肆志 齊將挫辯 燕軍沮氣 鄒子遇讒 見詆獄吏 慷慨獻說 時王所器

사기 제84권 史記卷八十四

굴원가생열전 屈原賈生列傳

사기 제84권 굴원가생열전 제24

史記卷八十四 屈原賈生列傳第二十四

신주 본 열전은 전국시대 대표적 문인 굴원屈原과 한나라 초기 문장가 가의賈誼를 다루고 있다. 두 사람을 열전에 붙인 것은 가의가 《조굴원부 弔屈原賦》를 지어 굴원과 연관이 있고, 또 두 사람 모두 절의를 지키려 죽었기 때문에 그 뜻을 기리는 의미가 있다.

굴원(?~?)은 초나라 공족으로 성은 미芈, 씨는 굴屈, 이름은 평平이며 자는 원原이다. 또 스스로 이름을 정칙正則, 자를 영균靈均이라 했다. 전국시대 초나라 시인이며 정치가로 회왕懷王의 신임을 받았지만, 점차 귀족들로부터 배척되고 비방을 받아 유배되었다. 회왕이 진나라에 속아 진나라에 억류당했다가 죽어 돌아왔지만, 후임 경양왕頃襄王도 굴원을 멀리했다. 이 때문에 굴원은 멱라수汨羅水에 몸을 던져 생을 마감한다.

그의 주요 작품은 〈이소離騷〉, 〈구가九歌〉, 〈구장九章〉, 〈천문〉 등이 있는데, 《초사》에 남아 있다. 그는 중국 문학의 개척자로서, 또 충성과 절의의 상징으로서, 오늘날 사람들에게도 추앙받고 있다.

가의(서기전 200~서기전 168)는 낙양 출신으로, 속칭 가생賈生이라 한다. 젊어서부터 재능 때문에 유명해져 문제文帝는 박사로 임명하고 태중대부까지 승진시켰다. 그러나 대신들에게 배척되어 장사왕長沙王의 태부로

가게 되었는데, 추방되는 것과 다름이 없었다. 도중에 멱라수汨羅水에 들러 자신의 신세를 한탄하면서 이곳에 빠져 죽은 굴원을 생각하며 부를 지었는데, 이 부가 열전에 실린 《조굴원부》이다. 3년 후 장안長安으로 소환되어 돌아왔고 다시 양회왕梁懷王의 태부가 되었으나, 양회왕이 말에서 떨어져 죽자, 깊이 슬퍼하다 우울증으로 젊은 나이에 사망했다.

그의 주요 저작은 산문과 사부辭賦로 양분된다. 산문은 주로 시정時政에 관한 것으로 《과진론》, 《논축저소論積貯疏》, 《진정사소陳政事疏》 등이 있으며, 사부辭賦는 《조굴원부》와 《복조부》가 있다. 사마천은 《과진론》을 〈진시황본기〉와 〈진섭세가〉의 말미에 소개하였고, 《조굴원부》와 《복조부》를 본 열전에 실어 놓았다.

사마천은 이 두 사람의 글이 주는 감명 때문에 매우 존경한 것으로 여겨진다. 그는 '굴원의 사부를 읽을 때마다 몹시 슬퍼 눈물을 흘리지 않을 때가 없었다.'라고 했으며, '가생의 《복조부》를 읽어보니 죽음과 삶을 동일하게 여기고 (벼슬길에) 물러나고 나아가는 것을 가볍게 여겼으니, 또 (나를) 망연자실하게 하는구나.'라며 자기가 잘못 살아온 삶에 대해 깨닫는 듯한 깊은 탄식을 하고 있기 때문이다.

슬픈 이소

굴원^①의 이름은 평平이고 초나라와 같은 성이다. 초나라 회왕懷王의 좌도左徒^②가 되었다. 널리 배우고 기억을 잘해서 다스리고 어지러워지는 것에 밝았으며 문장을 우아하게^③ 꾸몄다. 조정에 들어가면 왕과 함께 국가의 일을 의논하고 도모하여 호령을 내놓고, 밖으로 나가면 빈객들을 접대하고 제후들을 응대하는 것을 잘해서 왕이 그를 매우 신임했다.

상관대부上官大夫^④는 그와 같은 지위였는데 총애를 다투었으며 마음속으로 그의 능력을 시기하였다. 회왕은 굴원을 시켜서 국가 법령을 만들게 했다. 굴평은 초안을 엮어서^⑤ 확정하지 않았다. 상관대부가 보고 빼앗고자 했는데 굴평은 주지 않았으나, 이로 인하여 굴원을 헐뜯어서 말했다.

"왕께서 굴평에게 법령을 만들라고 한 것은 모두 알지 못하는 이가 없습니다. 그런데 하나의 법령이 나올 때마다 굴평은 자신의 공적을 자랑하고 '내가 아니면 능히 만들 수 없다.'라고 주장하고 있습니다."

회왕은 노하여 굴평을 멀리했다.

屈原者^① 名平 楚之同姓也 爲楚懷王左徒^② 博聞彊志 明於治亂 嫺^③於
辭令 入則與王圖議國事 以出號令 出則接遇賓客 應對諸侯 王甚任之
上官大夫^④與之同列 爭寵而心害其能 懷王使屈原造爲憲令 屈平屬草
稿^⑤未定 上官大夫見而欲奪之 屈平不與 因讒之曰 王使屈平爲令 衆莫
不知 每一令出 平伐其功 (曰)以爲 非我莫能爲也 王怒而疏屈平

① 屈原者굴원자

정의 굴屈, 경景, 소昭는 모두 초나라 일족이다. 왕일이 말했다. "초왕
은 처음에는 모두 그러했는데, 아들 하瑕가 태어나 굴屈씨를 받아 경卿이
되었고 그로 인하여 씨氏로 삼았다."

屈景昭皆楚之族 王逸云 楚王始都是 生子瑕 受屈爲卿 因以爲氏

신주 〈굴원가생열전〉에 많이 나오는 왕일은 후한 때 사람이며《초사》
를 정리하고 그 주석서《초사장구楚辭章句》를 지었다. 《후한서》〈문원
열전〉에 언급되어 나온다. 초나라 왕족은 처음에 모두 웅씨熊氏였다가
위에 정의 주석처럼 분기되었다는 말이다. 초나라 왕족 성姓은 미芈이다.

② 左徒좌도

정의 아마 지금의 좌우습유左右拾遺의 종류이다.

蓋今(在)左右拾遺之類

③ 嫺한

집해 《사기음은》에는 '한閑'으로 발음한다고 했다.

史記音隱曰 音閑

④ 上官大夫상관대부

정의 왕일은 말했다. "상관대부는 기상靳尙이다."

王逸云上官靳尙

⑤ 屬草稿촉초고

색은 屬의 발음은 '촉燭'이다. 초고는 기초법령의 근본을 창제하는 것을 이른다. 《한서》에는 '초구草具'로 되어 있으며 최호는 처음에 펼쳐놓고서 바른 것으로 만드는 것을 이른다고 했다.

屬音燭 草橐謂創制憲令之本也 漢書作 草具 崔浩謂發始造端也

굴평은 왕께서 정사를 듣는데 밝지 못해서 헐뜯어 아첨하는 무리들이 군주의 밝음을 가리고, 삐뚤고 굽게 해 공정함을 해치며 반듯하고 바른 사람이 받아들여지지 않는 것을 아프게 여겼다. 그러므로 근심하고 시름에 잠겨 깊이 생각하여 《이소》①를 지었다.

이소離騷란 근심에 걸리는 것과 같다. 무릇 하늘은 사람의 시작이다. 아버지와 어머니는 사람의 근본이다. 사람은 궁하면 근본으로 돌아간다. 이 때문에 수고롭고 괴로우며 몹시 노곤함에 이르면 일찍이 하늘을 부르짖지 아니함이 없다. 병이 들어 아프고 아파서 슬프면② 일찍이 부모를 부르지 아니함이 없었던 것이다.

굴평은 바른 도리로 곧게 행동하고[3] 충성과 지혜를 다해 그의 군주를 섬겼는데 헐뜯는 사람이 이간시켜서 궁지에 몰렸다고 할 수 있다. 믿음으로 했는데 의심받고 충성으로 했는데 비방을 당했으니 원망이 없었겠는가? 굴평이 《이소》를 지은 것은 아마 원통함이 생김으로부터였다.

《시경》의 〈국풍〉은 이성을 좋아하지만 음란하지 않다. 〈소아〉는 비방을 원망하지만 문란하지 않다.[4] 굴원의 《이소》는 두 가지를 겸했다고 할 수 있다.

屈平疾王聽之不聰也 讒諂之蔽明也 邪曲之害公也 方正之不容也 故憂愁幽思而作離騷[1] 離騷者 猶離憂也 夫天者 人之始也 父母者 人之本也 人窮則反本 故勞苦倦極 未嘗不呼天也 疾痛慘怛[2] 未嘗不呼父母也 屈平正道直行[3] 竭忠盡智以事其君 讒人間之 可謂窮矣 信而見疑 忠而被謗 能無怨乎 屈平之作離騷 蓋自怨生也 國風好色而不淫 小雅怨誹而不亂[4] 若離騷者 可謂兼之矣

① 離騷이소

색은 소慅는 또한 소騷로 되어 있다. 살펴보니 《초사》에서 '소慅'는 '소騷'로 되어 있고 '소[素刀反]'로 발음한다. 응소가 말했다. "이離는 만남이다. 소騷는 근심이다." 또 《이소서》에서 말한다. "이離는 헤어짐이다. 소騷는 근심이다."

慅 亦作騷 按 楚詞 慅 作騷 音素刀反 應劭云 離 遭也 騷 憂也 又離騷序云 離 別也 騷 愁也

② 慘怛참달

정의 慘의 발음은 '참[七感反]'이고 怛의 발음은 '달[丁達反]'이다. 참慘은 독함이다. 달怛은 아픔이다.

上七感反 下丁達反 慘 毒也 怛 痛也

③ 正道直行정도직행

정의 行의 발음은 '행[寒孟反]'이다.

寒孟反

④ 誹而不亂비이불난

정의 誹의 발음은 '비[方畏反]'이다.

誹 方畏反

> 위로는 제곡帝嚳을 일컫고 아래로는 제환공을 이르고 중간에는 탕왕湯王과 무왕武王을 기술해서 세상의 일을 풍자했다. 도덕이 넓고 높으며 다스려지고 어지러워지는 조리를 밝혀 다 보이지 않음이 없다.
>
> 그 문장은 간략하고 그 언사는 미묘하며 그 뜻은 고결하고 그 행동은 청렴하다. 그 일컬은 문장은 사소한 것이나 그 가리키는 것은 지극히 크고, 거론한 유형은 평이하나 보인 뜻은 원대하다. 그 뜻이 고결하므로 그 사물을 일컬음이 향기롭다. 그 행동이 청렴하므로 죽어서도 스스로 해명함을 용납하지 않았다.

진흙② 속에서 더러움을 씻어내고① 더러운 곳에서 허물을 벗어 버리고③ 세상의 티끌 밖에서 떠돌아다니면서 세상의 더러운 때를 묻히지 않고 진흙에서도 깨끗하여④ 때가 끼지 않았다.⑤ 이러한 뜻으로 미루어 본다면, 비록 해와 달과 함께 빛을 다툴만하다.⑥

上稱帝嚳 下道齊桓 中述湯武 以刺世事 明道德之廣崇 治亂之條貫 靡不畢見 其文約 其辭微 其志絜 其行廉 其稱文小而其指極大 舉類邇而見義遠 其志絜 故其稱物芳 其行廉 故死而不容自疏 濯淖①汙泥②之中 蟬蛻於濁穢③ 以浮游塵埃之外 不獲世之滋垢 皭然④泥而不滓者也⑤ 推此志也 雖與日月爭光⑥可也

① 濯淖탁요
[색은] 濯의 발음은 '탁濁'이고, 淖의 발음은 '요鬧'이다
上音濁 下音鬧

② 汙泥오니
[색은] 汙의 발음은 '오[烏故反]'이고, 泥의 발음은 '녜[奴計反]'이다.
上音烏故反 下音奴計反

③ 蟬蛻於濁穢선세어탁예
[정의] 蛻의 발음은 '세稅'이다. 허물을 벗는 것이다. 다른 발음은 '퇴[他臥反]'이다.
蛻音稅 去皮也 又他臥反

④ 皭然작연

[집해] 서광이 말했다. "작皭은 깨끗한 모양이다."

徐廣曰 皭 疏淨之貌

[색은] 皭의 발음은 '작[自若反]'이다. 서광이 말했다. "씻어 맑은 모양이다."

皭音自若反 徐廣云 疏淨之貌

⑤ 泥而不滓者也니이부재자야

[색은] 泥의 발음은 '열涅'이고 滓의 발음은 '치淄'이다. 모두 나란히 통상 발음대로 읽는다.

泥亦音涅 滓亦音淄 又竝如字

[신주] 니泥는 진흙이다. 재滓는 때가 끼는 것이다.

⑥ 日月爭光일월쟁광

[정의] 굴평이 혼탁한 세상에 벼슬하면서 그 더러운 때를 제거하고 티끌 세상 밖에 있는 것을 말함이다. 이 뜻으로 미루어보면 비록 해와 달과 그 빛을 다투어도 이 또한 옳다는 말이다.

言屈平之仕濁世 去其汙垢 在塵埃之外 推此志意 雖與日月爭其光明 斯亦可矣

굴평이 쫓겨나고 나서 그 뒤 진나라는 제나라를 정벌하고자 했다. 제나라가 초나라와 합종해 친했으므로,① 진나라 혜왕(혜문왕)은 걱정하고 이에 장의를 시켜서 거짓으로 진나라를 떠나 많은 폐백으로 예물을 맡기고 초나라를 섬겨 말하게 했다.

"진나라는 제나라를 매우 미워하는데 제나라는 초나라와 더불어 합종으로 친합니다. 초나라에서 진실로 능히 제나라와 단절한다면 진나라는 원컨대 상商과 어於 땅② 600리를 바치겠습니다."

초나라 회왕은 탐욕이 있고 장의를 신뢰하여 드디어 제나라와 절교하고 사신을 보내 진나라로 가서 땅을 받도록 했다. 장의가 그를 속여서 말했다.

"내가 왕과 약속한 것은 6리였고 600리는 듣지 못했소."

초나라 사신이 노하고 (진나라를) 떠나 (초나라로) 돌아와서 회왕에게 보고했다. 회왕은 노하며 크게 군사를 일으켜 진나라를 쳤다. 진나라는 군사를 일으켜 공격해 초나라 군사를 단丹과 석淅③에서 크게 쳐부수고 8만 명의 목을 베었으며 초나라 장수 굴개屈匃④를 사로잡고 마침내 초나라 한중漢中 땅⑤을 빼앗았다.

회왕은 이에 국가 안에 있는 군사를 모두 징발하여 깊이 쳐들어가 진나라를 공격하여 남전藍田에서 싸웠다.⑥ 위나라에서 듣고 초나라를 습격하여 등鄧⑦에 이르렀다. 초나라 군사는 두려워하며 진나라에서 돌아왔다. 제나라는 마침내 노하고 초나라를 구원하지 않자 초나라는 크게 곤욕스러워했다.

屈平旣絀 其後秦欲伐齊 齊與楚從親① 惠王患之 乃令張儀詳去秦 厚幣委質事楚 曰 秦甚憎齊 齊與楚從親 楚誠能絶齊 秦願獻商於②之地六百里 楚懷王貪而信張儀 遂絶齊 使使如秦受地 張儀詐之曰 儀與王約六里 不聞六百里 楚使怒去 歸告懷王 懷王怒 大興師伐秦 秦發兵擊之 大破楚師於丹淅③ 斬首八萬 虜楚將屈匃④ 遂取楚之漢中地⑤ 懷王乃悉發

> 國中兵以深入擊秦 戰於藍田[6] 魏聞之 襲楚至鄧[7] 楚兵懼 自秦歸 而齊
> 竟怒不救楚 楚大困

① 從親종친

[정의] 從의 발음은 '종[足松反]'이다.

上足松反

② 商於상어

[신주] 〈월왕구천세가〉 본문과 주석에 보면, '商於'는 상과 어의 두 지방
이다. 한漢나라 시대의 남양군 서북부에 단수와 남향과 순양현 등이 옹
기종기 모여 있다. 그들을 다 합친다 해도 사방 600리는 턱없이 모자란
다. 단수에서 북서쪽으로 무관武關이 있고 거기서 다시 단수丹水 물줄기
를 따라 북서쪽으로 가면, 차례로 상남商南, 상상商, 상락上洛을 거쳐 장안
長安에 다다른다. 상남과 상락이 옛날엔 상商의 일부였고 진나라 위앙
衛鞅이 봉해진 곳도 바로 이 일대라고 한다. 그렇다면 상과 어의 땅은 순
양군 북서부부터 무관을 넘어 관중 일부까지 포함하고, 일찍이 초나라
장왕莊王이 차지했다가 후대에 진나라에 잃은 하남 땅 육혼陸渾까지 포
함한 곳일 것이다. 이 일대에서 한수漢水와 단수가 갈라지며, 한수를 따
라 서쪽으로 가면 위흥군魏興郡 동부인데, 고대 초나라 수도 단양丹陽 일
대가 그곳이다. 위흥군은 한漢나라 때 한중군 동부 일대이다.

③ 丹淅단석

[색은] 단수丹水와 석수淅水의 물 이름이다. 어於는 단수의 북쪽이고 석

수의 남쪽을 이른다. 단수와 석수는 모두 현 이름이다. 홍농군에 있으며 이른바 단양丹陽은 석淅이다.

二水名 謂於丹水之北 淅水之南 丹水淅水皆縣名 在弘農 所謂丹陽淅

[정의] 단양은 지금 지강枝江의 옛 성이다.

丹陽 今枝江故城

[신주] 淅은 물 이름이니 땅 이름으로 하려면 수氵를 제거한 '析'이 되어야 한다. 즉 석현析懸이다. 전한前漢 때는 홍농군에 속하니, 〈지리지〉에는 홍농군에 있다고 했다. 후한 이후로 단수와 석현은 남양군에 속했다. 또 석析이 초나라 옛 수도 단양이라는 주석은 잘못이다. 아울러 단양이 '지금 지강'이란 주석도 잘못이다. 지강은 장강에 이웃한 지역으로 옛 초나라 수도 단양이란 지명을 이곳으로 옮겼기 때문에 얻은 이름이다.

④ 屈匄굴개

[색은] 굴屈은 성이다. 개匄는 이름이고 '개蓋'로 발음한다.

屈 姓 匄 名 音蓋也

⑤ 漢中地한중지

[색은] 서광이 말했다. "초회왕 16년에 장의가 와서 재상이 되었다. 17년에 진나라에서 굴개를 무찔렀다."

徐廣曰 楚懷王十六年 張儀來相 十七年 秦敗屈匄

[정의] 양주이다.

梁州

[신주] 한중군은 한수 중류 지역이란 뜻이며, 이때 한중 지역 서부는 진나라 땅이었고 동부는 초나라 땅이었다. 진나라가 초나라 한중 땅마저

모두 빼앗았다는 말이다. 그곳엔 초나라 옛 수도 단양이 있었다. 자세한 것은 〈초세가〉에 있다.

⑥ 戰於藍田전어남전

신주 남전은 장안 바로 남쪽이다. 초나라가 이미 단수와 한중 땅을 다 잃은 상태에서 그곳을 돌파하고 다시 험준한 무관武關과 진령산맥을 넘어 남전을 쳤다는 것은 상식을 벗어난 말이다. 아마 그곳까지 목표를 삼고 군대를 동원하려 한 것은 회왕의 의중일 것이다. 따라서 앞에 '욕欲' 자가 탈자된 것으로 보는 것이 합리적이다.

⑦ 鄧등

색은 살펴보니 이곳의 등鄧은 한수의 북쪽에 있으며 옛 등후성이다.
按 此鄧在漢水之北 故鄧侯城也

신주 《사기지의》에 따르면, 등성에 들어온 것은 위나라가 아니라 한나라라고 했다. 그 의견에 타당성이 있다.

충신 굴원

다음해에 진나라는 한중 땅을 할애해서 초나라와 화해를 하려
했다. 초나라 왕이 말했다.

"땅을 얻는 것을 원하지 않고 장의를 얻어서 마음을 달래고 싶다."

장의가 듣고 이에 말했다.

"나 한 사람을 가지고 한중 땅을 대신한다면 신은 초나라로 가겠
습니다."

초나라로 가서 또 그런 까닭에 많은 폐백을 초나라 권세를 장악
한 신하 근상靳尙에게 바치고 회왕이 총애하는 여인 정수鄭袖에
게 궤변을 늘어놓았다. 회왕은 마침내 정수의 말을 들어주고 다
시 장의를 풀어 돌려보냈다. 이때 굴평은 이미 소외당하여 다시
벼슬에 있지 않았고 제나라에 사신으로 갔다가 돌아와서 회왕에
게 간하였다.

"어찌하여 장의를 죽이지 않았습니까?"

회왕이 뉘우치고 장의를 뒤쫓게 했으나 잡지 못했다.[①]

明年 秦割漢中地與楚以和 楚王曰 不願得地 願得張儀而甘心焉 張儀
聞 乃曰 以一儀而當漢中地 臣請往如楚 如楚 又因厚幣用事者臣靳尙

而設詭辯於懷王之寵姬鄭袖 懷王竟聽鄭袖 復釋去張儀 是時屈平旣疏
不復在位 使於齊 顧反 諫懷王曰 何不殺張儀 懷王悔 追張儀不及 ①

① 追張儀不及 추장의불급

색은 살펴보니 〈장의열전〉에는 이 말이 없다.

按 張儀傳無此語也

신주 〈초세가〉에는 이 말이 있다.

그 뒤에 제후들이 함께 초나라를 공격하여 크게 쳐부수고 그 장수
당매①를 죽였다. 이때 진나라 소왕昭王은 초나라와 혼인을 맺고
회왕과 회동하고자 했다. 회왕은 가려고 했는데 굴평이 말했다.
"진나라는 호랑이나 이리와 같은 나라이니 믿을 수 없습니다. 가
지 않는 것만 못합니다.②"
회왕의 어린 아들인 자란子蘭은 왕에게 가도록 권하면서 말했다.
"어찌하여 진나라의 환대를 거절하십니까?"
회왕은 마침내 갔다. 무관武關에 들어가자 진나라는 군사를
매복시켜서 그 후방을 끊고 따라서 회왕을 억류하고③ 땅의 할
애를 요구했다. 회왕은 노하고 듣지 않았다. (회왕은 나중에) 도망
쳐 조나라로 달아났는데 조나라에서 받아주지 않았다. 다시
진나라로 갔고 끝내 진나라에서 죽어 초나라로 돌아와 장례를
치렀다.

其後諸侯共擊楚 大破之 殺其將唐眛[1] 時秦昭王與楚婚 欲與懷王會 懷
王欲行 屈平曰 秦虎狼之國 不可信 不如毋行[2] 懷王稚子子蘭勸王行
奈何絕秦歡 懷王卒行 入武關 秦伏兵絕其後 因留懷王[3] 以求割地 懷
王怒 不聽 亡走趙 趙不內 復之秦 竟死於秦而歸葬

① 唐眛당매

집해 서광이 말했다. "회왕 28년에 당매를 무찔렀다."

徐廣曰 二十八年敗唐眛也

정의 眛의 발음은 '말[莫葛反]'이다.

眛 莫葛反

신주 〈초세가〉와 일관성을 가지기 위해 여기서는 '당매'로 번역한다.

② 不如毋行불여무행

색은 살펴보니 〈초세가〉에는 소수昭睢가 이 말을 한 것이 있는데, 아마
두 사람이 함께 왕에게 간한 것이므로 이곳저곳에서 각각 따라서 기록했
을 것이다.

按 楚世家昭睢有此言 蓋二人同諫王 故彼此各隨錄之也

신주 〈초세가〉에는 소저昭雎라고 나온다. 글자가 비슷한 탓에 베껴 옮
기는 과정에서 잘못된 것으로 보인다.

③ 留懷王유회왕

집해 서광이 말했다. "30년에 진秦나라로 들어갔다."

徐廣曰 三十年入秦

맏아들 경양왕頃襄王①이 왕위에 오르고 그 아우 자란子蘭을 영윤令尹으로 삼았다. 초나라 사람들은 이미 자란이 회왕에게 권유하여 진나라로 들어가서 돌아오지 못하게 된 것을 허물로 여겼다.

굴평은 이미 미움을 받아서 비록 추방되어 떠돌았으나, 초나라를 돌아보며 그리워하고 회왕에게 마음이 걸려 (그 마음을) 돌리려는 것을 잊지 못했으며, 다행히 군주가 한꺼번에 깨달아 한꺼번에 뉘우치기를 바라고 있었다.

그는 군주를 보존시키고 국가를 일으켜 엎어진 것을 뒤집고자 해서 1편의 글 안에서 세 번씩이나 그 뜻을 전하고 있다. 그러나 끝까지 어찌하지를 못했다. 그러므로 돌이킬 수 없었고 마침내 이로써 회왕을 보건대 죽을 때까지 깨닫지 못했음을 알 수 있다.

사람의 군주는 어리석거나 지혜롭거나 어질거나 그렇지 못하거나 할 것 없이,② 모두 충신을 구하여 자신을 위하고 어진 이를 등용하여 자기를 돕도록 하지 않는 이가 없을 것이다. 그러나 국가가 망하고 집안이 부수어지는 일들이 서로 따라 이어지고, 거룩한 군주가 국가를 다스리는 것이 여러 대를 걸쳐 나타나지 않는 것은 그 이른바 충성으로 몸 바칠 자가 충성스럽지 못한 것이고 이른바 현명하게 판단해야 할 자가 현명하지 못해서이다.

長子頃襄王①立 以其弟子蘭爲令尹 楚人旣咎子蘭以勸懷王入秦而不反也 屈平旣嫉之 雖放流 睠顧楚國 繫心懷王 不忘欲反 冀幸君之一悟俗之一改也 其存君興國而欲反覆之 一篇之中三致志焉 然終無可奈何 故不可以反 卒以此見懷王之終不悟也 人君無愚智賢不肖② 莫不欲

求忠以自爲 擧賢以自佐 然亡國破家相隨屬 而聖君治國累世而不見者
其所謂忠者不忠 而所謂賢者不賢也

① 頃襄王경양왕

[색은] 이름은 횡橫이다.

名橫

② 人君無愚智賢不肖인군무우지현불초

[색은] 이 문장 이하는 태사공이 회왕이 어진 이를 임명하지 못한 것에
상심하여, 헐뜯는 것을 믿고 국가로 돌아가지 못한 것을 논한 것이다.

此已下太史公傷懷王之不任賢 信讒而不能反國之論也

회왕은 충신을 분별할 줄 몰랐다. 그러므로 안으로는 정수에게
현혹되고 밖으로는 장의에게 속았으며, 굴평을 멀리하고 상관대부
와 영윤 자란子蘭을 믿었다. 군대는 꺾이고 땅은 깎여 그 6개 군郡
을 잃었으며, 자신은 진나라에서 객사하여 천하의 웃음거리가 되
었다. 이것은 사람을 알아보지 못해서 생긴 재앙이다.
《주역》에 이르기를 "우물 쳐내 깨끗하나 마시지 않으니① 내 마
음 슬프게 한다.② 우물 물 마실만 하니③ 임금이 밝으면 아울러
그 복을 받는데.④"라고 했다. 그러나 왕이 현명하지 못하니 어찌
복을 받겠는가!⑤

영윤 자란이 이를 듣고 크게 노하여 마침내 상관대부를 시켜서 경양
왕에게 굴원을 헐뜯게 하자, 경양왕은 노하여 굴원을 유배 보냈다.⑥
懷王以不知忠臣之分 故內惑於鄭袖 外欺於張儀 疏屈平而信上官大夫
令尹子蘭 兵挫地削 亡其六郡 身客死於秦 爲天下笑 此不知人之禍也 易
曰 井泄不食① 爲我心惻② 可以汲③ 王明 竝受其福④ 王之不明 豈足福哉⑤
令尹子蘭聞之大怒 卒使上官大夫短屈原於頃襄王 頃襄王怒而遷之⑥

① 井泄不食정설불식

[집해] 상수가 말했다. "설泄은 샘을 파서 진흙과 탁한 것을 제거한 것이다."

向秀曰 泄者 浚治去泥濁也

[색은] 상수의 자는 자기子期이고 진晉나라 사람이며 《역》에 주석을 달
았다.

向秀字子期 晉人 注易

[신주] 상수는 이른바 '죽림칠현竹林七賢'의 한 사람이다.

② 爲我心惻위아심측

[집해] 장번이 말했다. "슬퍼할 만 하게 되니, 도리가 행해지지 못하는
것을 아파한 것이다."

張璠曰 可爲惻然 傷道未行也

[색은] 장번은 또한 진晉나라 사람이고 《역》에 주석을 달았다.

張璠亦晉人 注易也

③ 可以汲가이급

살펴보니 경방의 《역장구》 말에 "나의 도를 길어 사용할 만하구나."라고 했다.

按 京房易章句言 我道可汲而用也

경방은 한漢나라 때 사람이며, 《역》에 대한 주석서를 냈다. 그것을 《경방역》이라 부른다.

④ 王明 竝受其福왕명 병수기복

《역》〈상象〉에서 말한다. "왕이 현명하여 복을 받기를 구한다."

易象曰 求王明受福也

살펴보니 경방의 《역장구》에서 말한다. "위에 현명한 왕이 있으니 나의 도를 길어 쓰는구나. 천하가 모두 그 복을 받으므로 '왕이 현명하니 모두 그 복을 받는구나!'라고 했다."

按 京房章句曰 上有明王 汲我道而用之 天下竝受其福 故曰 王明竝受其福也

⑤ 豈足福哉기족복재

서광이 말했다. "한 곳에는 '부족복不足福'이라 했다."

徐廣曰 一云 不足福

초왕이 충신에 밝지 못했으니 어찌 복을 받겠는가. 그러므로 굴원이 〈회사부〉를 쓰고 스스로 물에 빠졌다는 말이다.

言楚王不明忠臣 豈足受福 故屈原懷沙自沈

⑥ 遷之천지

《이소》의 〈서〉에서 말한다. "강남으로 유배 보냈다."

離騷序曰 遷於江南

통한의 〈회사부〉

굴원은 강수江水 물가에 이르러 머리를 풀어헤치고 물가에서 읊
조리며 다녔다. 안색은 초췌하고 모습은 바싹 야위었다. 어부①가
보고 물었다.

"그대는 삼려대부三閭大夫②가 아닙니까? 무슨 까닭으로 이 지경
이 되셨습니까?"

굴원이 말했다.

"온 세상이 모두 혼탁한데 나 홀로 깨끗하고 모든 사람이 모두 취
해 있는데, 나만 홀로 깨어 있어 이 때문에 추방당했소."

어부가 말했다.

"대저 성인이란 사물에 엉기지 않고 능히 세상과 더불어 변하여
옮긴답니다. 온 세상이 혼탁한데 어찌하여 그 흐름을 따라③ 그
파도에 떠다니지 않습니까? 뭇사람이 모두 취해 있는데 어찌하여
그 지게미를 먹고 그 술을 마시지 않습니까? 무슨 까닭으로 근瑾
을 품고 유瑜를 쥐고서④ 스스로 추방을 당했습니까?"

굴원이 말했다.

"내가 들자니 새로 머리를 감은 자는 반드시 관의 먼지를 털고

새로 목욕을 한 자는 반드시 옷의 먼지를 턴다고 했소. 사람은
또 누가 자신의 깨끗하고 깨끗한⑤ 것으로 사물의 더럽고 더러
운⑥ 것을 받겠는가? 차라리 흘러가는 물에⑦ 다다라 강수의 물고
기 뱃속에 장사를 지낼지언정, 또 어찌 희디 흰 결백한 것으로 세
상의 더러운 먼지를 뒤집어쓰겠는가?⑧"

이에 〈회사부懷沙賦〉⑨를 지었다. 그 글에서 말했다.

屈原至於江濱 被髮行吟澤畔 顏色憔悴 形容枯槁 漁父①見而問之曰 子
非三閭大夫②歟 何故而至此 屈原曰 擧世混濁而我獨清 衆人皆醉而
我獨醒 是以見放 漁父曰 夫聖人者 不凝滯於物而能與世推移 擧世混
濁 何不隨其流③而揚其波 衆人皆醉 何不餔其糟而啜其醨 何故懷瑾握
瑜④而自令見放爲 屈原曰 吾聞之 新沐者必彈冠 新浴者必振衣 人又誰
能以身之察察⑤ 受物之汶汶⑥者乎 寧赴常流⑦而葬乎江魚腹中耳 又安
能以皓皓之白而蒙世俗之溫蠖乎⑧ 乃作懷沙之賦⑨ 其辭曰

① 漁父어보

색은 父의 발음은 '보甫'이다.

音甫

② 三閭大夫삼려대부

집해 《이소》〈서〉에서 말한다. "삼려三閭의 직분은 왕족의 3성 소昭,
굴屈, 경景을 관장해 그 족보와 소속을 차례짓고 그 어질고 뛰어난 자들
을 거느려서 국가의 사인을 독려하는 것이다."

離騷序曰 三閭之職 掌王族三姓 曰昭屈景 序其譜屬 率其賢良 以厲國士

③ 隨其流수기류

색은 살펴보니《초사》에는 '골기니滑其泥'로 되어 있다.

按 楚詞作滑其泥

④ 懷瑾握瑜회근악유

색은 살펴보니《초사》에서 여기 '회근악유懷瑾握瑜'는 '심사고거深思高擧'로 되어 있다.

按 楚詞此 懷瑾握瑜 作深思高擧也

신주 근瑾과 유瑜는 옥의 종류이다. 아마 조정 관리로서 휴대한 홀笏을 가리키는 것으로 보인다.

⑤ 察察찰찰

집해 왕일이 말했다. "자신이 정결하게 한다."

王逸曰 己靜絜

⑥ 汶汶민민

집해 왕일이 말했다. "때와 더러운 것을 뒤집어쓰다."

王逸曰 蒙垢汚

색은 汶汶의 발음은 '민閔'이다. 민민은 어둡고 어두운 것과 같다.

汶汶者 音閔 汶汶猶昏暗也

⑦ 常流상류

색은 상류常流는 긴 물줄기와 같다.

常流猶長流也

신주 常은 '변함없이, 쉼 없이' 등의 뜻이므로, '그치지 않고 흘러가는'이라는 뜻이다.

⑧ 溫蠖乎온확호

색은 蠖의 발음은 '왁[烏廓反]'이다. 온확溫蠖은 혼분惛憤과 같다. 《초사》에는 "세상의 먼지를 뒤집어쓴다."라고 되어 있다.

蠖音烏廓反 溫蠖猶惛憤 楚詞作 蒙世之塵埃哉

⑨ 懷沙之賦회사지부

색은 살펴보니 《초사》〈구회〉에는 "모래와 자갈을 끌어안고 스스로 빠졌다."라고 하는데, 이것이 그 뜻이다.

按 楚詞九懷曰 懷沙礫以自沉 此其義也

길고 긴 초여름이라 풀과 나무 무성한데.①
마음 아파 오래 슬퍼하며 저 강남에 이르니.②
아찔하고 아득히 아득하여 몹시도 고요하구나③
조용하고 잠잠하네.④
억울함 맺혀 마음에 걸려 근심과 병으로 늘 곤궁하다.⑤
마음을 추스리고 뜻을 받들며 고개 숙여 스스로 삭였네.

陶陶孟夏兮 草木莽莽① 傷懷永哀兮 汨徂南土② 眴兮窈窈③ 孔靜幽墨④

冤結紆軫兮 離慜之長鞠⑤ 撫情効志兮 俛詘以自抑

① 陶陶孟夏兮 草木莽莽도도맹하혜 초목망망

[집해] 왕일이 말했다. "도도는 성대한 양陽의 모양이다. 망망은 성대하고 무성한 모양이다."

王逸曰 陶陶 盛陽貌 莽莽 盛茂貌

[색은] 貌의 발음은 '모姥'이다.

音姥

[정의] 貌의 발음은 '모[莫古反]'이다.

莫古反

[신주] 부賦 문구 뒤에 나오는 혜兮는 '~여'라는 뜻이나, 기계적으로 적용해 번역하기 보다는 시의 의미에 따라야 하므로 여기서는 생략하여 번역한다.

② 汩徂南土율조남토

[집해] 왕일이 말했다. "율汩은 가는 모양이다."

王逸曰 汩 行貌

[색은] 왕사숙이 말했다. "율汩은 가는 모양이다." 《방언》에서 말한다. "빨리 가는 것을 이른다."

王師叔曰 汩 行貌也 方言曰 謂疾行也

[신주] 왕사숙은 왕일을 가리킨다. 그의 자가 숙사叔師이다. 아마 착각하여 글자를 앞뒤로 뒤바꾼 것으로 보인다.

③ 眴兮窈窈현혜요요

[집해] 서광이 말했다. "현眴은 현眩(아찔하다)이다."

徐廣曰 眴 眩也

眴의 발음은 '순舜'이다. 서광이 말했다. "眴의 발음은 '현眩'이다. 窈의 발음은 '오[烏鳥反]'이다."

眴音舜 徐氏云 眴音眩 窈音烏鳥反

④ 孔靜幽墨공정유묵

집해 왕일이 말했다. "공孔은 '매우'라는 뜻이다. 묵墨은 소리가 없는 것이다."

王逸曰 孔 甚也 墨 無聲也

정의 공孔은 매우라는 뜻이다. 묵墨은 소리가 없는 것이다. 강남은 산이 높고 연못이 깊어 보면 아찔하고, 들은 매우 깨끗해 사람의 소리가 없는 것에 탄식한다는 말이다.

孔 甚 墨 無聲 言江南山高澤深 視之眴 野甚清淨 歎無人聲

⑤ 冤結紆軫兮 離慜之長鞠원결우진혜 이민지장국

집해 왕일이 말했다. "국鞠은 곤궁이다. 우紆는 굽힘이다. 진軫은 아픔이다. 민慜은 병이다."

王逸曰 鞠 窮 紆 屈也 軫 痛也 慜 病也

색은 이민離潛이다. 민潛은 병이다. 국鞠은 곤궁이다.

離潛 潛 病 鞠 窮

모난 것 깎아 둥글게 하려하나 일정한 법도 없어지지 않고[1]
첫 본바탕 바꾸려니 군자는 부끄러워하네.[2]
먹줄 따라 바르게 그은 것은 지난날 법을 고친 것이 아니네[3]
안은 정직하고 바탕 중후하니 대인이 성대히 여기나,[4]
뛰어난 장인이 다듬지 않으면 누가 살펴 그 바름을 헤아리랴!
그윽한 문채 으슥한 곳에 있으니 장님들은 밝지 않다 하고[5]
이루가 곁눈질하니 소경들도 눈이 어둡다고 여기네.[6]

刓方以爲圜兮 常度未替[1] 易初本由兮 君子所鄙[2] 章畫職墨兮 前度未改[3] 內直質重兮 大人所盛[4] 巧匠不斲兮 孰察其揆正 玄文幽處兮 矇謂之不章[5] 離婁微睇兮 瞽以爲無明[6]

① 刓方以爲圜兮 常度未替완방이위환혜상도미체

[집해] 왕일이 말했다. "완刓은 깎는 것이다. 도度는 법이다. 체替는 없어지는 것이다. 사람이 모난 나무를 깎아서 둥글게 만들고자 하니, 그 일정한 법도는 아직 없어지지 않았다는 말이다."

王逸曰 刓 削 度 法 替 廢也 言人刓削方木 欲以爲圓 其常法度尙未廢也

[색은] 刓의 발음은 '완[五官反]'이다. 모난 나무를 조각해 깎아서 둥글게 하는 것으로 그 일정한 법도는 아직 없어지지 않았다는 말이다."

刓音五官反 謂刻剒方木以爲圓 其常法度尙未廢

② 易初本由兮 君子所鄙역초본유혜 군자소비

[집해] 왕일이 말했다. "유由는 도道이다."

王逸曰 由 道也

정의 본本은 근본이다. 비鄙는 부끄러움이다. 사람이 세상의 부도덕을 만나 처음의 행동을 변화시키고 바꾸어 빛나는 도를 어기고 떠나는 것은 군자가 부끄럽게 여긴다는 말이다.

本 常也 鄙 恥也 言人遭世不道 變易初行 違離光道 君子所鄙

③ 章畫職墨兮 前度未改장획직묵혜 전도미개

집해 왕일이 말했다. "장章은 밝음이다. 도度는 법이다. 공인工人은 그리는 일에 밝아 그 먹줄을 생각하며, 앞사람의 법을 닦아 그 도를 바꾸지 않고 굽은 나무를 바르게 하니, 나쁜 나무도 좋게 만든다는 말이다."

王逸曰 章 明也 度 法也 言工明於所畫 念其繩墨 修前人之法 不易其道 則曲木直而惡木好

색은 장章은 밝음이다. 획畫은 계획이다. 《초사》에서 직職은 지志로 되어 있다. 지志는 생각이다. 나머지는 주석에서 해설한 것과 같다.

章 明也 畫 計畫也 楚詞 職 作志 志 念也 餘如注所解

④ 內直質重兮 大人所盛내직질중혜 대인소성

집해 왕일이 말했다. "사람이 본래 성품은 돈후하고 마음은 정직하며 행동에는 잘못이 없으면, 곧 대인군자가 성대하게 아름답게 여긴다는 말이다."

王逸曰 言人質性敦厚 心志正直 行無過失 則大人君子所盛美也

⑤ 玄文幽處兮 矇謂之不章현문유처혜 몽위지부장

집해 왕일이 말했다. "현玄은 검은 것이다. 몽矇은 소경이다. 《시경》에 '장님 악공들이 풍악을 울리네.'라고 했다. 장章은 밝음이다."

王逸曰 玄 黑也 矇 盲者也 詩云 矇瞍奏公 章 明也

몽롱은 눈은 있지만 사리가 어두워 보지 못하는 '눈 뜬 장님'이란 말이다. 현玄은 정확히 말하면 검다는 뜻이 아니라 보일 듯 말 듯 가물거린다는 뜻이다. 그래서 현묘玄妙라 하면, 보일 듯 말 듯 미묘하다는 뜻이다.

⑥ 離婁微睇兮 瞽以爲無明이루미제혜 고이위무명

집해 왕일이 말했다. "이루離婁는 옛날 눈이 밝은 자이다. 고瞽는 소경이다."

王逸曰 離婁 古明視者也 瞽 盲也

정의 睇의 발음은 '제[田帝反]'이며 곁눈질하는 것이다.

睇 田帝反 眄也

흰 것 변해 검은 것 되고 위가 뒤집혀 아래가 되며①
봉황은 새장에 있는데② 닭과 꿩③은 날며 춤추네.
옥과 돌을 함께 섞어④ 평미레 하나로 서로 헤아리고⑤
대저 저들 더러운 질투에 아! 내 선한 뜻 모르네.⑥
중책 맡을 재능은 왕성한데 빠지고 막혀 건너지 못하고⑦
근瑾을 안고 유瑜를 쥐어도 막히어 나는 보여줄 수 없네.⑧
고을의 개떼 짖는데 괴이한 것에 짖는다.
준걸을 헐뜯고 의심하니 진실로 못난이 태도라⑨
문장과 소질은 안에서 흘러도 많은 이들 내 재능⑩ 모르네.
變白而爲黑兮 倒上以爲下①鳳皇在笯兮② 雞雉③翔舞 同糅玉石④兮 一
槩而相量⑤夫黨人之鄙妬兮 羌不知吾所臧⑥ 任重載盛兮 陷滯而不濟⑦

> 懷瑾握瑜兮 窮不得余所示⑧ 邑犬群吠兮 吠所怪也 誹駿疑桀兮 固庸態
> 也⑨ 文質疏內兮 衆不知吾之異采⑩

① 爲下위하

[색은] 下의 발음은 '호戶'이다.

音戶

② 鳳皇在笯兮봉황재노혜

[집해] 서광이 말했다. "노笯는 다른 판본에는 '교郊' 자로 되어 있다." 살펴
보니 왕일이 말했다. "노笯는 새장이다."

徐廣曰 笯 一作郊 駰案 王逸曰 笯 籠落也

[색은] 笯의 발음은 '노奴'이고 또 '나[女加反]'이다. 서광은 다른 판본에
'교郊' 자로 되어 있다고 했다. 살펴보니 농락은 등나무와 댕댕이로 울타
리와 같이 만든 것을 이른다.

笯音奴 又女加反 徐云一作郊 按 籠落謂藤蘿之相籠絡

[정의] 《응서도》에서 말한다. "황제黃帝가 천로天老에게 물어 이르기를
'봉황은 어떤 것인가?'라고 하자 천로가 이르기를 '기러기의 앞이고 기
린의 뒤이며 뱀의 머리에 물고기의 꼬리에 용의 무늬에 거북의 몸체이며
제비의 턱에 닭의 부리입니다. 머리에는 덕을 이고 목에는 의를 걸고 등
에는 인仁을 지고 마음은 신信으로 들어가며 날개는 순풍을 기다리고
발은 바르게 밟고 꼬리는 무武를 묶었습니다. 작은 소리는 징 같고 큰
소리는 북 같으며 목을 늘려 날개를 펼치면 오색이 다 갖추어집니다.'
라고 했다."

應瑞圖云 黃帝問天老曰 鳳鳥何如 天老曰 鴻前而麟後 蛇頸而魚尾 龍文而龜身 燕頷而雞喙 首戴德 頸揭義 背負仁 心入信 翼俟順 足履正 尾繫武 小音金 大音鼓 延頸奮翼 五色備舉

③ 雉치

색은 《초사》에서 치雉는 '무鶩'(달리다)로 되어 있다.

楚詞雉作鶩

④ 同糅玉石동유옥석

신주 '옥석구분玉石俱焚'과 비슷한 말이다. 굴원은 자신을 '흰 것, 위, 봉황, 옥'에 참소한 못난이들을 '검은 것, 아래, 닭과 꿩, 돌'에 빗대었다.

⑤ 相量상량

집해 왕일이 말했다. "충성과 아첨이 다르지 않다는 말이다."

王逸曰 忠佞不異

⑥ 羌不知吾所臧강부지오소장

집해 왕일이 말했다. "나의 선한 뜻을 밝히지 못한다."

王逸曰 莫昭我之善意

색은 살펴보니 왕사숙이 말했다. "강羌은 초나라 사람의 발어사이다." 경卿은 무엇을 하겠느냐는 말이다.

按 王師叔云 羌 楚人語辭 言卿何爲也

정의 羌의 발음은 '강彊'이다.

羌音彊

⑦ 陷滯而不齊함체이부제

집해 왕일이 말했다. "자기의 재력才力이 한창 성하여 중책을 맡아 임용될 수 있는데, 자신이 함정에 빠지고 침체되어 자기 본뜻을 이루지 못하게 되었다는 말이다."

王逸曰 言己才力盛壯 可任用重載 而身陷沒沈滯 不得成其本志也

⑧ 示시

집해 왕일이 말했다. "시示는 이야기이다."

王逸曰 示 語也

신주 여기서는 글자 뜻대로 번역한다.

⑨ 誹駿疑桀兮 固庸態也비준의걸혜고용태야

집해 왕일이 말했다. "천인千人의 재주는 준俊이고 일국一國의 최고는 걸桀이다. 용庸은 종이나 천한 사람이다."

王逸曰 千人才爲俊 一國高爲桀也 庸 廝賤之人也

색은 살펴보니 《윤문자》에 이르기를 "1,000인 (재주를) 준俊이라 하고 1만인 (재주를) 걸桀이라 한다."고 한다. 지금 준걸을 비난하고 의심하니, 진실로 이는 못난이의 태도라는 것이다.

按 尹文子云 千人曰俊 萬人曰桀 今乃誹俊疑傑 固是庸人之態也

⑩ 異采이채

집해 서광이 말했다. "이異는 다른 판본에는 '오奧'로 되어 있다." 살펴보니 왕일이 말했다. "채采는 문채이다."

徐廣曰 異 一作奧 駰案 王逸曰 采 文采也

재주는 타고나① 쌓여 있건만 내가 가진 것 알지 못하고
인仁을 쌓고 의를 따라② 삼가 두터워 넉넉해도
중화重華③는 만날④ 수 없거늘 누가 내 침착함을 알까!
예로부터는 진실로 함께하지 못하니 어찌 그 까닭을 알리오?⑤
탕왕과 우왕은 오래고 멀며 아득하여 사모할 수 없네.
잘못을 꾸짖고 분함을 바꾸어 마음 억눌러 스스로 힘쓰며
어둠에 얽혀도 옮겨가지 않고 의지로 본보기가 되길⑥ 바라네.
材樸①委積兮 莫知余之所有 重仁襲義兮② 謹厚以爲豐 重華③不可牾④
兮 孰知余之從容 古固有不竝兮 豈知其故也⑤ 湯禹久遠兮 邈不可慕也
懲違改忿兮 抑心而自彊 離湣而不遷兮 願志之有象⑥

① 樸박

신주 樸은 '거친 것, 다듬지 않은 것, 소박한 것'등이 뜻이므로 여기서는 원래 타고나서 가진 것이라는 뜻이다.

② 重仁襲義兮중인습의혜

집해 왕일이 말했다. "중重은 쌓은 것이다. 습襲은 미치는 것이다."
王逸曰 重 累也 襲 及也

③ 重華중화

신주 중화는 순임금이다.

④ 牾오

집해 왕일이 말했다. "오悟는 만남이다."

王逸曰 悟 逢也

색은 《초사》에서 '오悟'는 '악遌' 자로 되어 있고 나란히 '오[吳故反]'로 발음한다. 왕사숙은 "오悟는 만남이다."라고 했다.

楚詞悟作遌 竝吳故反 王師叔云 悟 逢也

⑤ 豈知其故也기지기고야

색은 《초사》에는 '막지기하고莫知其何故'로 되어 있다.

楚詞作 莫知其何故

⑥ 象상

집해 왕일이 말했다. "상象은 본받음이다."

王逸曰 象 法也

길을 나아가 북쪽에 머무르니^① 날은 어둡고 어두워 장차 저물고

근심 머금고 슬픔을 즐기며^② 한스러움을 죽음으로 하네.^③

간추려 말하노니^④

넘실대는 원수와 상수^⑤는 갈라져 빠르게 흐르고^⑥

닦은 길은 물로 덮여^⑦ 길은 멀어 아득하니

더욱 슬픈 심정을 노래하면 길게 탄식하고 슬퍼하네.

세상은 날 알아주지 않는데 사람 마음 말^⑧ 못하고

충정을 품고 바탕을 지녀도 홀로 짝할 이 없구나.

進路北次[1]兮 日昧昧其將暮 含憂虞哀兮[2] 限之以大故[3] 亂曰[4] 浩浩沅
湘[5]兮 分流汨[6]兮 脩路幽拂[7]兮 道遠忽兮 曾唫恆悲兮 永歎慨兮 世旣
莫吾知兮 人心不可謂[8]兮 懷情抱質兮 獨無匹兮

① 北次북차

정의 북차北次는 장차 나아가는 것이다.

北次將就

② 含憂虞哀兮함우우애혜

색은 《초사》에는 '서우오애舒憂娛哀'(근심을 펴고 슬픔에 잠겨)로 되어 있다.
娛의 발음은 '우虞'이고 오娛는 즐거움이다.

楚詞作 舒憂娛哀 娛音虞 娛者 樂也

③ 限之以大故한지이대고

집해 왕일이 말했다. "오娛는 즐거움이다. 대고大故는 사망을 이른다."

王逸曰 娛 樂也 大故謂死亡也

④ 亂曰난왈

색은 왕사숙이 말했다. "난亂은 다스림이다. 이치를 일으켜 가리켜 말
한 까닭에, 그 요체를 모아 거느려 거듭 앞의 뜻을 다스리는 것이다."

王師叔曰 亂者 理也 所以發理辭指 撮總其要 而重理前意也

⑤ 沅湘원상

[색은] 두 물줄기 이름이다. 살펴보니 〈지리지〉에서 상수湘水는 영릉군 양해산陽海山에서 나와 북쪽 강수로 들어간다. 원수沅水는 곧 상수의 뒤로 흐르는 것이다.

二水名 按 地理志湘水出零陵陽海山 北入江 沅卽湘之後流也

[정의] 《설문》에서 말한다. "원수沅水는 장가군에서 나와 동북쪽으로 흘러 강수로 들어간다. 상수는 영릉현 양해산에서 나와 북쪽 강수로 들어간다." 살펴보니 2개의 물은 모두 악주岳州를 거쳐서 대강大江으로 들어간다.

說文云 沅水出牂柯 東北流入江 湘水出零陵縣陽海山 北入江 按 二水皆經岳州而入大江也

⑥ 汨율

[집해] 왕일이 말했다. "율汨은 흐름이다."

王逸 汨流也

⑦ 幽拂유불

[색은] 《초사》에는 '유폐幽蔽'로 되어 있다.

楚詞作幽蔽也

⑧ 謂위

[집해] 왕일이 말했다. "위謂는 말씀과 같다."

王逸曰 謂猶說也

[색은] 《초사》에는 '증금曾唫' 이하 21자가 없다.

楚詞無曾唫已下二十一字

백락①은 이미 죽었으니 준마를 장차 어찌 헤아릴꼬?②

사람이 태어나 생명을 받음에 각자 거처할③ 곳 있고

마음을 정하고 뜻을 넓히니 나머지④ 무엇이 두려우랴?

일찍이 상처받고 이에 슬퍼함을 길이 탄식⑤하노라.

세상이 혼탁해 날 알지 못하니 말 못할 심정이고

죽을 걸 알고도 관두지 못하는데 아끼지 말기를 원하네.

밝게 군자에게 알리노니 나를 장차 본보기⑥ 삼으라.”

伯樂①旣歿兮 驥將焉程②兮 人生稟命兮 各有所錯③兮 定心廣志 餘④何

畏懼兮 曾傷爰哀 永歎喟⑤兮 世溷不吾知 心不可謂兮 知死不可讓兮

願勿愛兮 明以告君子兮 吾將以爲類⑥兮

① 伯樂백락

신주 백락은 고대에 말을 잘 감별하던 사람이다. 굴원은 자신을 준마에
빗대었다.

② 程정

집해 왕일이 말했다. “정程은 헤아림이다.”

王逸曰 程 量也

③ 錯착

집해 왕일이 말했다. “착錯은 편안함이다.”

王逸曰 錯 安也

④ 餘여

색은 《초사》에서 여餘는 모두 여余로 되어 있다.

楚詞 餘 竝作 余

⑤ 喟위

집해 왕일이 말했다. "위喟는 한숨이다."

王逸曰 喟 息也

⑥ 類류

집해 왕일이 말했다. "유類는 본받음이다."

王逸曰 類 法也

정의 살펴보니 유類는 본보기이다. 충신이 어지럽힌 군주를 섬기지 않는 본보기로 삼은 것이다.

按 類 例也 以爲忠臣不事亂君之例

이에 돌을 안고 드디어 스스로 멱라수泪羅水에 빠져 죽었다.① 굴원이 죽고 난 뒤에 초나라에는 송옥宋玉과 당륵唐勒과 경차景差②의 무리가 있었다. 모두 문장을 좋아하고 부賦로써 칭찬받았다. 그러나 모두 굴원의 조용한 사령辭令을 본받았다고는 하지만 끝까지 감히 곧은 말로 간하지는 않았다. 그 뒤에 초나라는 날마다 줄어들어 수십 년 뒤에는 마침내 진나라에 멸망당했다. 굴원이 멱라수에 빠져 죽은 뒤로부터 100여 년 뒤에 한漢나라에 가생賈生이 있어서 장사왕의 태부太傅가 되었는데, 상수湘水를 지나다가 글을 지어 상수에 던져서 굴원을 애도하였다.

於是懷石遂自(投)〔沈〕汨羅以死[①] 屈原旣死之後 楚有宋玉唐勒景差[②] 之徒者 皆好辭而以賦見稱 然皆祖屈原之從容辭令 終莫敢直諫 其後 楚日以削 數十年竟爲秦所滅 自屈原沈汨羅後百有餘年 漢有賈生 爲 長沙王太傅 過湘水 投書以弔屈原

① 沈汨羅以死침멱라이사

집해 응소가 말했다. "멱수는 나羅에 있다. 그러므로 멱라라고 한다."

應劭曰 汨水在羅 故曰汨羅也

색은 멱수는 나羅에 있다. 그러므로 멱라라고 한다. 〈지리지〉에는 장사군에 나현이 있는데, 나자羅子가 이사한 곳이다. 《형주기》에서 "나현 북쪽에 멱수가 둘러 있다."고 한다. 汨의 발음은 '멱覓'이다.

汨水在羅 故曰汨羅 地理志長沙有羅縣 羅子之所徙 荊州記 羅縣北帶汨水 汨 音覓也

정의 옛 나현성은 악주岳州 상음현 동북쪽 60리에 있다. 춘추시대 나자국羅子國인데 진나라는 장사군을 설치하고 현으로 만들었다. 살펴보니 현의 북쪽에 멱수와 굴원묘屈原廟가 있다. 《속제해기》에서 말한다. "굴원이 5월 5일에 멱라수에 빠져 죽자 초나라 사람들이 애처롭게 여기고 매양 이날에 죽통에 쌀을 넣어서 물에 던져 제사한다. 한나라 건무建武(후한 광무제 연호) 연간에, 장사 사람 구회區回가 대낮에 갑자기 한 사람이 나타난 것을 보았는데 스스로를 삼려대부라고 일컬었다. 구회에게 이르기를 '듣자니 그대가 항상 제사를 지내는 것을 보니 매우 착하다. 다만 항상 해마다 보내는 것을 모두 교룡이 훔쳐 가는데, 지금 만약 은혜를 베풀거든 멀구슬나무 이파리로 위를 막고 5색 실로 돌려 묶으면 이 물건은 교룡이 꺼리는 바이다.'라고 했다. 구회는 그 말대로 했다. 세상 사람들이 5월 5일에 찹쌀가루를 만들어 5색 실과 멀구슬나무 이파리로 모두 띠를 두르는데, 모두 멱라의 내려오는 풍속이다."

故羅縣城在岳州湘陰縣東北六十里 春秋時羅子國 秦置長沙郡而爲縣也 按 縣北有汨水及屈原廟 續齊諧記云 屈原以五月五日投汨羅而死 楚人哀之 每於此日以竹筒貯米投水祭之 漢建武中 長沙區回白日忽見一人 自稱三閭大夫 謂回曰 聞君常見祭 甚善 但常年所遺 竝爲蛟龍所竊 今若有惠 可以練樹葉塞上 以五色絲轉縛之 此物蛟龍所憚 回依其言 世人五月五日作糉 幷帶五色絲及練葉 皆汨羅之遺風

신주 멀구슬나무는 따뜻한 남쪽에서 잘 자라는 교목으로 늦봄과 초여름 사이에 향기 좋은 연보라색 꽃을 피운다.

② 宋玉唐勒景差송옥당륵경차

집해 서광이 말했다. "어떤 곳에는 '경景'이 '경慶'으로 되어있다."

徐廣曰 或作慶

색은 살펴보니 양자의 《법언》과 《한서》〈고금인표〉에는 모두 '경차景瑳'로 되어 있다. 지금 '차差' 자로 되어 있는 것은 글자가 생략되었을 뿐이다. 또 살펴보니 서광, 배인, 추탄생 3가는 모두 발음이 없다. 이것은 통상의 발음대로 읽는다.

按 楊子法言及漢書古今人表皆作 景瑳 今作差 是字省耳 又按 徐裴鄒三家皆無音 是讀如字也

굴원을 조상한 가의

가생의 이름은 의誼이며[①] 낙양雒陽 사람이다. 18세에 시를 외우고 글을 지어서 군에서 소문이 자자했다. 오정위吳廷尉는 하남태수였는데, 그가 수재秀才[②]라는 소문을 듣고 불러서 문하에 있게 하고 매우 총애했다.

효문제가 황제로 처음 즉위하여 하남태수 오공吳公[③]이 다스린 실적이 천하에서 제일이 되었는데, 옛날 이사李斯와 같은 고을 사람이어서 항상 그를 배우면서 섬겼다는 소문을 듣고 불러서 정위로 삼았다.

오정위는 이에 가생이 나이가 어린데도 자못 제자백가의 서書에 통달했다고 문제에게 말했다. 문제는 가생을 불러서 박사로 삼았다. 이때 가생의 나이는 20여 세로 (박사 중에) 가장 나이가 젊었다.

문제가 조서를 내려서 아래 사람에게 의논하게 할 때마다 여러 노련한 선생들도 대답하지 못하는 것을, 가생은 그에 관해 모두 대답했는데, 사람마다 각각 그들이 생각해서 표현하려고 한 것처럼 했다. 여러 선생은 이에 곧 능력이 (가생에게) 미치지 못한다고 여겼다. 문제는 이를 기뻐하고 단계를 뛰어넘어 승진시키니, 1년 안에 태중대부太中大夫에 이르렀다.

賈生名誼① 雒陽人也 年十八 以能誦詩屬書聞於郡中 吳廷尉爲河南守
聞其秀才② 召置門下 甚幸愛 孝文皇帝初立 聞河南守吳公③治平爲天
下第一 故與李斯同邑而常學事焉 乃徵爲廷尉 廷尉乃言賈生年少 頗
通諸子百家之書 文帝召以爲博士 是時賈生年二十餘 最爲少 每詔令
議下 諸老先生不能言 賈生盡爲之對 人人各如其意所欲出 諸生於是
乃以爲能 不及也 孝文帝說之 超遷 一歲中至太中大夫

① 賈生名誼가생명의

[색은] 이름은 의義이다. 《한서》에는 아울러 '의誼'로 되어 있다.

名義 漢書竝作誼也

② 秀才수재

[정의] 안사고가 말했다. "수秀는 빼어난 것이다." 응소가 말했다. "광무
제의 휘를 피해서 '무재茂才'로 고쳤다."

顔云 秀 美也 應劭云 避光武諱改茂才也

[신주] 한나라 무제 때 동중서의 건의로 '효렴, 문학, 현량, 방정, 수재' 등
의 과목을 두어 인재를 선발한 것이기에 응소가 말한 것과는 의미에서
차이가 있다. 여기에서는 '뛰어난 인재'라는 의미로 쓰였기 때문이다.

③ 吳公오공

[색은] 살펴보니 오吳는 성이다. 역사에서 이름이 빠졌다. 그러므로 공이
라고 칭했다.

按 吳 姓也 史失名 故稱公

가생이 생각하기에 한漢나라가 일어나 효문제까지 이르기까지 20여 년이고 천하는 화락하며 태평하므로, 진실로 마땅히 정삭正朔을 고치고 의복의 색을 바꾸고 제도를 법률로 정하고, 관직 이름을 확정하고 예악을 일으켜야 한다고 여겼다. 이에 모든 그 일의 의식과 법제를 초안하여 갖추고, 색은 황색黃色을 숭상하며 수數는 5를 준용하여[1] 관직 이름을 만들어 진秦나라 법을 모두 바꾸려고 하였다. 효문제는 즉위초라 겸양하며 겨를이 아니라고 했다. 모든 법령을 고쳐 정하는 것과 열후들이 모두 봉한 국가로 나아가게 하는 것으로, 그 주장은 모두 가생으로부터 시작되었다. 이에 천자가 의논하여 가생을 공경公卿의 지위에 임명하려고 했다. 그러나 강후絳侯 주발周勃과 관영灌嬰과 동양후東陽侯와 풍경馮敬의 무리들이[2] 모두 가생을 해치고자 하여 이에 헐뜯어서 말했다.

"낙양 사람은 나이가 어리고 학문도 초짜인데 오로지 권력을 멋대로 하고자 하여 여러 일을 어지럽히고 있습니다."

이에 천자도 나중에는 또한 멀리하며 그 의논을 채용採用하지 않고, 가생을 장사왕長沙王의 태부太傅로 삼았다. 가생이 사직하고 나서 길을 가는데 장사는 지대가 낮고 습하다는 소문을 듣고 스스로 수명이 길지 못할 것이라고 여겼다. 또 꾸짖음을 당하여[3] 떠나므로 마음이 스스로 편치 않았다. 상수湘水를 건너기에 이르러 부賦를 지어서 굴원을 조상했다. 그 조사에서 말한다.

賈生以爲漢興至孝文二十餘年 天下和洽 而固當改正朔 易服色 法制度 定官名 興禮樂 乃悉草具其事儀法 色尚黃 數用五[1] 爲官名 悉更秦

之法 孝文帝初卽位 謙讓未遑也 諸律令所更定 及列侯悉就國 其說皆
自賈生發之 於是天子議以爲賈生任公卿之位 絳灌東陽侯馮敬之屬②
盡害之 乃短賈生曰 雒陽之人 年少初學 專欲擅權 紛亂諸事 於是天
子後亦疏之 不用其議 乃以賈生爲長沙王太傅 賈生旣辭往行 聞長沙
卑溼 自以壽不得長 又以適③去 意不自得 及渡湘水 爲賦以弔屈原 其
辭曰

① 色尙黃數用五색상황수용오

[정의] 한문제 때 황룡이 성기成紀에서 나타났다. 그러므로 고쳐서 토土
로 삼은 것이다.

漢文帝時黃龍見成紀 故改爲土也

[신주] 토土의 수는 5와 10이다.

② 絳灌東陽侯馮敬之屬강관동양후풍경지속

[정의] 강絳, 관灌은 주발과 관영이다. 동양후는 장상여張相如이다. 풍경
馮敬은 당시 어사대부였다.

絳灌 周勃灌嬰也 東陽侯 張相如 馮敬時爲御史大夫

③ 以適이적

[집해] 서광이 말했다. "適의 발음은 '적[竹革反]'이다." 위소가 말했다.
"적讁은 꾸지람이다."

徐廣曰 適 竹革反 韋昭曰 讁 譴也

[색은] 위소가 말했다. "적適은 꾸지람이다."《자림》에서 適의 발음을

'잭[丈厄反]'이라고 했다.

韋昭云 適 讁也 字林云 丈厄反

공경히[1] 천자의 명을 받들어 총애를 입었으나 장사에서 죄를 기다리네.

얼핏 듣건대 굴원은 멱라수에 스스로 빠졌는데

상수의 흐름에 몸을 맡기었으니[2] 공경히 선생을 위로하네.

세상의 망극함을 만나 이에 그 몸 떨어졌으니

아아! 슬프다. 때를 만난 것이 상서롭지 못했네.

난새와 봉황은 엎드려 숨고[3] 올빼미는 빙빙 돌며 나네.

둔한 못난이들이[4] 드러나고 헐뜯고 아첨하여 뜻을 얻네.

현인과 성인은 도리어 끌어 내려지고 바른 사람은 거꾸로 박혔네.[5]

세상은 백이를 탐한다고 하고 도척을 청렴하다고 말하네.[6]

共[1]承嘉惠兮 俟罪長沙 側聞屈原兮 自沈汨羅 造託[2]湘流兮 敬弔先生 遭世罔極兮 乃隕厥身 嗚呼哀哉 逢時不祥 鸞鳳伏竄兮[3] 鴟梟翔翔 闒茸[4]尊顯兮 讒諛得志 賢聖逆曳兮 方正倒植[5] 世謂伯夷貪兮 謂盜跖廉[6]

---

① 共공

집해 장안이 말했다. "공恭은 공경함이다."

張晏曰 恭 敬也

② 造託조탁

[색은] 造의 발음은 '초[七到反]'이다.

造音七到反

③ 竄兮찬혜

[색은] 竄의 발음은 가장 통상적인 발음으로 읽는다. 또 발음은 '최[七外反]'
이다.

竄音如字 又七外反

④ 闒茸탑용

[색은] 闒의 발음은 '참[天臘反]'이고 茸의 발음은 '옹[而隴反]'이다. 살펴보
니 응소와 호광이 말했다. "탑용은 재주 없는 사람이며, 양 날개로 빙빙
도는 쓰임이 없는데도 도리어 존귀한 것이다."《자림》에서 말한다. "탑용
은 (인재를) 닮지 않은 사람이다."

闒音天臘反 茸音而隴反 案 應劭胡廣云 闒茸不才之人 無六翮翶翔之用而反尊
貴 字林曰 闒茸 不肖之人

⑤ 賢聖逆曳兮 方正倒植현성역예혜방정도식

[색은] 호광이 말했다. "역예逆曳는 도를 따라서 행하는 것을 얻지 못한
것이다. 도식倒植은 어질고 어질지 못한 사람이 뒤집어져 위치가 바뀌는
것이다."

胡廣云 逆曳 不得順隨道而行也 倒植 賢不肖顚倒易位也

⑥ 世謂伯夷貪兮 謂盜跖廉세위백이탐혜 위도척렴

[색은] 살펴보니《한서》에는 '수이혼혜척교렴隨夷溷兮跖蹻廉'으로 되어

있어, 한 구절에 모두 두 사람을 다루었다. 수隨는 변수卞隨이다. 이夷는 백이이다. 척跖은 도척盜跖이다. 교蹻는 장교莊蹻이다.

案 漢書作 隨夷溷兮跖蹻廉 一句皆兼兩人 隨 卞隨也 夷 伯夷也 跖 盜跖也 蹻 莊蹻也

신주 변수는 은나라 때 현인으로, 탕왕이 자리를 물려주겠다고 했으나 사양했다고 한다. 도척은 노나라 도적이고 장교는 초나라 도적이다.

막야를 무디다 하고① 납 칼을 날카롭다 하니②
아! 말문이 막히는구나, 선생은 허물이 없는 것을③
주나라 솥을 굴려 버리고 큰 항아리를 보배로 여겨④
지친⑤ 소에 멍에를 얹고, 절름발이 당나귀를 곁말로 삼으며
천리마는 두 귀를 늘어뜨린 채 소금 수레를 끄네.⑥
장보⑦를 신발로 신게 하니 점점 오래 할 수 없네.⑧
아아! 선생이시여 홀로 이 허물을 당하셨네.⑨

莫邪爲頓兮① 鉛刀爲銛② 于嗟嘿嘿兮 生之無故③ 斡棄周鼎兮寶康瓠④
騰駕罷⑤牛兮驂蹇驢 驥垂兩耳兮服鹽車⑥ 章甫⑦薦屨兮 漸不可久⑧ 嗟
苦先生兮 獨離此咎⑨

---

① 莫邪爲頓兮막야위둔혜

집해 응소가 말했다. "막야莫邪는 오나라 대부이며 보검을 만들었고 이에 따라 관명冠名으로 사용했다." 신찬이 말했다. "허신이 말하길, 막야는 큰 갈고리창이라고 했다."

應劭曰 莫邪 吳大夫也 作寶劍 因以冠名 瓚曰 許愼曰莫邪 大㦸也

색은 응소가 말했다. "막야는 오나라 대부이다. 보검을 만들어 이에 따라 이름으로 삼았다."《오월춘추》에서 말한다. "오왕이 간장干將을 시켜 검 두 자루를 만들게 했는데, 첫째를 간장이라 하고 둘째를 막야라고 했다." 막야와 간장은 검 이름이다. 둔頓은 무딘 것이다.

應劭曰 莫邪 吳大夫也 作寶劍 因名焉 吳越春秋曰 吳王使干將造劍二枚 一曰干將 二曰莫邪 莫邪干將 劍名也 頓 鈍也

② 鉛刀爲銛연도위섬

집해 서광이 말했다. "銛의 발음은 '섬[思廉反]'이다." 살펴보니《한서음의》에서 말한다. "섬銛은 날카로운 것을 이른다."

徐廣曰 思廉反 駰案 漢書音義曰 銛謂利

색은 연鉛은 납이다. 섬銛은 날카로운 것이다. 銛의 발음은 '섬纖'이다. 그들이 어둡고 의혹되었다는 말이다.

鉛者 錫也 銛 利也 音纖 言其暗惑也

③ 嘿嘿兮 生之無故묵묵혜 생지무고

집해 응소가 말했다. "묵묵嘿嘿은 스스로 뜻을 얻지 못한 것이다." 신찬이 말했다. "생生은 굴원을 이른다."

應劭曰 嘿嘿 不自得意 瓚曰 生謂屈原也

④ 斡棄周鼎兮寶康瓠알기주정혜보강호

집해 여순이 말했다. "알斡은 굴리는 것이다.《이아》에서 '강호康瓠는 항아리이다.'라고 했으니, 큰 항아리이다." 응소가 말했다. "강康은 담는

것이다. 斡의 발음은 '관筦'이다. 관筦은 굴리는 것이다. 일설에 강康은
빈 것이다."

如淳曰 斡 轉也 爾雅曰 康瓠謂之甈 大瓠也 應劭曰 康 容也 斡音筦 筦 轉也 一
曰康 空也

[색은] 알斡은 굴리는 것이고 '왈[烏活反]'로 발음한다. 《이아》에서 말한다.
"강호康瓠는 항아리이다." 甈의 발음은 '결[丘列反]'이다. 이순이 말했다.
"강康은 큰 항아리이다." 강康은 빈 것이다. 진작이 말했다. "알斡은 옛날
'관管' 자이다."

斡 轉也 烏活反 爾雅云 康瓠謂之甈 甈音丘列反 李巡云 康謂大瓠也 康 空也
晉灼云 斡 古管字也

⑤ 罷피
[정의] 罷의 발음은 '피皮'이다.
罷音皮

⑥ 驥垂兩耳兮服鹽車기수양이혜복염거
[색은] 《전국책》에서 말한다. "대저 천리마가 소금수레를 끌고 태산 중
턱을 오르는데 더듬거리며 끌채를 지고 능히 오르지 못하자 백락이 수레
에서 내려 곡을 했다."
戰國策曰 夫驥服鹽車上太山中阪 遷延負轅不能上 伯樂下車哭之也

⑦ 章甫장보
[집해] 응소가 말했다. "장보는 은殷나라 모자이다."
應劭曰 章甫 殷冠也

⑧ 漸不可久점불가구

집해 유향의《별록》에서 말한다. "그래서 스스로 깨닫고 스스로 한탄했다."
劉向別錄曰 因以自諭自恨也

⑨ 嗟苦先生兮 獨離此咎차고선생혜 독리차구

집해 응소가 말했다. "차嗟는 애석하게 탄식하는 것이다. 고苦는 노고이다. 굴원이 이러한 어려움을 만났다는 말이다."
應劭曰 嗟 咨嗟 苦 勞苦 言屈原遇此難也

펼쳐 말하노라.①
끝났구나!
나라에서 나를 알아줄 이 없는데
내 홀로 이 울적함②을 그 누구에게 말할까?
봉황은 훨훨 날아 그 높고 멀어졌고③
진실로 스스로 움츠려④ 멀리 떠나네.
깊은 못의 신룡神龍을 따라⑤
아득히⑥ 깊이 잠겨 스스로 보배로 여기네.
밝은 빛⑦ 멀리하고 숨어 살지언정⑧
어찌 개미, 거머리, 지렁이를 따르겠는가?⑨
귀하게 여기는 것은 성스러운 신덕神德이니
탁한 세상을 멀리하여 스스로 숨었다네.

천리마를 얽매어 굴레를 씌운다면

어찌 개나 양과 다르다고 하겠는가?[10]

訊曰[1] 已矣 國其莫我知 獨堙鬱[2]兮其誰語 鳳漂漂其高遰[3]兮 夫固自
縮[4]而遠去 襲九淵之神龍兮[5] 沕[6]深潛以自珍 彌融爐[7]以隱處兮[8] 夫
豈從蟣與蛭螾[9] 所貴聖人之神德兮 遠濁世而自藏 使騏驥可得係羈兮
豈云異夫犬羊[10]

① 訊曰신왈

[집해] 이기가 말했다. "신訊은 알리는 것이다." 장안이 말했다. "신訊은
《이소》 아래 장구의 난사亂辭와 같다."

李奇曰 訊 告也 張晏曰 訊 離騷下章亂辭也

[색은] 쇄왈誶曰이다. 이기가 말했다. "쇄誶는 알리는 것이다. '신信'으로
발음한다." 장안이 말했다. "신訊은 《이소》 아래 장구의 난사亂辭와 같다."
유백장은 誶의 발음은 '쇄[素對反]'라고 했다. 신訊은 펼침과 같으며 거듭
그 뜻을 펼치는 것이다. 주성과 안사고는 '쇄碎'로 발음한다고 했다.

誶曰 李奇曰 誶 告也 音信 張晏曰 訊 離騷下章亂辭也 劉伯莊音素對反 訊猶宣
也 重宣其意 周成師古音碎也

② 堙鬱인울

[색은] 《한서》에는 '일울壹鬱'로 되어 있으며 뜻이 또한 통한다.

漢書作壹鬱 意亦通

③ 遰체

澨의 발음은 '서逝'이다.

音逝也

④ 縮축

축縮은 《한서》에는 '인引'으로 되어 있다.

縮 漢書作引也

⑤ 襲九淵之神龍兮습구연지신룡혜

등전이 말했다. "습襲은 거듭함이다." 어떤 이는 습襲은 뒤집는 것이며 말로 살피는 것과 같다고 했다.

鄧展曰 襲 重也 或曰襲 覆也 猶言察也

습襲은 거듭함이다. 《장자》에서 말한다. "천금의 구슬은 반드시 구중九重의 연못에 여용驪龍의 턱 밑에 있다." 그러므로 "구연지신룡九淵之神龍"이라고 일렀다.

襲 復也 莊子曰 千金之珠必在九重之淵 而驪龍頷下 故云 九淵之神龍也

⑥ 汩밀

서광이 말했다. "汩의 발음은 '밀[亡筆反]'이다."

徐廣曰 亡筆反 汩 潛藏也

장안이 말했다. "밀汩은 깊이 숨어 있는 것이다. '밀密'로 발음하고 또 '물勿'로도 발음한다."

張晏曰 汩 潛藏也 音密 又音勿也

⑦ 彌融爚미융약

서광이 말했다. "한편 '면효달面蟯獺'이라고 한다."

徐廣曰 一云 偭蟯獺

⑧ 彌融爚以隱處兮미융약이은처혜

집해 서광이 말했다. "어떤 판본에는 '미갈약이은처彌蝎爚以隱處'라고
한다."

徐廣曰 一本云 彌蝎爚以隱處也

색은 《한서》에는 '면교달偭蟯獺'로 되어 있다. 서광은 또 어떤 판본에는
'미갈약이은처彌蝎爚以隱處'로 되어 있다고 했다. 대개 세 가지 본이 같지
않다. 살펴보니 소림이 말했다. "偭의 발음은 '면面'이다." 응소가 말했다.
"면偭은 등짐이다. 교달蟯獺은 거머리이니 물고기를 해친다. 악을 등지고
선을 따른다는 말이다." 곽박은 《이아》에 주석하여 말했다. "교蟯는 오리와
닮았고 강동에서는 어교魚鵁라고 이른다."

漢書作 偭蟯獺 徐廣又一本作 彌蝎爚以隱處 蓋總三本不同也 案 蘇林云 偭音
面 應劭云 偭 背也 蟯獺 水蟲 害魚者 以言背惡從善也 郭璞注爾雅云 似鳧 江
東謂之魚鵁

정의 고야왕이 말했다. "미彌는 먼 것이다. 융融은 밝음이다. 약爚은 빛
이다." 빠져서 깊게 감추어 스스로를 보배로 여기고 더욱 멀고 밝게 빛나
게 숨어서 처한 것이다.

顧野王云 彌 遠也 融 明也 爚 光也 沒深藏以自珍 彌遠明光以隱處也

⑨ 螷與蛭蟥의여질인

집해 《한서》에서 '의螷' 자는 '하蝦'로 되어 있다. 위소가 말했다. "하蝦는
새우이다. 질蛭은 거머리이고, 인蟥은 지렁이이다."

漢書 螘字作蝦 韋昭曰 蝦 蝦蟇也 蛭 水蟲 螾 丘螾也

색은 螘의 발음은 '의蟻'이다. 《한서》에는 '하蝦'로 되어 있다. 교달에게 등지고 단절하는데 하물며 새우, 거머리, 지렁이를 따르겠느냐는 말이다. 蛭螾의 발음은 '질인質引'이다.

螘音蟻 漢書作蝦 言价然絕於蟂獺 況從蝦與蛭螾也 蛭音質 螾音引也

정의 차라리 물에 몸을 던져 신룡神龍과 합할지언정 어찌 육지에서 개미 거머리 지렁이를 따라 장사 지내겠느냐는 말이다.

言寧投水合神龍 豈陸葬從蟻與蛭蚓

⑩ 使騏驥可得係羈兮 豈云異夫犬羊사기기가득계기혜 기운이부견양

정의 천리마를 얽매어 굴레를 씌운다면 개나 양과 더불어 다름이 없을 것이다. 굴원이 혼탁한 세상에서 떠나 숨지 않은 것을 책망한 것이다. 기騏는 무늬가 연두빛과 같다. 기驥는 천리마이다.

使騏驥可得係縛羈絆 則與犬羊無異 責屈原不去濁世以藏隱 騏文如綦也 驥 千里馬

난세에 머뭇거리다 이 허물을 만났는데①
또한 선생님의 허물이었소. ②
구주를 돌아다녀③ 걸맞은 군주를 도울 것이지
하필 이 나라만을 맘에 두셨는고?
봉황은 천 길 위를 날아서
덕이 밝은 것을 보면 내려오지만④

째째한 덕의 험한 징조가 나타나면

다시 날개 쳐서^⑤ 멀리 떠나간다네.^⑥

저 평범한 더러운 도랑이^⑦

어찌 배를 삼키는 물고기를 받아들이겠는가!

강호를 가로지르는 철갑상어나 고래라도^⑧

진실로 땅강아지나 개미에게 제압될 것을.^⑨

般紛紛其離此尤兮^① 亦夫子之辜也^② 瞵九州^③而相君兮 何必懷此都也

鳳皇翔于千仞之上兮 覽惪煇而下之^④ 見細德之險(微)〔徵〕兮 搖增翮^⑤

逝而去之^⑥ 彼尋常之汙瀆兮^⑦ 豈能容吞舟之魚 橫江湖之鱣鱏^⑧兮 固將

制於蟻螻^⑨

① 般紛紛其離此尤兮반분분기리차우혜

[집해] 소림이 말했다. "般의 발음은 '반盤'이다." 맹강이 말했다. "般의 발음은 '반班'이다." 어떤 이는 머뭇거리며 떠나지 않다가 분분하게 참소에 얽힌 뜻이라고 했다.

蘇林曰 般音盤 孟康曰 般音班 或曰盤桓不去 紛紛構讒意也

[색은] 般의 발음은 '반盤'이고 머뭇거린다는 뜻이다. 분분紛紛은 자자藉藉와 같고 참소에 얽혔다는 뜻이다. 우尤는 원망과 허물을 이른다.

般音班 又音盤 槃桓也 紛紛猶藉藉 構讒之意也 尤謂怨咎也

② 夫子之辜也부자지고야

[색은]《한서》에서 '고辜'는 '고故'로 되어 있다. 부자夫子는 굴원을 이른다. 이기가 말했다. "또한 선생님은 기린과 봉황처럼 날고 떠나가지 못한

까닭에 이런 허물을 만난 것이다."

漢書 辜作故 夫子謂屈原也 李奇曰 亦夫子不如麟鳳翔逝之故 罹此咎也

③ 瞵九州이구주

[색은] 瞵의 발음은 '치[丑知反]'이고 돌아다녀 관찰함을 이른다. 《한서》
에는 '역구주歷九州'로 되어 있다.

瞵 丑知反 謂歷觀也 漢書作 歷九州

④ 覽德煇而下之남덕휘이하지

[색은] 살펴보니 봉황이 나는 것은 인군이 덕이 있는 것을 보고 내려온
다는 말이다. 그러므로 《예기》에서 "덕과 빛이 안에서 움직인다."라고
한 것이 이것이다.

案 言鳳皇翔 見人君有德乃下 故禮曰 德煇動乎內 是也

⑤ 搖增翮요증핵

[집해] 서광이 말했다. "한편 '요증격遙增擊'으로 되어 있다."

徐廣曰 一云遙增擊也

⑥ 搖增翮逝而去之요증핵서이거지

[정의] 요搖는 움직임이다. 증增은 더함이다. 쩨쩨한 덕이 있는 사람을
보고 또 험난한 곳에서 미약하게 일어나는 것이 있으면 날개를 합쳐 더
욱 움직여 멀리 가 떠난다는 말이다.

搖 動也 增 加也 言見細德之人 又有險難微起 則合加動羽翮 遠逝而去之

⑦ 尋常之汙瀆兮심상지오독혜

집해 응소가 말했다. "8척을 심尋이라 하고 심尋의 갑절은 상常이다."

應劭曰 八尺曰尋 倍尋曰常

색은 汙瀆의 발음은 '오독烏獨'이다. 오汙는 더러운 것이고 독瀆은 작은 도랑이다.

音烏獨二音 汙 潢汙 瀆 小渠也

⑧ 鱣鱏전심

집해 여순이 말했다. "큰 물고기이다." 신찬이 말했다. "심어鱏魚는 비늘이 없고 입은 배 밑에 가깝다."

如淳曰 大魚也 瓚曰 鱏魚無鱗 口近腹下

신주 내용으로 볼 때, 전鱣은 양자강에 사는 철갑상어를 말하고 심鱏은 역시 양자강 유역에 사는 돌고래를 말한 것으로 보인다. 가끔 문헌에 등장하는 교룡蛟龍 역시 이들을 가리키기도 한다.

⑨ 將制於蟻螻장제어의루

색은 《장자》에는 경상초庚桑楚가 제자에게 일러 말했다. "배를 삼킬 수 있는 물고기라도 휩쓸려가서 물을 잃으면 개미와 땅강아지에게도 능히 제재 당한다." 《전국책》에는 제나라 사람이 정곽군靖郭君을 설득한 것이 또한 동일하다. 살펴보니 이는 작은 나라 어두운 군주는 충신을 용납하지 못함으로써, 아첨하고 해치는 소신小臣에게 해를 당한다는 것에 비유했다.

莊子云庚桑楚謂弟子曰 吞舟之魚 蕩而失水 則螻蟻能制之 戰國策齊人說靖郭君亦同 案 以此喻小國暗主不容忠臣 而爲讒賊小臣之所見害

요절한 천재 가의

가생이 장사왕의 태부가[①] 된 지 3년, 올빼미가 가생의 관사에 날아 들어와 관사의 귀퉁이에 앉아 머물렀다. 초나라 사람들은 올빼미를 '복服'이라고 불렀다.[②]

가생은 이미 견책당해 장사에 있는데 장사는 지대가 낮고 습지였으므로 스스로 수명이 길지 못할 것으로 여기고 슬퍼하여 이에 부賦를 지어서 스스로 마음을 넓혔다.[③] 그 사辭에서 말했다.

賈生爲長沙王太傅[①]三年 有鵩飛入賈生舍 止于坐隅 楚人命鵩曰服[②]

賈生旣以適居長沙 長沙卑溼 自以爲壽不得長 傷悼之 乃爲賦以自廣[③]

其辭曰

① 長沙王太傅장사왕태부

색은 장사왕의 부傅가 되었다. 살펴보니 가의가 부傅가 된 것은 곧 오예吳芮의 현손 오산吳産이 장사왕을 물려받은 때이고 경제의 아들 장사왕 유발劉發은 아니다. 《형주기》에서 말한다. "장사성 서북쪽 모퉁이에 가의의 집과 가의의 돌평상이 남아있다."

爲長沙傅 案 誼爲傅是吳芮之玄孫産襲長沙王之時也 非景帝之子長沙王發也
荊州記 長沙城西北隅有賈誼宅及誼石牀在矣

정의 한문제 연표에는 오예의 현손 오차吳差가 장사왕을 물려받았다고 한다. 부傅는 장사정왕長沙靖王 오차 2년에 되었다. 《괄지지》에서 말한다. "오예의 고성은 담주潭州 장사현 동남쪽 300리에 있다. 가의의 집은 현의 남쪽 30보에 있다. 《상수기》에서 '가의의 집안에는 우물이 하나 있는데 가의가 판 것이며 지극히 작고 깊었으며 위는 오므려지고 아래는 커서 그 모양이 호리병과 같았다. 옆에는 하나의 판에 다리는 돌로 된 평상이 있는데 한 사람이 앉아 있을 수 있고 형체는 옛 제도를 따랐으며, 서로 이어서 말하여 가의가 앉았던 곳이라고 한다.'라고 했다."

漢文帝年表云吳芮之玄孫差襲長沙王也 傅爲長沙靖王差之二年也 括地志云吳芮故城在潭州長沙縣東南三百里 賈誼宅在縣南三十步 湘水記云 誼宅中有一井 誼所穿 極小而深 上斂下大 其狀如壺 傍有一局腳石牀 容一人坐 形流古制 相承云誼所坐

신주 〈한흥이래제후왕연표〉에는 장사정왕 이름을 저著라고 한다. 《한서》〈제후왕표〉에는 이름을 산産이라 한다. 개국공신 오예로부터 5대째이며, 장사정왕 이후로 자손이 없어서 문제 말년인 문제 23년(후 7년)에 제후국은 폐지된다. 그나마 한나라에서 이성제후왕으로 가장 오래 존속했다.

② 鵩曰服효왈복

집해 진작이 말했다. "《이물지》에서 산에 올빼미가 있는데 몸에는 무늬와 빛깔이 있고 토속에서는 형상을 따라 이름 하여 복服이라고 한다. 멀리까지 날지를 못하고 가는 것이 지역을 벗어나지 못한다."

晉灼曰 異物志有山鵩 體有文色 土俗因形名之曰服 不能遠飛 行不出域

색은 살펴보니 등전이 말했다. "까치와 비슷하지만 크다." 진작이 말했다. "《파촉이물지》에서 새가 있는데 작은 닭과 같고 몸에는 무늬와 빛깔이 있고 토속에서는 형상을 따라 이름 하여 복服이라고 한다. 멀리까지 날지를 못하고 가는 것이 지역을 벗어나지 못한다."《형주기》에서 말한다. "무현巫縣에 새가 있는데 암탉과 같고 그 이름을 효鴞라고 하며 초나라 사람들은 복服이라고 한다."《오록》에서 말한다. "복은 검은색이고 울음소리에서 그렇게 부른다."

案 鄧展云 似鵲而大 晉灼云 巴蜀異物志有鳥〔如〕小鷄 體有文色 土俗因形名之曰服 不能遠飛 行不出域 荊州記云 巫縣有鳥如雌鷄 其名爲鴞 楚人謂之服 吳錄云 服 黑色 鳴自呼

③ 廣광

색은 살펴보니 요씨가 말했다. "광廣은 너그러움과 같다."

案 姚氏云 廣猶寬也

단알의 해① 4월 초여름
경자일 해는 기우는데② 올빼미 내 집에 모여
모퉁이에 머무는데 그 모습 매우 한가하네.
이상한 동물이 와서 모여 가만히 그 까닭이 괴상하여
책을 펴 점치니 점괘에 그 법도를 말하는데③
"들새가 집에 들어오면 주인은 떠날 것."
올빼미에게 묻노라.④ "내가 떠나면 어디로 갈까?
길하면 나에게 고하고 흉하면 그 재앙⑤을 말하라.
점괘에 더딘지 빠른지⑥ 기한을 내게 말해다오."

올빼미는 한숨 쉬고 머리 들고 날개를 치면서

입으로 말하지 못하니 마음으로[⑦] 대답하길 청했네.

單閼之歲兮[①] 四月孟夏 庚子日施兮[②] 服集予舍 止于坐隅 貌甚閑暇 異

物來集兮 私怪其故 發書占之兮 筴言其度[③] 曰 野鳥入處兮 主人將去

請問于服兮[④] 予去何之 吉乎告我 凶言其菑[⑤] 淹數[⑥]之度兮 語予其期

服乃歎息 舉首奮翼 口不能言 請對以意[⑦]

① 單閼之歲兮단알지세혜

[집해] 서광이 말했다. "태세太歲(가상의 목성)가 묘卯에 있으면 단알이라

한다. 문제 6년 태세는 정묘丁卯에 있었다."

徐廣曰 歲在卯曰單閼 文帝六年歲在丁卯

[색은] 《이아》에서 말한다. "세성이 묘에 있으면 단알이라 한다." 이순

이 말했다. "단알은 기起이며 양기가 만물을 밀쳐 일어나게 한다. 그러

므로 단알이라 한다." 손염본에는 '선언蟬焉'으로 되어 있다. 선蟬은 신伸

과 같다.

爾雅云 歲在卯曰單閼 李巡云 單閼 起也 陽氣推萬物而起 故曰單閼 孫炎本作

蟬焉 蟬猶伸也

[정의] 閼의 발음은 '알[烏葛反]'이다.

閼 烏葛反

[신주] 무제가 태초太初 원년인 서기전 104년에 태초력을 시작하여, 그

때를 갑인년으로 하기 전에는 이처럼 고갑자를 썼다. 목성木星이 정확

히 12년 주기에 맞지 않아서 개정한 역법이었다. 그러면 묘년卯年은 문

제 6년이 아니라 문제 5년이어야 한다. 또 억지로 따지면 그때는 계묘

년이다. 그리하여 가의가 장사왕 2년에 태부가 되어 3년이 지난 시점이 맞아 떨어진다. 역법은 이후 변천하여 후한 시대인 서기 85년에 사분력四分曆을 쓰면서, 전한 문제 19년인 서기전 161년을 경진년으로 하면서 오늘에 이르고 있다. 그에 따라 무제 태초 원년은 갑인년에서 정축년으로 바뀌었다. 따라서 '문제 6년이고 정묘년'이란 서광의 주석은 사분력으로 바뀐 이후의 관점이며, 잘못 주석한 것이다. 가의가 말한 '단알의 해'는 태초력으로 따져 문제 5년 계묘년이 맞다.

② 施兮이혜

집해 서광이 말했다. "이施는 다른 판본에서 '사斜'로 되어 있다."

徐廣曰 施 一作斜

색은 施의 발음은 '이移'이다. 이施는 서쪽으로 기우는 것과 같다. 《한서》에는 '사斜'로 되어 있다.

施音移 施猶西斜也 漢書作斜也

③ 筴言其度책언기도

색은 《한서》에는 '참讖'으로 되어 있다. 살펴보니 《설문》에는 "참讖은 증험한 말이다."라고 한다. 지금 이곳의 '책筴'은 아마 잡다한 점괘의 말이 그렇다는 것이다.

漢書作讖 案 說文云 讖 驗言也 今此 筴 蓋雜筴辭云然

정의 책수의 책을 펼쳐 점을 쳐서 그 증험을 헤아린 것이다.

發策數之書 占其度驗

④ 講問于服兮청문우복혜

색은 우于는 어於이다. 《한서》에는 본래 '자복子服'으로 되어 있는데
안사고는 "자子는 아름다운 말을 더한 것이다."라고 했다.

于 於也 漢書本有作子服者 小顔云 子加美辭也

⑤ 其菑기재

정의 菑의 발음은 '재災'이다.

音災

⑥ 數수

집해 서광이 말했다. "수數는 빠른 것이다."

徐廣曰 數 速也

신주 수명이 더디고 빠른지, 즉 '장수할 것인지 요절한 것인지'라는 뜻
이다.

⑦ 意의

색은 협음은 '억臆'이다.

協音臆也

정의 협운의 발음은 '억憶'이다.

協韻音憶

신주 이처럼 가의는 올빼미의 마음을 빌린다는 형식으로 자신의 마음
을 시부에 나타냈다.

모든 사물이 변화하니 진실로 휴식이 없고

굴러① 흐르고 옮기며 가끔 밀렸다 돌아오네.

형체와 기가 돌아가며 이어지니 변화해 허물 벗네.②

깊고 오묘해 다함이 없으니③ 어찌 이루다 말할 수 있으랴!

재앙은 복에 기대는④ 것이고 복은 재앙에 숨어 있으니⑤

근심과 기쁨이 문에 모이고 길흉이 영역을 함께하네.⑥

저 오나라는 강대했지만 부차가 무너뜨렸고

월나라는 회계에 깃들었지만 구천이 세상을 제패했네.

이사⑦는 유세하여 성공했으나 끝내 오형을 당했고

부열은 형벌을 대신해 일했지만⑧ 무정의 재상이 되었네.

萬物變化兮 固無休息 斡①流而遷兮 或推而還 形氣轉續兮 變化而嬗②

沕穆無窮兮③ 胡可勝言 禍兮福所倚④ 福兮禍所伏⑤ 憂喜聚門兮 吉凶

同域⑥ 彼吳彊大兮 夫差以敗 越棲會稽兮 句踐霸世 斯⑦游遂成兮 卒被

五刑 傅說胥靡兮⑧ 乃相武丁

① 斡알

색은 斡의 발음은 '왈[烏活反]'이다. 알斡은 굴리는 것이다.

斡音烏活反 斡 轉也

② 嬗선

집해 복건이 말했다. "嬗의 발음은 '선蟬'과 같고 변화해 허물을 벗는 것을 이른다." 어떤 이는 매미와 넝쿨과 서로 연결해준다고 했다.

服虔曰 嬗音如蟬 謂變蛻也 或曰蟬蔓相連也

위소가 말했다. "이而는 같은 것이다. 매미가 허물을 벗고 변화하는 것과 같은 것이다." 소림이 말했다. "嬗의 발음은 '선蟬'이고 그 서로 전하여 주는 것을 이른다."

韋昭云 而 如也 如蟬之蛻化也 蘇林云 嬗音蟬 謂其相傳與也

③ 汩穆無窮兮 밀목무궁혜

색은 《한서》에서 '무궁無窮'은 '무간無間'으로 되어 있다. 汩의 발음은 '밀密' 또는 '매昧'이다. 밀목汩穆은 깊고 세세한 모양이다. 그 이치가 깊고 미묘하여 다 말할 수 없다는 말이다.

漢書 無窮 作 無間 汩音密 又音昧 汩穆 深微之貌 以言其理深微 不可盡言也

정의 汩의 발음은 '물勿'이다.

汩音勿

④ 倚의

정의 倚의 발음은 '의[於犧反]'이고 의依의 뜻이다.

於犧反 依也

⑤ 禍兮福所倚 福兮禍所伏 화혜복소의 복혜화소복

색은 이것은 《노자》의 말이다. 그러나 '화禍' 자는 옛날에 '화瓜'로 되어 있다. 살펴보니 의倚는 자신을 세우는 것이다. 복伏은 자신을 내리는 것이다. 재앙과 복은 번갈아 와서 마치 섰다가 숨었다가 하는 것과 같다는 말이다.

此老子之言 然禍字古作瓜 案 倚者 立身也 伏 下身也 以言禍福遞來 猶如倚伏也

⑥ 吉凶同域길흉동역

정의 재앙과 복이 서로 인하여 길하고 흉한 것이 정해 있지 않다는 말이다.

言禍福相因 吉凶不定

⑦ 斯사

집해 위소가 말했다. "사斯는 이사이다."

韋昭曰 斯 李斯也

⑧ 傅說胥靡兮부열서미혜

집해 서광이 말했다. "서미는 부형腐刑이다."

徐廣曰 腐刑也

색은 서광이 말했다. "서미胥靡는 부형腐刑(생식기를 제거하는 형벌)이다." 진작이 말했다. "서胥는 상相이고 미靡는 수隨이다. 옛날에 서로 따라 연좌된 것으로 가벼운 형벌의 이름이다." 《묵자》에서 말한다. "부열은 갈포옷을 입고 노끈으로 띠를 매고 부암傅巖에서 성을 쌓는 품팔이를 했다." 부암은 하동군 태양현太陽縣에 있다. 또 하정夏靖의 글에 말한다. "의지猗氏 60리 황하의 서쪽 기슭 오판吳阪 아래에 문득 숨겨진 굴을 찾을 수 있는데, 곧 부열이 몸을 숨겨 거처한 곳이다."

徐廣云 胥靡 腐刑也 晉灼云 胥 相也 靡 隨也 古者相隨坐輕刑之名 墨子云 傅說衣褐帶索 傭築於傅巖 傅巖在河東太陽縣 又夏靖書云 猗氏六十里黃河西岸 吳阪下 便得隱穴 是說所潛身處也

신주 〈은본기〉 공안국의 주석에 보면, 부열은 서미胥靡를 대신해 도로 닦는 일을 했다고 한다.

대저 재앙이 복과 함께함이 어찌 꼬인 새끼줄과 다르랴![1]

천명은 설명할 수 없는 것, 누가 그 끝을 알겠는가?

물이 세차면 사납고 화살이 세차면 멀리 가는 것이라.[2]

만물이 휘돌아 부딪침에 진탕이 일어 빙빙 도는구나.

구름이 올라 비를 내리니 얼키설키 서로 어지럽다네.

조화옹이 만물을 펼치는데,[3] 넓고 커서 끝 간 데가 없어라.[4]

하늘은 미리[5] 생각할 수 없고 도道는 미리 꾀할 수 없는 것.

더디고 빠른 운수 천명에 달렸는데 어찌 그때를 알리오.

夫禍之與福兮 何異糾纆[1] 命不可說兮 孰知其極 水激則旱兮 矢激則
遠[2] 萬物回薄兮 振蕩相轉 雲蒸雨降兮 錯繆相紛 大專槃物兮[3] 块軋無
垠[4] 天不可與[5]慮兮 道不可與謀 遲數有命兮 惡識其時

---

① 禍之與福兮 何異糾纆화지여복혜하이규묵

집해 응소가 말했다. "복과 재앙이 서로 겉과 속이 되는 것이 마치 노끈
과 새끼줄이 서로 붙어 모이는 것과 같다." 신찬이 말했다. "규糾는 꼬는
것이고 묵纆은 노끈이다."

應劭曰 福禍相爲表裏 如糾纆繩索相附會也 瓚曰 糾 絞也 纆 索也

색은 위소가 말했다. "묵纆은 노끈이다." 또 《통속문》에서 말한다. "새끼
줄을 합치는 것을 규糾라 한다." 《자림》에서 말한다. "묵纆은 새끼줄을
세 개 합친 것이다. 纆의 발음은 '묵墨'이다." 糾의 발음은 '구九'이다.

韋昭云 纆 徽也 又通俗文云 合繩曰糾 字林云 纆三合繩也 音墨 糾音九

② 水激則旱兮 矢激則遠수격즉한혜 시격즉원

색은 이것은 《회남자》와 《갈관자》의 문장이다. 그곳에는 '수격즉한水激則悍'으로 되어 있다. 《여씨춘추》에는 '질疾' 자로 되어 있으며, 물이 격동해서 빨라지면 급속하게 가므로 가라앉지 않고 화살이 격동해 빨라지면 멀리까지 간다는 말이다. 《설문》에서 旱의 발음은 '한悍'과 동일하다. 물과 화살이 흐르고 날아서 바탕은 거리낌 없이 통해서 이로움이 되는 것으로, 지금 사물을 만나 부딪치면 곧 격노해서 다시 굳세고 날래어 멀리가고 사나워진 것이다. 마치 사람이 혹은 재앙을 따라 복에 이르니, 재앙과 복은 무상하다는 것과 같다는 말이다.

此乃淮南子及鶡冠子文也 彼作 水激則悍 而呂氏春秋作 疾 以言水激疾則去疾
不能浸潤 矢激疾則去遠也 說文 旱與悍 同音 以言水矢流飛 本以無礙爲通利
今遇物觸之 則激怒 更勁疾而遠悍 猶人或因禍致福 倚伏無常也

③ 大專槃物兮대전반물혜

집해 《한서》에는 '전專' 자는 '균鈞'으로 되어 있다. 여순이 말했다. "질그릇을 만드는 자는 그릇을 균 위에서 만드는데, 이것은 조화를 대균大鈞이라 한 것이다."

漢書 專字作鈞 如淳曰 陶者作器於鈞上 此以造化爲大鈞

색은 《한서》에는 '대균파물大鈞播物(조화는 만물을 퍼뜨린다)이라고 했으니, 이곳의 '전專'은 '균鈞'으로 해독해야 한다. 반槃은 돌리는 것과 같으며 파播와 뜻이 동일하다. 여순이 말했다. "질그릇을 만드는 자는 그릇을 균 위에서 만드는데, 이것은 조화를 대균大鈞이라 한 것이다." 우희의 《지림》에서 말한다. "대균大鈞은 조화의 신으로, 만물을 고루 빚어 등급을 여러 형체를 준다." 살펴보니 위의 〈추양열전〉의 주석에서 말한다. "도가陶家의 명칭에 거푸집 아래에서 둥글게 돌리는 것을 균鈞이라 하는데,

그것으로 그릇을 통제하여 크고 작은 것을 만드니 하늘에 견준다는 말
이다."

漢書云 大鈞播物 此專 讀曰鈞 槃猶轉也 與播義同 如淳云 陶者作器於鈞上 以
造化爲大鈞也 虞喜志林云 大鈞造化之神 鈞陶萬物 品授群形者也 案 上鄒陽
傳注云 陶家名模下圓轉者爲鈞 言其能制器大小 以比之於天

④ 坱圠無垠약을무은

집해 응소가 말했다. "그 기운이 끝이 없어 한계가 있지 않는 것이다."
坱의 발음은 '약若'이다. 央圠의 발음은 '약을若乙'로 발음한다.

應劭曰 其氣坱圠 非有限齊也 坱音若 央圠音若乙

색은 앙알은 한계가 없는 것이다. 응소가 말했다. "그 기운이 끝이 없
어 한계가 있지 않는 것이다." 살펴보니 무은無垠은 끝이 있지 않은 것을
이른다. 《설문》에서 말한다. "은垠은 땅의 경계이다." 곽박의 《방언》 주
석에서 말한다. "앙알은 헤아리지 못하는 것이다." 왕일의 《초사》 주석
에서 말한다. "앙알은 구름과 안개의 기운이 어두운 것이다."

坱圠無垠 應劭云 其氣坱圠 非有限齊也 案 無垠謂無有際畔也 說文云 垠 圻也
郭璞注方言云 坱圠者 不測也 王逸注楚詞云 坱圠 雲霧氣昧也

정의 坱의 발음은 '앙[烏郎反]'이고 圠의 발음은 '엄[於點反]'이다.

坱 烏郎反 圠 於點反

⑤ 與에

색은 與의 발음은 '예預'이다.

與音預也

신주 '미리'라는 뜻으로 해독해야 한다는 뜻이다.

또 무릇 천지는 화로가 되고 조화옹은 대장장이라.[1]

음양은 숯이 되고 만물은 구리[2]가 되네.

모이고 흩어지고 줄었다 늘어남에 어찌 일정한 법칙이 있으랴![3]

천 번 변하고 만 번 바뀜에 처음부터 끝이 있는 것이 아니라네[4]

홀연히 사람이 되었다고 어찌 삶에 연연할 것이며[5]

다른 사물로 변했다고[6] 또 어찌 근심[7]할만 하겠는가!

어리석은 사람은 자기만 아끼고 남을 깔보면서 나를 귀하다고 하지만[8]

달관한 이는 크게 봐 사물마다 올바르지 않은 이치 없다고 하네.[9]

且夫天地爲鑪兮 造化爲工[1] 陰陽爲炭兮 萬物爲銅[2] 合散消息兮 安有常則[3] 千變萬化兮 未始有極[4] 忽然爲人兮 何足控搏[5] 化爲異物兮[6] 又何足患[7] 小知自私兮 賤彼貴我[8] 通人大觀兮 物無不可[9]

① 造化爲工조화위공

색은 이것은 《장자》의 문장이다.

此莊子文

② 銅동

색은 이미 (화로를) 빚는 것으로 조화에 비유했다. 그러므로 음양을 숯이라 하고 만물을 구리라 했다.

旣以陶冶喩造化 故以陰陽爲炭 萬物爲銅也

③ 合散消息兮 安有常則합산소식혜 안유상칙

색은 《장자》에서 말한다. "사람이 태어나는 것은 기운이 모이는 것이며, 기운이 모이면 살고 흩어지면 죽는다."

莊子云 人之生也 氣之聚也 聚則爲生 散則爲死

④ 千變萬化兮 未始有極천변만화혜 미시유극

색은 《장자》에서 말한다. "사람의 형상은 천 번 변화하고 만 번 바뀌어 처음부터 다함이 있지 않다."

莊子云 人之形千變萬化 未始有極

⑤ 忽然爲人兮 何足控摶홀연위인혜 하족공단

집해 여순이 말했다. "공控은 당기는 것이다. 공단控摶은 생명을 아끼고 귀중하게 여긴다는 뜻이다."

如淳曰 控 引也 控摶 玩弄愛生之意也

색은 살펴보니 공控은 당기는 것이다. 摶의 발음은 '단[徒端反]'이다. 공단控摶은 이끌어 가져 스스로 가지고 놀며 생명을 귀하게 여긴다는 뜻이다. 또 어떤 판본에는 '공췌控揣'로 되어 있다. 揣의 발음은 '취[初委反]'나 '좌[丁果反]'이다. 췌揣는 헤아리는 것이다. 그러므로 진작이 말했다. "어쩌다 그렇게 사람이 되었으니, 이 삶을 매우 가볍게 여길 뿐이지 '어찌 사물을 이끌어 자신의 수명의 길고 짧은 것을 헤아리고 애석하게 여기겠는가?'라는 말이다."

按 控 引也 摶音徒端反 控摶謂引持而自玩弄 貴生之意也 又本作 控揣 揣音初委反 又音丁果反 揣者 量也 故晉灼云 或然爲人 言此生甚輕耳 何足引物量度己年命之長短而愛惜乎

⑥ 化爲異物兮화위이물혜

색은 죽어서 형체가 변해 귀鬼가 되는 것이며, 이것을 일러 다른 사물이라 한다.

謂死而形化爲鬼 是爲異物也

⑦ 患환

색은 협음은 환環이다.

協音環

⑧ 小知自私兮 賤彼貴我소지자사혜 천피귀아

색은 《장자》에서 "사물로써 관찰한다면 자신은 귀하고 상대는 천하게 여긴다."라고 한 것이 이것이다.

莊子云 以物觀之 自貴而相賤 是也

⑨ 通人大觀兮 物無不可통인대관혜 물무불가

색은 《장자》에서 말한다. "만물은 진실로 그러한 바가 있고 만물이 진실로 옳은 바가 있으며, 만물이 그렇지 아니한 것이 없고 만물은 옳지 아니한 것도 없다."

莊子云 物固有所然 物固有所可 無物不然 無物不可也

탐하는 자는 재물을 따르고 열사는 명예를 따르며①
과시하는 자는 권력에 죽고② 일반 백성은 삶에 연연하며③

분주하고 급한 무리는 간혹 동서쪽으로 달려가지만[4]

대인은 굽히지 않고[5] 천 번, 만 번 바뀌어도 한결같다네.

얽매인 사인은 풍속에 매여 감옥에 갇힌 것처럼 살지만[6]

지인至人[7]은 만물을 버려 홀로 도道와 함께하네.

뭇사람은 오락가락하며 좋고 싫음을 마음에 쌓지만[8]

진인眞人[9]은 담담히 하며 홀로 도道와 더불어 쉬네.

貪夫徇財兮 烈士徇名[1] 夸者死權兮[2] 品庶馮生[3] 怵迫之徒兮 或趨西
東[4] 大人不曲兮[5] 億變齊同 拘士繫俗兮 攌如囚拘[6] 至人[7]遺物兮 獨
與道俱 衆人或或兮 好惡積意[8] 眞人[9]淡漠兮 獨與道息

① 貪夫徇財兮 烈士徇名탐부순재혜 열사순명

[집해] 응소가 말했다. "순徇은 두르는 것이다." 신찬이 말했다. "자신이
사물을 따르는 것을 순徇이라 한다."

應劭曰 徇 營也 瓚曰 以身從物曰徇

[색은] 이 말은 또한 《장자》에서 나왔다. 신찬이 말했다. "자신을 잊고
사물을 따르는 것을 순殉이라 한다."

此語亦出莊子 臣瓚云 亡身從物謂之殉也

② 夸者死權兮과자사권혜

[집해] 응소가 말했다. "과夸는 자랑하는 것이다. 두르는 것을 좋아해서
권세나 이익에 죽는다." 신찬이 말했다. "과夸는 지나친 것이다.《장자》
에서 '권세가 성해지지 않으면 잘난 자는 슬퍼한다.'라고 했다."

應劭曰 夸 毗也 好營死於權利 瓚曰 夸 泰也 莊子曰 權勢不尤 則夸者不悲也

색은 과시하기 좋아하여 자랑하는 자는 권세나 이익에 죽는다는 말이다. 이것은 권세를 탐하고 스스로 자랑하기를 좋아하는 자는 죽음에 이르러도 그만두지 못한다는 말이다. 살펴보니 건위군의 사인舍人이 《이아》를 주석해 이르기를 "과비夸毗(굽실대며 아첨하는 자)는 자신을 낮추고 자신을 굽힌다."는 것이라 했는데, 조대가는 "몸을 다른 사람에게 부드럽게 하여 굽실대며 아첨하는 것이다."라고 했다. 우尤는 심하다는 것이다. 세력이 심히 사용되지 못하면 굽실대며 아첨하는 자가 슬퍼한다는 말이다.

言好夸毗者死於權利 是言貪權勢以自矜夸者 至死不休也 按 犍爲舍人注爾雅云 夸毗 卑身屈己也 曹大家云 體柔人之夸毗也 尤 甚也 言勢不甚用 則夸毗者可悲也

신주 집해 주석에서 《장자》를 인용하면서 '즉과자불비則夸者不悲'라고 했는데, 《장자》〈서무귀徐无鬼〉의 본문은 "돈과 재물이 쌓이지 않으면 탐욕스런 인간들은 근심하고, 권세가 남보다 낮지 않으면 위세 부리기 좋아하는 인간들은 슬퍼한다[錢財不積則貪者憂 權勢不尤則夸者悲]"로서 '즉과자비則夸者悲'가 되어야 한다. 따라서 '不' 자를 빼고 번역한다.

③ 品庶馮生품서풍생

집해 맹강이 말했다. "풍馮은 탐하는 것이다."

孟康曰 馮 貪也

색은 《한서》에는 '매생每生'으로 되어 있다. 每의 발음은 '매[謀在反]'이다. 맹강이 말했다. "매每는 탐하는 것이다." 복건이 말했다. "매每는 삶을 생각함이다." 추탄생본에는 또한 '매每'로 되어 있으니, 오직 삶을 생각할 뿐이라는 말이다. 지금 이곳에는 '풍馮'으로 되어 있는데, 풍馮 또한 생각을 가진다는 뜻이다. 그러나 《방언》을 살펴보니 '매每' 자는 수방手旁을 따라야 합당하다. 每의 발음은 '매[莫改反]'이다.

漢書作 每生 音謀在反 孟康云 每者 貪也 服虔云 每 念生也 鄒誕本亦作 每 言
唯念生而已 今此作 馮 馮亦持念之意也 然案方言 每 字合從手旁 每音莫改
反也

정의 馮의 발음은 '빙憑'이다.

馮音憑

신주 뜻을 나타내는 글자가 오른쪽에 있으면 방旁이라 하고 왼쪽에 있
으면 변邊이라 한다. 색은 주석에서 말한 글자는 '탐할 매[悔]'이다. 따라
서 수방手旁이 아니라 수변手邊이라고 해야한다.

④ 怵迫之徒兮 或趨西東출박지도혜 혹추서동

집해 맹강이 말했다. "출怵은 이로운 것에 유혹되어 분주한 것이다. 박迫
은 빈천함이 닥치면 동서쪽으로 이로운 것에 달려가는 것이다."

孟康曰 怵 爲利所誘怵也 迫 迫貧賤 東西趨利也

색은 《한서》에 또한 '사동私東'으로 되어 있다. 응소가 말했다. "제후
에게 벼슬하는 것이 사私이다. 당시에 천자는 장안에 거처하고 제후왕은
모두 관동에 있어 자잘한 무리들 분주하여 안으로 사가私家에 이르러 즐
겨 제후에게 벼슬했다. 그러므로 '출박사동怵迫私東'이라 했다." 이기가
말했다. "사私는 대부분 '서西' 자로 되어 있으니 동서쪽의 이로운 곳으로
달려간다는 말이다." 怵의 발음은 '출黜'이다. 또 출怵이라는 말은 유혹
하는 것이다.

漢書亦有作私東 應劭云 仕諸侯爲私 時天子居長安 諸王悉在關東 群小怵然
內迫私家 樂仕諸侯 故云 怵迫私東 也 李奇曰 私 多作西者 言東西趨利也 怵音
黜 又言怵者 誘也

⑤ 大人不曲兮대인불곡혜

[색은] 장기가 말했다. "덕으로 감싸지 않는 것이 없고 정신은 넓고 크다. 그러므로 '대인'이라 이름 한다."

張機云 德無不包 靈府弘曠 故名大人也

⑥ 擐如囚拘환여수구

[집해] 서광이 말했다. "擐의 발음은 '환[華板反]'이고 '완脘'으로도 발음 한다."

徐廣曰 擐音華板反 又音脘

[색은] 擐의 발음은 '환[和板反]'이다. 《설문》에서 말한다. "환擐은 거대한 목책이다." 《한서》에는 '군僒'으로 되어 있는데, '군[去隕反]'으로 발음 한다.

擐音和板反 說文云 擐 大木柵也 漢書作僒 音去隕反

⑦ 至人지인

[색은] 《장자》에서 말한다. "옛날 지인至人은 먼저 자신에게 남겨두고 뒤에 남에게 남겨둔다." 장기가 말했다. "몸체를 성聖스러운데 다하여 덕의 아름다움이 지극한 것을 지인至人이라고 한다."

莊子云 古之至人先存諸己 後存諸人 張機云 體盡於聖 德美之極 謂之至人

⑧ 衆人或或兮 好惡積意중인혹혹혜 호오적의

[집해] 이기가 말했다. "혹혹或或은 동서東西이다. 좋아하는 바와 미워하는 바가 억만으로 쌓인 것이다." 신찬이 말했다. "모든 좋음과 싫음을 품어 마음에 쌓였다는 말이다."

李奇曰 或或 東西也 所好所惡 積之萬億也 瓚曰 言衆懷抱好惡 積之心意

[정의] 살펴보니 의意는 합운合韻으로 발음은 '억憶'이다.

按 意 合韻音憶

⑨ 眞人진인

[색은] 《장자》에서 말한다. "옛날 진인眞人은 삶을 기뻐할 줄 모르고 죽음을 싫어할 줄 모르며 마음으로 도를 버리지 않고 인위로 하늘을 돕지 않는다."《여씨춘추》에서 말한다. "정기精氣가 날마다 새롭고 사기邪氣는 다 버려서 그 천수로 돌아가는 것을 일러 진인眞人이라 한다."

莊子云 古之眞人 不知悅生 不知惡死 不以心捐道 不以人助天 呂氏春秋曰 精氣日新 邪氣盡去 反其天年 謂之眞人也

> 지혜를 풀고 형체를 버려 초연하게 자기를 잃으며①
> 덩그러니 황홀해서 도道와 함께 나는구나.
> 흐름을 타고 떠나가다 구덩이를 만나면 그치니②
> 몸을 놔두고 운명에 맡겨 자기 것으로 여기지 않네.
> 그 삶은 부유하는 것처럼 하고 그 죽음은 휴식하는 듯하며③
> 담담한 것이, 깊은 연못 고요한 것과 같고
> 떠나감에 매이지 않은 배와 같구나.④
> 사는 까닭 스스로 귀하게⑤ 여기지 않고 빈 마음 길러 떠도네.⑥
> 덕인德人은 얽매임이 없고⑦ 운명을 알고 근심치 않는데,
> 세세히 찌르는 가시 따위를 어찌 두려워하랴!⑧

釋知遺形兮 超然自喪① 寥廓忽荒兮 與道翱翔 乘流則逝兮 得坻則止②
縱軀委命兮 不私與己 其生若浮兮 其死若休③ 澹乎若深淵之靜 氾乎若
不繫之舟④ 不以生故自寶⑤兮 養空而浮⑥ 德人無累兮⑦ 知命不憂 細故
蔕芥兮 何足以疑⑧

① 釋知遺形兮 超然自喪석지유형혜초연자상

집해 복건이 말했다. "뛰어난 성인은 지知를 버리고 그 자신을 잊는다."
服虔曰 絕聖棄知而忘其身也

색은 살펴보니 석지釋智는 뛰어난 성인은 지혜를 버리는 것을 이른다.
유형遺形은 '형체를 일부러 마른나무처럼 만든다.'라고 한 것이 이것이다.
자상自喪은 '마음이 죽어서 재가 되는 것과 같다.'는 말이다. 장주(장자)가
말했다. "지금 내가 나를 잃었는데 너는 그것을 아느냐?"
按 釋智謂絕聖棄智也 遺形者 形故可使如槁木 是也 自喪者 謂 心若死灰 也 莊
周云 今者吾喪我 汝知之乎

② 得坻則止득지즉지

집해 서광이 말했다. "지坻는 다른 판본에서 '감坎'으로 되어 있다." 살펴
보니 장안이 말했다. "지坻는 물 가운데 작은 모래톱이다."
徐廣曰 坻 一作坎 駰案 張晏曰 坻 水中小洲也

색은 《한서》에서 '지坻'는 '감坎'으로 되어 있다. 살펴보니 《주역》 감坎
괘에 "구이九二에는 험한 것이 있다."고 했는데, 군자는 험한 것을 만나면
중지한다는 말이다.
漢書 坻作坎 按 周易坎 九二 有險 言君子見險則止

신주 坻와 坎은 모두 구덩이를 말한다. 죽어서 묻힐 구덩이이다.

③ 其生若浮兮 其死若休기생약부혜기사약휴

[색은] 《장자》에서 말한다. "삶으로 나를 괴롭게 하고 죽음으로 나를 쉬게 한다."

莊子云 勞我以生 休我以死也

④ 澹乎～若不繫之舟담호～약불계지주

[색은] 《장자》에서 나온 말이다.

出莊子也

⑤ 自寶자보

[색은] 등전이 말했다. "자보自寶는 스스로 귀함이다."

鄧展云 自寶 自貴也

⑥ 養空而浮양공이부

[집해] 《한서음의》에서 말한다. "배가 비어 있는 것과 같다."

漢書音義曰 如舟之空也

[색은] 도道를 체득한 사람은 단지 공허한 성품을 길러 마음이 떠있는 배와 같다는 말이다.

言體道之人 但養空性而心若浮舟也

⑦ 德人無累兮덕인무루혜

[색은] 살펴보니 덕인德人은 상덕上德의 사람으로 마음속에 사물이 쌓여

있는 것이 없는 것으로 곧 도道를 얻은 사인을 이른다.

按 德人謂上德之人 心中無物累 是得道之士也

⑧ 細故慸葪兮 何足以疑세고체개혜 하족이의

집해 위소가 말했다. "체慸의 발음은 '새[士介反]'이다."

韋昭曰 慸音士介反

색은 葪의 발음은 '개介'이다. 《한서》에는 '개介'로 되어 있다. 장즙이 말했다. "체개遰介는 생선뼈와 가시이다. 세미한 일 때문에 나의 마음을 찌르지 못한다는 말이다. 그러므로 '어찌 두려워만 할까!'라고 했다."

葪音介 漢書作介 張楫云 遰介 鯁刺也 以言細微事故不足遰介我心 故云 何足以疑也

정의 慸의 발음은 '애[忍邁反]'이고, 葪의 발음은 '개[加邁反]'이다.

慸 忍邁反 葪 加邁反

신주 葪와 慸의 뜻은 모두 '가시'로 찌르는 것을 말한다. 葪는 지칭개나 엉겅퀴를 가리키며, 그 식물의 가시를 상징한다.

한 해 남짓 뒤에 가생은 조정의 부름을 받았다. 효문제는 바야흐로 제사에서 복조福胙①를 받고 미앙궁의 선실宣室②에 앉아 있었다. 주상은 이에 따라 귀신의 일을 느끼고 귀신에 대한 근본을 물었다. 가생은 그럴만한 상황을 모두 말해주었다. 한밤중에 이르도록 문제는 자리를 앞으로 옮겨 얘기가 끝나자 말했다.

"나는 오래도록 가생을 보지 못해 스스로 그를 넘어섰다고 여겼는데, 이제 보니 미치지 못하는구려."

얼마 있다가 가생을 임명해서 양회왕梁懷王③의 태부로 삼았다. 양회왕은 문제의 막내아들이다. 문제가 아꼈으며 그가 글을 좋아했으므로 가생을 명하여 태부로 삼은 것이다. 문제는 다시 회남여왕淮南厲王의 아들 4명을 봉해서 모두 열후列侯로 삼았다. 가생이 간하여 우환이 일어나는 것은 여기로부터 일어날 것이라고 했다.④

後歲餘 賈生徵見 孝文帝方受釐① 坐宣室② 上因感鬼神事 而問鬼神之本 賈生因具道所以然之狀 至夜半 文帝前席 既罷 曰 吾久不見賈生 自以爲過之 今不及也 居頃之 拜賈生爲梁懷王太傅 梁懷王③ 文帝之少子 愛 而好書 故令賈生傅之 文帝復封淮南厲王子四人皆爲列侯 賈生諫 以爲患之興自此起矣④

① 釐희

집해 서광이 말했다. "제사의 복조福胙(제사 고기)이다." 살펴보니 여순이 말했다. "한나라만이 천지와 오치五時에 제사를 지내는데, 황제가 스스로 가지 않아도 사당에서 돌려보낸 복조가 이르렀다." 釐의 발음은 '희僖'이다.

徐廣曰 祭祀福胙也 駰案 如淳曰 漢唯祭天地五時 皇帝不自行 祠還致福 釐音僖

② 宣室선실

소림이 말했다. "미앙궁의 앞 정실正室이다."

蘇林曰 未央前正室

《삼보고사》에서 말한다. "선실宣室은 미앙전 북쪽에 있다." 응소가 말했다. "희釐는 제사지내고 남은 고기이다. '희僖'라고 발음한다."

三輔故事云 宣室在未央殿北 應劭云 釐 祭餘肉也 音僖

③ 梁懷王양회왕

양회왕의 이름은 즙楫이고 문제의 아들이다.

梁懷王名楫 文帝子

〈한흥이래제후왕연표〉에는 이름을 읍揖이라 하고 〈양효왕세가〉에는 승勝이라 한다. 《한서》에는 읍揖이라 했다. 태자인 경제나 양효왕과는 문제의 배다른 아들이다.

④ 淮南厲王子四人~患之興自此起矣회남여왕자사인~환지흥자차기의

문제 6년에 회남여왕 유장劉長이 촉으로 유배 가다가 도중에 죽는다. 문제는 미안함을 느껴 8년에 그 네 아들을 모두 열후로 삼는다. 나중에 세 아들은 제후왕이 되고 그중 두 왕이 반란 사건에 연루되는데, 〈회남형산열전〉에 자세히 기록되어 있다.

가생은 자주 상소해 제후들이 혹은 여러 군郡을 묶어 가진 것은 옛날 제도가 아니므로 점점 줄이는 것이 옳다고 말했다. 문제는 들어주지 않았다. 몇 년이 지나 회왕이 말을 타다 말에서 떨어져

죽고① 후사가 없었다. 가생도 스스로 상심하고 스승이 되어서 공적이 없다고 여기고 곡하며 울기를 한 해 남짓하다가 또한 죽었다. 가생이 죽을 때 나이는 33세였다.

효문제가 죽고 효무황제가 자리에 올라서 가생의 손자 2명을 추천해서 군수에 이르게 했다. 가가賈嘉는 가장 학문을 좋아했고 그 집안을 이었으며 나와 더불어 서신을 왕래했다. 효소제 때에 이르러 구경九卿의 반열에 올랐다.

賈生數上疏 言諸侯或連數郡 非古之制 可稍削之 文帝不聽 居數年 懷王騎 墮馬而死① 無後 賈生自傷爲傅無狀 哭泣歲餘 亦死 賈生之死時 年三十三矣 及孝文崩 孝武皇帝立 舉賈生之孫二人至郡守 而賈嘉最好學 世其家 與余通書 至孝昭時 列爲九卿

① 墮馬而死타마이사

집해 서광이 말했다. "문제 11년이다."

徐廣曰 文帝十一年

신주 뒤를 이어 양왕이 된 사람은 원래 회양왕이던 경제의 친동생 양효왕 유무劉武이다. 자세한 것은 〈양효왕세가〉에 있다.

태사공은 말한다.

나는 〈이소〉와 〈천문〉과 〈초혼〉과 〈애영〉 등의 부賦를 읽고 굴원의 마음을 슬퍼하였다. 장사에 가서 굴원이 스스로 빠진 연못을①

바라보고 일찍이 눈물을 흘리지 않은 적이 없었으며 그 사람됨을 상상해 보았다. 가생이 굴원을 조상한 글을 보는데 이르러서는, 또 '굴원이 그만한 재주로서 제후들에게 유세했다면 어느 나라인들 받아들이지 않았겠는가? 그러나 스스로 이와 같이 되었구나.' 라고 의심하였다. 〈복조부〉를 읽어보니 죽음과 삶을 동일하게 여기고 (벼슬길에) 물러나고 나아가는 것을 가볍게 여겼으니, 또 (나를) 망연자실②하게 하는구나.

太史公曰 余讀離騷天問招魂哀郢 悲其志 適長沙 觀屈原所自沈淵① 未嘗不垂涕 想見其爲人 及見賈生弔之 又怪屈原以彼其材 游諸侯 何國不容 而自令若是 讀服鳥賦 同死生 輕去就 又爽然自失②矣

① 自沈淵자침연

[색은] 살펴보니 《형주기》에서 말한다. "장사군 나현 북쪽에 멱수가 띠처럼 두르고 있다. 현과의 거리는 40리이고 이곳이 굴원이 스스로 물에 빠져 죽은 곳으로 북쪽 언덕에는 사당이 있다."

按 荊州記云 長沙羅縣 北帶汨水 去縣四十里是原自沈處 北岸有廟也

② 爽然自失상연자실

[집해] 서광이 말했다. "어떤 판본에는 '석奭'으로 되어 있다."

徐廣曰 一本作奭

[신주] 상연爽然은 '망연茫然하다'라는 뜻이다. 그래서 상연자실爽然自失은 망연자실茫然自失과 같다.

사마정이 펼쳐서 밝히다.

굴평은 행동이 올바랐고 회왕을 섬겼다. 근옥과 유옥을 쥐고 깨끗함에 견주었으며 일월과 빛을 다투었다. 충성했으나 추방당했으며 헐뜯은 자는 더욱 커졌다. 〈이소〉를 지어 뜻을 보였고 〈회사부〉를 지어 스스로 아파 했다. 100년 뒤에 (가생은) 쓸쓸히 상수에서 조상했구나!

屈平行正 以事懷王 瑾瑜比潔 日月爭光 忠而見放 讒者益章 賦騷見志 懷沙自傷 百年之後 空悲弔湘

사기 제85권 史記卷八十五

여불위열전 呂不韋列傳

사기 제85권 여불위열전 제25

史記卷八十五 呂不韋列傳第二十五

신주 여불위(?~서기전 235)에 대해 《전국책》은 위衛나라 사람이라 했고 《사기》는 한韓나라 양적陽翟의 큰 상인이라 했다. 전국시대 말에 진秦나라 승상을 지내며 부귀영화를 누렸지만, 한순간에 몰락하여 자살로 생을 마감했다. 그는 대상大商으로서 일찍이 조趙나라 수도 한단邯鄲에 들렀다가 그곳에 인질로 와 있던 진나라 공자 이인異人을 만남으로써, 물건을 흥정하는 거간꾼에서 세상을 흥정하는 정객으로 변신하게 된다.

진나라 소양왕의 태자가 죽자, 다음 아들 안국군安國君이 태자가 되었다. 안국군에게는 아들이 20명가량 있고 총애하는 여인 화양부인華陽夫人이 있었다. 여불위는 화양부인을 만나 이인을 양아들로 삼게 하고 화양부인의 출신지 초나라를 따라 이름을 자초子楚로 바꾸게 한다. 마침내 안국군의 태자가 되자, 한단에 살던 자기 애첩 조희趙姬를 자초의 아내로 들이게 하는 등 치밀한 계획을 실행했다. 마침내 소양왕이 56년 만에 죽고 안국군이 등극하니 이 사람이 효문왕孝文王이다. 효문왕이 1년 만에 죽고, 자초가 즉위하였는데 이이가 장양왕莊襄王이다. 장양왕마저 4년 만에 죽고 조희趙姬가 낳은 아들 정政이 즉위하니 이이가 진시황제이다.

여불위는 자기가 계획했던 대로 장양왕의 등극과 동시에 진나라 승상이 되고, 문신후文信侯로서 하남 낙양雒陽 땅 10만 호를 식읍으로 받는다. 장양왕의 뒤를 이어 태자 정政은 왕이 되어 여불위를 높여서 상국相國으로 삼고 호칭을 중보仲父라고 할 만큼 각별하게 여겼다. 그러나 영광도 잠깐, 결국 자기가 내세운 노애嫪毒의 반란에 연루되어, 시황 10년에 면직되고, 12년에 촉 땅으로 유배 갈 것을 걱정하다 끝내 자살하고 말았다.

여불위가 세상에 남긴 《여씨춘추》는 고대의 수많은 문물을 오늘날까지 전해주는 사료로서 매우 귀중한 가치가 있다. 또 하나 진시황에 관하여 회자되는 말 중 가장 궁금하게 여기는 것은 여불위의 아들이라는 설이다. 그래서 이 말이 지금까지 풍미風靡하고 있지만, 이는 진나라를 폄하하기 위한 의도가 다분하다. 본 열전과 〈진시황본기〉에 기록하고 있는 것처럼 진시황이 여불위에 대해 내린 단호한 조치 등을 감안하면 그럴 가능성은 희박하다고 하겠다.

세상을 흥정한 여불위

여불위는 양적陽翟[1]의 큰 장사치였다.[2] 오가며 싼 값에 사 비싼 값에 팔아서[3] 집안에 천금을 쌓아두었다. 진나라 소왕昭王 40년에 태자가 죽었다. 소왕 42년에 다음 아들 안국군安國君[4]이 태자가 되었다.

안국군에게는 아들이 20명가량 있었다. 안국군에게는 매우 총애하는 여인이 있었는데 그를 정부인으로 삼아 화양부인華陽夫人이라고 불렀다. 화양부인에게는 자식이 없었다.

안국군의 중간쯤의 아들 이름이 자초子楚[5]인데, 자초의 어머니는 하희夏姬이며 안국군의 사랑이 없었다. 자초는 진나라를 위해 조나라에 인질[6]이 되었다. 진나라에서 자주 조나라를 공격하자 조나라는 자초를 매우 그다지 예우하지는 않았다.

呂不韋者 陽翟[1]大賈人[2]也 往來販賤賣貴[3] 家累千金 秦昭王四十年太子死 其四十二年 以其次子安國君[4]爲太子 安國君有子二十餘人 安國君有所甚愛姬 立以爲正夫人 號曰華陽夫人 華陽夫人無子 安國君中男名子楚[5] 子楚母曰夏姬 毋愛 子楚爲秦質子[6]於趙 秦數攻趙 趙不甚禮子楚

① 陽翟양적

색은 翟의 발음은 '적狄'이며 민속에서 또 발음은 '택宅'이다. 〈지리지〉
에는 현 이름이고 영천군에 속한다. 살펴보니 《전국책》에서 여불위는
(위衛나라 수도) 복양濮陽 사람이고 또 그 사적을 기록한 것이 또한 많아서
여기 〈여불위열전〉과 다르다. 반고班固는 비록 태사공이 《전국책》에서
채집했다고 했으나 이 〈여불위열전〉을 만드는데 마땅히 별도로 듣고 본
것이 있었을 것이며, 그러므로 온전히 오로지 《전국책》의 설명에 의거
하지는 않았을 것이다. 어떤 이는 유향이 《전국책》을 정할 때 자기가 달
리 들은 것으로 그 글을 고쳐 마침내 《사기》와 합치하지 않게 되었다고
한다.

音狄 俗又音宅 地理志縣名 屬潁川 按 戰國策以不韋爲濮陽人 又記其事迹亦
多 與此傳不同 班固雖云太史公採戰國策 然爲此傳當別有所聞見 故不全依彼
說 或者劉向定戰國策時 以己異聞改彼書 遂令不與史記合也

정의 양적은 지금의 하남부河南府의 현이다.

陽翟 今河南府縣

신주 여불위는 《사기》에는 한韓나라 사람이라 했고 《전국책》에는 위
衛나라 사람이라고 했다.

② 大賈대고

색은 賈의 발음은 '고古'이다. 정현의 《주례》 주석에서 말한다. "돌아
다니는 장사를 상商이라고 하고, 한 곳에 있는 장사를 고賈라고 한다."

音古 鄭玄注周禮云 行曰商 處曰賈

③ 往來販賤賣貴왕래판천매귀

집해 서광이 말했다. "어떤 판본에는 '양적이 대상인데, 돌아다니며 싸게 사서 비싸게 팔았다.'라고 되어 있다."

徐廣曰 一本云 陽翟大賈也 往來賤買貴賣 也

색은 왕소는 賣의 발음이 '육育'이라고 했다. 살펴보니 육育과 매賣는 뜻이 같으니 지금 그 뜻에 따른다.

王劭賣音作育 案 育賣義同 今依義

④ 安國君안국군

색은 이름은 주柱이고 뒤에 즉위했는데, 이 사람이 효문왕이다.

名柱 後立 是爲孝文王也

⑤ 子楚자초

색은 곧 장양왕莊襄王이다. 《전국책》에서 본명은 이인異人이며 뒤에 조나라에서 돌아오자 여불위가 초나라 복장을 입혀 만나보게 했는데 왕후가 기뻐하며 이르기를 "나는 초나라 사람이니 자子 자로 하겠다."고 하여, 이에 그 이름을 바꾸어 자초子楚라고 했다.

卽莊襄王也 戰國策曰本名異人 後從趙還 不韋使以楚服見 王后悅之 曰 吾楚人也而子字之 乃變其名曰子楚也

⑥ 質子질자

색은 質의 옛날 발음은 '치致'이다. 지금은 이에 따라서 읽는다. 《곡량전》에서 말한다. "인질의 교환은 이백二伯에 미치지 못한다."《좌전》에서 말한다. "신의로 말미암아 맞지 않으면 인질은 이익이 없다."

舊音致 今讀依此 穀梁傳曰 交質不及二伯 左傳曰 信不由中 質無益也

또 자초는 진나라 서얼의 자손①이고 제후에게 인질이 되어 수레를 타고 재물을 사용하는 비용②도 넉넉하지 못했다. 거처마저 궁색하여 실의에 빠져 있었다. 여불위는 한단에서 장사하다가 그를 만나보고 불쌍히 여겨 말했다.

"이것은 기이한 재화로 쌓아 둘 만하다.③"

이에 가서 자초를 만나보고 설득해서 말했다.

"나는 그대의 가문을 크게 키울 수 있소."

자초가 웃으면서 말했다.

"장차 그대의 가문을 키울 것이지 어찌 내 가문을 키우려 하시오?"

여불위가 말했다.

"그대는 알지 못하오. 내 가문은 그대의 가문이 커지기를 기다리면 커질 것이오."

자초는 맘속으로 여불위가 이르는 뜻을 깨닫고 이에 이끌어 함께 앉아서 깊은 이야기를 나누었다.④

子楚 秦諸庶孽孫① 質於諸侯 車乘進用②不饒 居處困 不得意 呂不韋賈邯鄲 見而憐之 曰 此奇貨可居③ 乃往見子楚 說曰 吾能大子之門 子楚笑曰 且自大君之門 而乃大吾門 呂不韋曰 子不知也 吾門待子門而大 子楚心知所謂 乃引與坐 深語④

① 孽孫얼손

[색은] 〈한왕신열전〉에 또한 이르기를 "한신韓信은 양왕襄王의 얼손孽孫이다."라고 했다. 장안이 말했다. "유자孺子를 얼자孽子라 한다." 하휴는 《공양전》에 주석하여 말했다. "얼孽은 미천한 자식이다. 적처나 정부인

의 자식이 아니기 때문에 얼孼이라 한다."

韓王信傳亦曰 韓信 襄王孼孫 張晏曰 孺子曰孼子 何休注公羊 孼 賤子也 以非

嫡正 故曰孼

② 車乘進用거승진용

색은 살펴보니 아래 문장에서 "500금을 비용으로 쓰게 했으며"라고

일렀다. 마땅히 안사고에 의거해 읽는다면 '신賮' 자가 되고 '진[才刃反]'

으로 발음한다. 진進은 재물이고 예로부터 가차한 글자이다.

按 下文云 以五百金爲進用 宜依小顔讀爲 賮 音才刃反 進者 財也 古字假借

之也

③ 奇貨可居기화가거

집해 자초를 바야흐로 재화財貨로 여긴 것이다.

以子楚方財貨也

정의 《전국책》에서 말한다. "복양 사람 여불위는 한단에서 장사 하는

데 진나라가 인질로 보낸 이인異人을 만나보고 그 아버지에게 일러 말했

다. '농사 짓는 이익은 몇 배입니까?' 아버지가 말했다. '10배이다.' '주옥

珠玉은 몇 배 남습니까?' 아버지가 말했다. '100배이다.' '군주를 세우고

국가를 안정시키면 몇 배 남습니까?' 아버지가 말했다. '헤아릴 수가 없

을 것이다.' 이에 여불위가 말했다. '지금 힘써 농사를 지어서 신속하게

거두어도 따뜻한 옷이나 배불리 먹는 것을 얻지 못합니다. 지금 국가를

안정시키고 군주를 세운다면 혜택이 후세까지 남을 수 있으므로 바라건

대 가서 섬길 것입니다.'

　　진나라 아들 이인異人은 조나라에 인질이 되어 요성䣜城에 거처하고 있

었다. 그러므로 가서 설득했다. 이에 진왕후秦王后의 아우 양천군陽泉君을 설득해서 말했다. '군君의 죄가 죽음에 이르는 것을 군은 알고 있습니까? 군의 문하는 고관이나 높은 지위에 있지 아니함이 없지만 태자의 문하에는 귀한 자가 없으며, 준마駿馬는 밖의 마구간에 가득하고 미녀는 후원에 채워져 있습니다. 왕의 춘추가 높아 하룻날에 산이 무너지듯 돌아가시고 태자가 정사를 맡으면, 군君은 쌓여 있는 달걀처럼 위태해 단명하고 장수하지 못할 것입니다. 지금 군君으로 하여금 천만의 부유함에 태산보다 편안하게 해서 반드시 위태해 망하는 근심이 없게 하는 계산이 있습니다.'

양천군이 말했다. '청컨대 그대의 설명을 듣겠소.' 여불위가 말했다. '왕의 나이는 많고 왕후는 자식이 없습니다. 자혜子傒는 국가를 계승할 사업이 있고 사창士倉이 또 보좌할 것입니다. 왕께서 하룻날에 산이 무너지듯이 돌아가시면 자혜가 즉위할텐데 사창이 정사를 담당하여 왕후의 문하에는 반드시 쑥이 자라게 될 것입니다. 자초 이인異人은 현명한 인재이지만 국가에서 버려 조나라에 있는데 어머니가 없어 목을 빼고 서쪽을 바라보며 한 번에 돌아오기를 바라고 있습니다. 왕후께서 진실로 청해서 그를 세운다면, 곧 이인은 국가가 없다가 국가를 갖게 되는 것이고 왕후는 자식이 없다가 자식을 두게 되는 것입니다.' 양천군이 말했다. '알겠소.' 이에 들어가 왕후를 설득해서 조나라에 청해 돌아오게 되었다."

戰國策云 濮陽人呂不韋賈邯鄲 見秦質子異人 謂其父曰 耕田之利幾倍 曰 十倍 珠玉之贏幾倍 曰 百倍 立主定國之贏幾倍 曰 無數 不韋曰 今力田疾作 不得煖衣飽食 今定國立君 澤可遺後世 願往事之 秦子異人質於趙 處於㽇城 故往說之 乃說秦王后弟陽泉君曰 君之罪至死 君知之乎 君門下無不居高官尊位 太子門下無貴者 而駿馬盈外廄 美女充後庭 王之春秋高矣 一日山陵崩 太子用事

君危於累卵 而不壽於朝生 今有計可以使君富千萬 寧於太山 必無危亡之患矣
陽泉曰 請聞其說 不韋曰 王年高矣 王后無子 子傒有承國之業 士倉又輔之 王
一日山陵崩 子傒立 士倉用事 王后之門必生蓬蒿 子楚異人 賢材也 棄在於趙
無母 引領西望 欲一得歸 王后誠請而立之 是異人無國有國 王后無子有子 陽
泉曰 諾 入說王后 爲請於趙而歸之

신주 중국 사서와 고전은 후대에 덧붙이고 편집된 것이 많다. 유향이
편찬한 《전국책》과 《설원》도 마찬가지다. 여기서도 그 일면을 볼 수 있
는데, 이인이 아직 '자초'라는 이름을 얻기 전에 벌써 여불위의 말에 자
초와 이인이 동시에 등장하고 있는 것도 후대에 덧붙여졌음을 말해준다.

④ 深語심어

색은 이미 여불위가 말한 뜻을 이해하고 마침내 함께 비밀리에 모의하
여 깊은 이야기를 나눈 것을 이른다.

謂旣解不韋所言之意 遂與密謀深語也

> 여불위가 말했다.
> "진왕이 늙어서야 안국군이 태자가 되었습니다. 가만히 듣자니
> 안국군은 화양부인을 총애하지만, 화양부인은 아들이 없으며 적
> 통①의 계승자를 세울 수 있는 사람은 오직 화양부인일 따름입
> 니다. 지금 공자의 형제는 20여 명이며 공자는 그 중간쯤인데 매
> 우 총애받지 못하고 오래도록 제후국에 인질이 되어 있습니다. 곧
> 대왕께서 죽고 안국군이 왕위에 오르면, 그대는 맏아들 및 여러

아들들과 함께 아침저녁으로 왕 앞에서 태자 자리를 놓고 다툴만한 기회조차 없을 것입니다."②

자초가 말했다.

"그러할 것이오. 어떻게 하면 되겠소?"

여불위가 말했다.

"그대는 가난하고 이곳의 객客인 처지라 부모를 봉양하는 것과 빈객들을 사귈 만한 상황에 있는 것도 아닙니다. 이 여불위가 가진 것은 없지만 천금으로 그대를 위해 서쪽에서 유람하며 안국군과 화양부인을 섬겨서 그대를 세워서 후사로 삼도록 청하겠습니다."

자초가 이에 머리를 조아리고 말했다.

"반드시 그대의 계책과 같이 되어서 진나라를 나누어 그대와 국정을 함께 하기를 바라겠소.③"

呂不韋曰 秦王老矣 安國君得爲太子 竊聞安國君愛幸華陽夫人 華陽夫人無子 能立適①嗣者獨華陽夫人耳 今子兄弟二十餘人 子又居中 不甚見幸 久質諸侯 卽大王薨 安國君立爲王 則子毋幾得②與長子及諸子旦暮在前者爭爲太子矣 子楚曰 然 爲之柰何 呂不韋曰 子貧 客於此 非有以奉獻於親及結賓客也 不韋雖貧 請以千金爲子西游 事安國君及華陽夫人 立子爲適嗣 子楚乃頓首曰 必如君策 請③得分秦國與君共之

① 適적

정의 適의 발음은 '적嫡'이다.

適音嫡

② 子母幾得與長子자무기득여장자

색은 母의 발음은 '무無'이다. 幾의 발음은 '기冀'이고 망望의 뜻이다. 《좌전》에서 말한다. "일월이기日月以幾"《전국책》에서 말한다. "자혜승국지업子傒承國之業"이라고 했다. 고유의 주석에서 말한다. "자혜子傒는 진나라 태자이고 이인異人의 어머니를 달리한 형제이다."

母音無 幾音冀 幾 望也 左傳曰 日月以幾 戰國策曰 子傒承國之業 高誘注云 子傒 秦太子異人之異母兄弟也

정의 자초는 태자가 되는 것을 바랄 수가 없다는 말이다.

言子楚無望得爲太子

③ 請청

신주 請은 '희망한다. 바란다.'의 뜻이다. 즉 망望과 같다.

여불위는 곧 자초에게 500금을 주어 재물로 쓰게 해서 빈객들과 사귀게 했다. 그리고 다시 500금으로 기이한 물건과 노리개를 사서 스스로 받들고 서쪽 진나라에 가서 화양부인의 언니를 찾아 뵙고 그 물건을 모두 화양부인에게 바치게 했다.

이에 기인하여 자초가 현명하고 지혜로우며 두루 천하의 제후 및 빈객들과 사귀었는데 항상 말하기를 '저(자초子楚)[①]는 부인을 하늘로 여기고 밤낮으로 태자와 부인을 생각하고 눈물을 흘립니다.'라고 하자 화양부인은 크게 기뻐했다. 여불위는 이를 기회로 화양부인의 언니에게 화양부인을 설득시켜 말하도록 했다.[②]

呂不韋乃以五百金與子楚 爲進用 結賓客 而復以五百金買奇物玩好
自奉而西游秦 求見華陽夫人姊 而皆以其物獻華陽夫人 因言子楚賢智
結諸侯賓客徧天下 常曰 楚①也以夫人爲天 日夜泣思太子及夫人 夫人
大喜 不韋因使其姊說夫人曰②

① 楚초

초楚는 자초子楚를 가리키는 말로 1인칭 대명사 '나'를 의미한다.
이는 어른 앞에서 말할 때 겸손의 표시로 자신의 명자名字를 따서 쓰는
것이다. 원래 이때의 이름은 이인異人이다. 이것은 아마 사마천이 편집의
일관성을 지키기 위해 고친 것으로 보인다. 뒤에 이어지는 문장에서 '자
초' 역시 마찬가지 이유일 것이다.

② 使其姊說夫人曰사기자설부인왈

색은 《전국책》에서는 "진왕후의 동생 양천군을 설득했다."라고 되어
있다.

戰國策作 說秦王后弟陽泉君也

"제가 듣자니, 미색으로 남을 섬기는 자는 미색이 쇠하면 아낌
도 느슨해진다고 했습니다. 지금 부인은 태자를 섬겨 매우 총애
를 받으나 자식이 없습니다. 이러한 때에 일찍 여러 아들 가운데
에서 현명하고 효자인 자와 인연因緣하여 세우고 적통으로 하여

아들로 삼지 않습니까?[①]

지아비가 있으면 존중받고, 지아비가 세상을 떠난 뒤에 아들이 왕이 되면 끝까지 세력을 잃지 않을 것입니다. 이것이 이른바 한 마디의 말이 만세의 이익이 되는 것입니다. 번화하게 꽃이 피었을 때 근본을 확고하게 하지 않으면 곧 미색이 쇠하고 애정이 해이해진 뒤에는 비록 한마디 말을 하고 싶어도 오히려 가히 할 수 있겠습니까?

지금 자초는 현명하지만 스스로 중간의 아들이고 차례로는 후사가 되지 못한다고 알고 있고 그 어미도 총애를 얻지 못하고 있습니다. 스스로 부인을 따르는데, 부인께서 진실로 이러한 때에 뽑아서 적자로 삼는다면 부인께서는 세상을 마치도록 진나라에서 총애가 있을 것입니다.”

화양부인은 그러할 것이라고 여기고 태자가 한가한 틈을 타서 조용히[②] ‘자초는 조나라에 인질로 있는 자로 매우 현명하여 오가는 자들이 모두 칭찬합니다.’라고 귀띔했다. 그리고 이내 눈물을 흘리면서 말했다.

“첩은 다행히 후궁으로 채워짐을 얻었으나 불행하게도 아들이 없는데, 원컨대 자초를 얻어서 적통의 계승자로 세워 첩의 몸을 의탁하고 싶습니다.”

안국군이 허락하고 이에 부인과 함께 옥부玉符에 새겨 적통 후계자로 삼을 것을 약속했다. 안국군과 화양부인은 그에 따라 자초에게 많은 재물을 보내고 여불위에게 자초를 지도하도록 요청했다. 자초는 이 때문에 제후들에게 이름이 더욱 알려졌다.

吾聞之 以色事人者 色衰而愛弛 今夫人事太子 甚愛而無子 不以此
時蚤自結於諸子中賢孝者 舉立以爲適而子之^① 夫在則重尊 夫百歲
之後 所子者爲王 終不失勢 此所謂一言而萬世之利也 不以繁華時
樹本 卽色衰愛弛後 雖欲開一語 尙可得乎 今子楚賢 而自知中男也
次不得爲適 其母又不得幸 自附夫人 夫人誠以此時拔以爲適 夫人
則竟世有寵於秦矣 華陽夫人以爲然 承太子閒 從容^②言子楚質於趙
者絶賢 來往者皆稱譽之 乃因涕泣曰 妾幸得充後宮 不幸無子 願得
子楚立以爲適嗣 以託妾身 安國君許之 乃與夫人刻玉符 約以爲適
嗣 安國君及夫人因厚餽遺子楚 而請呂不韋傅之 子楚以此名譽益盛
於諸侯

① 立以爲適而子之입이위적이자지

[색은] 이로써 한 구절이 된다. 자子는 양자를 자식으로 삼은 것을 이른
다. 그러나 나누어 '입이위적立以爲適'을 윗 구절로 하고 '자지부재즉존중
子之夫在則尊重'으로 아래 구절로 만들고자 해도 뜻이 또한 통한다.

以此爲一句 子謂養之爲子也 然欲分 立以爲適 作上句 而 子之夫在則尊重 作
下句 意亦通

② 太子閒 從容태자한 종용

[색은] 閒의 발음은 '한閑'이고 從의 발음은 '종[七恭反]'이다.

閒音閑 從音七恭反

여불위는 한단에서 여러 여자 가운데 여색이 뛰어나고 춤을 잘
추는 자를^① 취하여 살고 있었는데 그 여자가 임신한 것을 알았
다. 자초는 여불위를 따라서 술을 마시다가 보고 그녀를 마음에
들어 했다. 이로 인하여 일어나 축수를 권하며 여자를 청했다.
여불위는 화가 났으나 이미 집안의 재산을 헐어 자초를 위하는
것을 업으로 삼아 기화가거奇貨可居^②를 염두에 두고, 마침내 그
여자를 바쳤다. 여자는 자신이 임신한 것을 숨기고 12개월 때^③
이르러 아들 정政을 낳았다. 자초는 마침내 그 여자를 세워서 부
인으로 삼았다.

呂不韋取邯鄲諸姬絶好善舞者^①與居 知有身 子楚從不韋飮 見而說之
因起爲壽 請之 呂不韋怒 念業已破家爲子楚 欲以釣奇^② 乃遂獻其姬
姬自匿有身 至大期時^③ 生子政 子楚遂立姬爲夫人

① 諸姬絶好善舞者제희절호선무자

색은 그 자태와 용모가 뛰어나게 아름답고 또 춤을 잘 춘다는 말이다.
言其姿容絶美而又善舞也

② 釣奇작기

색은 작釣은 물고기를 잡는 것에 비유한 것이다. 기奇는 곧 위에서 말한
이것은 '차기화가거此奇貨可居'(이것은 기이한 재화로 쌓아 둘 만하다)를 이른다.
釣者 以取魚喻也 奇卽上云 此奇貨可居也

③ 大期時대기시

서광이 말했다. "기期는 12개월이다."

徐廣曰 期 十二月也

서광이 말했다. "기期는 12개월이다." 초주가 말했다. "사람은 10개월
에 태어나는데 이것은 2개월을 지난 것이다. 그러므로 '대기大朞'라고
일렀다."라고 했는데 아마 당연할 것이다. 이미 스스로 임신한 것을 숨겼
다고 이른즉 정政이 태어난 것은 진실로 마땅히 일상적인 기일을 넘긴 것
이다.

徐廣云 十二月也 譙周云 人十月生 此過二月 故云 大朞 蓋當然也 旣云自匿有
娠 則生政固當蹋常朞也

주석한 대로 12개월 만에 자초가 아이를 얻었다면 진시황이 여불
위의 아들이라는 속설은 한낱 근거 없는 낭설에 불과한 것이다. 또 나중
에 시황제가 여불위를 가차 없이 제거한 것을 보면, 인정상 할 수 없는 것이
다. 따라서 이는 진나라를 폄하하기 위해 지어낸 이야기일 가능성이 크다.
이성계와 신진사대부가 우왕과 창왕을 공민왕의 후손이 아니라 신돈의
후손이라고 왜곡한 것과 일맥상통한다.

진나라 소왕 50년에 왕의王齮를 시켜서 한단을 포위하게 하자[①]
한단이 위급해져서 조나라는 자초를 죽이고자 했다. 이에 자초
는 여불위와 모의하고 황금 600근을 지키는 관리에게 주어 탈출
하고 도망쳐 진나라 군대가 있는 곳으로 달아나서 마침내 진나라
로 돌아가게 되었다. 조나라는 자초의 아내와 자식을 죽이고자 했
으나, 자초의 부인은 조나라 호족의 딸로 숨을 수 있어 모자母子는

마침내 살 수 있었다.

진나라 소왕은 56년에 죽고 태자 안국군이 뒤를 이어 왕이 되었다. 화양부인은 왕후가 되고 자초는 태자가 되었다. 조나라도 자초의 부인과 아들 정政을 받들어 진나라로 돌려보냈다.

秦昭王五十年 使王齮圍邯鄲^① 急 趙欲殺子楚 子楚與呂不韋謀 行金六百斤予守者吏 得脫 亡赴秦軍 遂以得歸 趙欲殺子楚妻子 子楚夫人趙豪家女也 得匿 以故母子竟得活 秦昭王五十六年 薨 太子安國君立爲王 華陽夫人爲王后 子楚爲太子 趙亦奉子楚夫人及子政歸秦

① 使王齮圍邯鄲사왕의위한단

[신주] 앞서 〈평원군우경열전〉 등을 통해 살펴보면 진나라가 한단을 포위한 것은 소왕 49년 정월부터 50년까지 이어지고 있다. 〈진본기〉와 〈육국연표〉에는 한단을 포위한 진나라 장군은 왕의王齮가 아니라 왕흘王齕로 되어 있다.

진왕이 즉위하여 1년 만에 죽자 시호를 효문왕孝文王이라 했다. 태자 자초가 대신하여 왕이 되었는데, 이이가 장양왕莊襄王이다. 장양왕의 어머니^① 화양후는 화양태후가 되었고 진짜 어머니 하희는 높여서 하태후가 되었다.

장양왕 원년, 여불위를 승상丞相^②으로 삼고 문신후文信侯로 봉해하남 낙양雒陽 땅^③ 10만 호를 식읍으로 했다. 장양왕은 즉위 3년 만에 죽고 태자 정政이 뒤를 이어 왕이 되어서④ 여불위를 높여 상국相國으로 삼고 중보仲父⑤라고 불렀다. 진왕은 나이가 어렸고 태후⑥는 때때로 몰래 여불위와 사사로이 정을 통했다. 여불위의 집안 하인들은 1만 명이나 되었다.

秦王立一年 薨 諡爲孝文王 太子子楚代立 是爲莊襄王 莊襄王所母① 華陽后爲華陽太后 眞母夏姬尊以爲夏太后 莊襄王元年 以呂不韋爲丞相② 封爲文信侯 食河南雒陽③十萬戶 莊襄王卽位三年 薨 太子政立爲王④ 尊呂不韋爲相國 號稱 仲父⑤ 秦王年少 太后⑥時時竊私通呂不韋 不韋家僮萬人

① 所母소모

[색은] 유씨본에는 '소생모所生母'로 되어 있지만 '생生'은 덧붙여진 글자이다. 지금 여러 본을 검사해보니 모두 '생生' 자가 없다.

劉氏本作 所生母 生 衍字也 今檢諸本竝無生字

② 丞相승상

[색은] 아래 문장에는 '존위상국尊爲相國'이라 했다. 살펴보니 《한서》 〈백관표〉에서 말한다. "모두 진나라 관직이고 금인자수金印紫綬로 천자의 온갖 기밀을 도와 다스려 받드는 것을 관장했다. 진나라는 좌우를 설치했는데 한漢나라 고제는 하나만 두었다. 뒤에 또 상국相國으로 명칭을 고쳤고 애제哀帝 때에는 대사도大司徒로 명칭을 고쳤다."

下文 尊爲相國 案 百官表曰 皆秦官 金印紫綬 掌承天子助理萬機 秦置左右 高帝置一 後又更名相國 哀帝時更名大司徒

③ 河南雒陽하남낙양

[색은] 《전국책》에서 말한다. "남전藍田 12현을 식읍으로 했다."〈진본기〉에 장양왕 원년에 처음으로 삼천군三川郡을 설치했는데, 〈지리지〉에는 한고조가 하남으로 이름을 고쳤다고 한다. 여기서 진나라 시대에 '하남'이라고 했는데,《사기》는 뒤에 지어져서 한나라 군郡에 의거해서 말했을 뿐이다.

戰國策曰 食藍田十二縣 而秦本紀莊襄王元年初置三川郡 地理志高祖更名河南 此秦代而曰 河南者 史記後作 據漢郡而言之耳

④ 太子政立爲王태자정립위왕

[집해] 서광이 말했다. "당시 나이는 13세였다."

徐廣曰 時年十三

⑤ 仲父중보

[정의] 중仲은 중中이고 아버지에 버금가는 것이다. 아마 제환공이 관중을 중보仲父로 삼은 것을 본받았을 것이다.

仲 中也 次父也 蓋效齊桓公以管仲爲仲父

⑥ 太后태후

[신주] 진왕 정政의 어머니 조희趙姬를 가리킨다.

덧없는 영광

이때 위나라에는 신릉군이 있었고^① 초나라에는 춘신군이 있었
고 조나라에는 평원군이 있었고 제나라에는 맹상군^②이 있었는
데, 모두 사인에게 낮추고 빈객들을 즐겁게 하는 것에 마음을 기
울였다. 여불위는 진나라의 강성함으로 그만 못한 것을 부끄럽게
여겨서 또한 사인들을 초청하여 후하게 대접하자 식객이 3,000명
에 이르렀다. 이때 제후들에게는 말 잘하는 사인들이 많았는데
순경荀卿의 무리와 같은 이들은 글을 지어서 천하에 유포했다.

여불위는 이에 그 식객들을 시켜서 사람마다 들은 바를 저술하게
하고 논평한 것들을 모아 〈8람八覽〉과 〈6론六論〉과 〈12기十二紀〉
의 20여만 자^③를 지었다. 하늘과 땅의 모든 사물과 옛날과 오늘
날의 일을 갖추었다고 생각해서 《여씨춘추》라고 불렀다.

이에 함양咸陽^④의 시장 문에 펼쳐놓고 그 위에 천금을 걸고 제후
와 유람하는 사인과 빈객들을 끌어들여 한 자라도 늘리거나 뺄
수 있는 자에게 천금을 주겠다고 했다.

當是時 魏有信陵君^① 楚有春申君 趙有平原君 齊有孟嘗君^② 皆下士喜
賓客以相傾 呂不韋以秦之彊 羞不如 亦招致士 厚遇之 至食客三千人

是時諸侯多辯士 如荀卿之徒 著書布天下 呂不韋乃使其客人人著所
聞 集論以爲八覽六論十二紀 二十餘萬言③ 以爲備天地萬物古今之事
號曰呂氏春秋 布咸陽④市門 懸千金其上 延諸侯游士賓客有能增損一
字者予千金

① 魏有信陵君위유신릉군

[정의] 〈육국연표〉에는 진소왕 56년에 평원군이 죽었다. 진시황 4년에
신릉군이 죽었다. 진시황 9년에 이원李園이 춘신군을 살해했다. 맹상군
은 당연히 진소왕 24년 이후에 죽으니, 가장 일찍 죽었다.

年表云秦昭王五十六年 平原君卒 始皇四年 信陵君死 始皇九年 李園殺春申君
孟嘗君當秦昭王二十四年已後而卒 最早

② 孟嘗君맹상군

[색은] 살펴보니 왕소가 말했다. "맹상군과 춘신군이 죽은 지 이미 오래
였다." 〈육국연표〉와 〈열전〉에 의거하면 맹상군과 평원군의 죽음은 (여불위가
승상이 된 것보다) 조금 앞에 있었다. 신릉군은 5개국의 군사를 거느리고
진나라 하수 밖을 공격했으니, 바로 장양왕 시대에 해당하고 여불위는
이미 재상이 되었다. 또 춘신군과 여불위는 시대를 함께하고 각각 재상
이 되어 오히려 10여 년을 지냈으니 죽은 지가 오래 되었다고 말할 수
없다.

按 王劭云 孟嘗春申死已久 據表及傳 孟嘗平原死稍在前 信陵將五國兵攻秦河
外 正當在莊襄王時 不韋已爲相 又春申與不韋竝時 各相向十餘年 不得言死之
久矣

③ 二十餘萬言이십여만언

색은 8람은 유시有始, 효행孝行, 신대愼大, 선식先識, 심분審分, 심응審應, 이속離俗, 시군時君이다. 6론은 개춘開春, 신행愼行, 귀직貴直, 불구不苟, 이순以順, 사용士容이다. 12기는 12개월을 기록한 것이다. 그 글에는 맹춘孟春 등의 기록이 있다. 20여만 자이며 26권이다.

八覽者 有始孝行愼大先識審分審應離俗時君也 六論者 開春愼行貴直不苟以順士容也 十二紀者 記十二月也 其書有孟春等紀 二十餘萬言 二十六卷也

④ 咸陽함양

색은 〈지리지〉에는 우부풍 위성현渭城縣이 옛 함양인데 한고제가 신성新城으로 이름을 고쳤고, 경제가 위성渭城으로 이름을 고쳤다. 살펴보니 함咸의 훈은 '모두'라는 것인데, 그 땅은 위수 북쪽이며 북쪽 언덕이 남쪽에 있다. 물의 북쪽을 '양'이라 하고 산의 남쪽도 또한 '양'이라고 하니, 모두 두 가지 양이 있다.

地理志右扶風渭城縣 故咸陽 高帝更名新城 景帝更名渭城 案 咸訓皆 其地在渭水之北 北阪之南 水北曰陽 山南亦曰陽 皆在二者之陽也

시황제가 더욱 장성했는데도 태후는 음란한 행동을 그치지 않았다. 여불위는 일이 탄로나 재앙이 자신에게 미칠까 두려워 음경이 큰 노애嫪毐라는 사람을 몰래 찾아서 사인舍人으로 삼았다. 때때로 창기를 풀어 음악을 연주하고 노애를 시켜서 그 음경에 오동나무로 된 수레바퀴①를 달아서 돌아다니게 하여, 태후가 소문을 들게 만들어 태후를 꼬임에 빠지게 했다. 태후가 듣고 과연 사사로운 감정으로 얻고자 했다. 여불위는 바로 노애를 태후에게 바치고 거짓으로 사람을 시켜서 부죄腐罪[2]로 고발하게 했다. 여불위는 또 몰래 태후에게 일러 말했다.

"거짓으로 부형을 당했다고 하면 안에서 모시는 일[3]을 할 수 있습니다."

태후는 이에 몰래 부형腐刑을 주관하는 관리에게 많은 뇌물을 주어서 거짓으로 죄를 논하게 하고 노애의 수염과 눈썹을 뽑아 환관으로 삼아서, 노애는 마침내 태후를 모시게 되었다. 태후가 사사로이 정을 통하고 그를 매우 총애했다. 이에 임신을 하자 태후는 남이 알까 두려워 거짓으로 점을 치게 하고 피해야 할 때라고 하면서 궁宮을 옮겨서 옹雍 땅[4]에 거처했다. 노애는 항상 태후를 따랐으며, 태후는 상을 매우 많이 내렸다. 일은 모두 노애가 결정했으며, 노애 집안의 종들은 수천 명이었고 여러 빈객으로 벼슬을 구하려고 노애의 사인이 된 자들은 1,000명이나 되었다.

始皇帝益壯 太后淫不止 呂不韋恐覺禍及己 乃私求大陰人嫪毐以爲舍人 時縱倡樂 使毐以其陰關桐輪[1]而行 令太后聞之 以啗太后 太后聞果欲私得之 呂不韋乃進嫪毐 詐令人以腐罪[2]告之 不韋又陰謂太后曰可事詐腐 則得給事中[3] 太后乃陰厚賜主腐者吏 詐論之 拔其鬚眉爲宦者 遂得侍太后 太后私與通 絶愛之 有身 太后恐人知之 詐卜當避時 徙宮居雍[4] 嫪毐常從 賞賜甚厚 事皆決於嫪毐 嫪毐家僮數千人 諸客求宦爲嫪毐舍人千餘人

① 桐輪동륜

정의 오동나무로 만든 작은 수레바퀴이다.

以桐木爲小車輪

② 腐罪부죄

정의 腐의 발음은 '보輔'이다. 궁형宮刑(음낭 제거)과 서미胥靡를 이른다.

腐音輔 謂宮刑胥靡也

③ 給事中급사중

신주 급사중은 진秦나라 때 황제의 명령이 적절한가를 심사하는 관직
이다. 여기서는 태후를 모시는 직책으로 쓰였다.

④ 雍옹

정의 옹雍의 고성은 기주岐州 옹현 남쪽 7리에 있고, 진나라가 도읍한
대정궁大鄭宮이 있다.

雍故城在岐雍縣南七里 有秦都大鄭宮

진시황 7년, 장양왕의 생모 하태후가 죽었다. 효문왕후는 화양태
후라고 했으며 효문왕과 함께 수릉壽陵①에 합장할 것이며, 하태
후의 아들 장양왕은 지양芷陽②에 장례를 치렀다. 이 때문에 하
태후는 홀로 따로 두원杜原의 동쪽에③ 장사지냈다. 유언해서 말
했다.

"동쪽으로는 내 아들을 바라보고 서쪽으로는 내 남편을 바라볼 것이다. 100년 뒤에는 곁에 1만 호의 고을이④ 있게 될 것이다."

시황 9년, 노애는 진실로 환관이 아니며 늘 태후와 사사로이 간통하여 2명의 아들을 낳아서 모두 숨겨 놓았다고 알리는 일이 있었다. 또 태후와 함께 모의해서 말하기를 '왕이 곧 죽으면 아들로 후계자를 삼겠다.⑤'라고 했다고 밀고하는 자가 있었다. 이에 진왕이 관리에게 하명하여 치죄하게 했는데, 구체적으로 실상을 파악하니 사건은 상국 여불위와 연관되어 있었다.

9월에 노애의 3족을 멸하고⑥ 태후가 난 두 아들을 죽였으며 마침내 태후를 옹雍으로 옮겼다.⑦ 노애의 여러 사인舍人들은 그들의 가산을 모두 몰수하고 촉蜀 땅으로 귀양 보냈다.⑧ 왕은 상국을 죽이고자 했으나 그가 선왕을 받든 공로가 크고 빈객들과 변사辯士들이 유세하는 자가 많아서 왕은 차마 법을 적용하지 못했다.

始皇七年 莊襄王母夏太后薨 孝文王后曰華陽太后 與孝文王會葬壽陵① 夏太后子莊襄王葬芷陽② 故夏太后獨別葬杜東③ 曰 東望吾子 西望吾夫 後百年 旁當有萬家邑④ 始皇九年 有告嫪毐實非宦者 常與太后私亂 生子二人 皆匿之 與太后謀曰 王卽薨 以子爲後⑤ 於是秦王下吏治 具得情實 事連相國呂不韋 九月 夷嫪毐三族⑥ 殺太后所生兩子 而遂遷太后於雍⑦ 諸嫪毐舍人皆沒其家而遷之蜀⑧ 王欲誅相國 爲其奉先王功大 及賓客辯士爲游說者衆 王不忍致法

① 壽陵수릉

정의 진효문왕릉은 옹주 만년현 동북쪽 25리에 있다.

秦孝文王陵在雍州萬年縣東北二十五里

신주 〈진시황본기〉에 보면 화양태후는 진시황 17년에 죽는다. 수릉은 살아있을 때 마련한 무덤을 말하며, 그래서 '수릉'이라 했다.

② 芷陽지양

색은 〈지리지〉에는 경조군 패릉현이 옛 지양芷陽이다. 살펴보니 장안의 동쪽에 있다.

芷音止 地理志京兆霸陵縣故芷陽 案 在長安東也

정의 진장양왕릉은 옹주 신풍현 서남쪽 35리에 있다. 시황릉은 북쪽에 있다. 그러므로 세속에서는 또한 '견자릉見子陵'이라고 일렀다.

秦莊襄陵在雍州新豐縣西南三十五里 始皇在北 故俗亦謂之 見子陵

③ 杜東두동

색은 두동은 두원의 동쪽이다.

杜原之東也

정의 하태후릉은 만년현의 동남쪽 25리에 있다.

夏太后陵在萬年縣東南二十五里

④ 萬家邑만가읍

색은 살펴보니 선제宣帝 원강 원년에 두릉杜陵을 일으켰다. 《한구의》에서 무제武帝, 소제昭帝, 선제宣帝의 3개 능은 모두 3만 호이며, 계산해 보면 이것은 (하태후 죽음에서) 160여 년 떨어져 있다.

按 宣帝元康元年起杜陵 漢舊儀武昭宣三陵皆三萬戶 計去此一百六十餘年也

신주 계산하면 175년 떨어져 있다.

⑤ 王郎蒙以子爲後왕족흉이자위후

[집해] 《설원》에서 말한다. "노애는 시중侍中 및 좌우의 귀한 신하와 더불어 쌍륙과 바둑을 즐기고 술을 마시다가 취했는데, 언쟁을 하며 다투어 눈을 부릅뜨고 크게 꾸짖어 이르기를 '나는 황제의 의붓아버지인데 하찮은 사람들이 어찌 감히 나에게 맞서려고 하는가.'라고 하자 함께 다투던 자가 달아나서 시황제에게 아뢰기를 행한 것이다."

說苑曰 毐與侍中左右貴臣博弈飲酒 醉 爭言而鬬 瞋目大叱曰 吾乃皇帝假父也 窶人子何敢乃與我亢 所與鬬者走 行白始皇

[색은] 유씨는 窶의 발음은 '구[其矩反]'라고 했다. 지금의 세속의 본에는 대부분 '누屢' 자로 되어 있는데, 아마 서로 이어져 잘못되었을 뿐이며, 말의 뜻이 가깝지도 않다. 지금 살펴보니 《설원》에는 '구자窶子'로 되어 있는데, 궁중에서 모시는 사람들을 가볍게 여겨 궁색한 집안의 자식으로 여겼다는 말이다.

劉氏窶音其矩反 今俗本多作屢字 蓋相承錯耳 不近詞義 今按 說苑作 窶子 言 輕諸侍中 以爲窮窶家之子也

⑥ 九月 夷嫪毐三族구월 이노애삼족

[신주] 〈진시황본기〉에 노애와 그 일족을 멸한 것은 4월이다. 교제郊祭를 지낼 때이니 4월이 맞다.

⑦ 遷太后於雍천태후어옹

[색은] 살펴보니 《설원》에는 태후를 역양궁으로 옮겼다고 했다. 〈지리지〉에는 옹현에 역양궁이 있고 진소왕이 일으킨 것이다.

按 說苑云遷太后棫陽宮 地理志雍縣有棫陽宮 秦昭王所起也

⑧ 沒其家而遷之蜀몰기가이천지촉

색은 가家는 가산과 자금과 물건을 모두 몰수해서 관청에 들이고 인구
는 촉 땅으로 귀양 보낸 것을 이른다.

家謂家産資物 並沒入官 人口則遷之蜀也

진왕 10년① 10월, 상국 여불위를 면직시켰다. 제나라 사람 모초
茅焦가 진왕을 설득함에 이르자, 진왕은 이에 태후를 옹에서 맞
이하여 함양②으로 돌아오게 하고 문신후는 내쳐 봉국 하남으로
가게 했다. 한 해 남짓 되어, 제후의 빈객과 사신들이 길에서 서
로 바라보듯이 이어져 문신후와 (만나기를) 청했다. 진왕은 여불위
가 변고를 일으킬까 두려워 이에 문신후에게 편지를 보내서 말
했다.

"그대는 진나라에 무슨 공로가 있기에 진나라에서 그대를 하남
에 봉하고 10만 호의 식읍을 주었는가? 그대는 진나라에 무슨 친
족이라고 호칭을 중보仲父라고 하는가? 그 가족과 함께 옮겨서 촉
蜀에서 살라."

여불위는 스스로 헤아리건대 점점 옥죄어와 처단될 것이 두려워
이에 짐주酖酒를 마시고 죽었다.③ 진왕은 노여움을 더해주던 여
불위와 노애가 모두 죽자 곧 노애의 사인 중 촉에 귀양 간 자들을
모두 돌아오게 했다.

시황 19년, 태후가 죽자 시호를 제태후帝太后④라고 했다. 장양왕
과 함께 채양茝陽⑤에 합장했다.

秦王十年^①十月 免相國呂不韋 及齊人茅焦說秦王 秦王乃迎太后於雍

歸復咸陽^② 而出文信侯就國河南 歲餘 諸侯賓客使者相望於道 請文信

侯 秦王恐其爲變 乃賜文信侯書曰 君何功於秦 秦封君河南 食十萬戶

君何親於秦 號稱仲父 其與家屬徙處蜀 呂不韋自度稍侵 恐誅 乃飲酖

而死^③ 秦王所加怒呂不韋嫪毐皆已死 乃皆復歸嫪毐舍人遷蜀者 始皇

十九年 太后薨 謚爲帝太后^④ 與莊襄王會葬茝陽^⑤

① 秦王十年진왕십년

신주 앞의 시황 7년, 시황 9년과 달리 진왕 10년이라 하였다. 이는 진

시황제 등극 전으로 볼 때 진왕이라 불러야 옳다. 뒤의 시황 19년도 마찬

가지다.

② 歸復咸陽복귀함양

집해 서광이 말했다. "남궁으로 들어갔다."

徐廣曰 入南宮

③ 飮酖而死음짐이사

집해 서광이 말했다. "12년이다." 살펴보니 《황람》에서 말한다. "여불

위 무덤은 하남군 낙양 북망北邙의 길 서쪽에 있는 큰 무덤이 이것이다.

백성이 말을 전하기를 여모총呂母冢이라고 했다. 여불위의 아내를 먼저

장사지냈다. 그러므로 그 무덤의 이름을 '여모'라고 했다.

徐廣曰 十二年 駰案 皇覽曰 呂不韋冢在河南洛陽北邙道西大冢是也 民傳言呂

母冢 不韋妻先葬 故其冢名呂母也

신주 〈진시황본기〉에 여불위가 죽은 것은 시황 12년이다.

④ 帝太后제태후

색은 왕소가 말했다. "진나라는 시법을 사용하지 않았다. 이것은 아마 호號일 뿐이다." 그 뜻이 또한 당연하다. 시황이 황제를 칭한 뒤였으므로 그 어머니 제태후라 불렀다. 어찌 뇌誄에 살아 있을 때의 행실을 나열해 일렀겠는가.

王劭云 秦不用謚法 此蓋號耳 其義亦當然也 始皇稱皇帝之後 故其母號爲帝太后 豈謂誄列生時之行乎

⑤ 芷陽지양

집해 서광이 말했다. "다른 판본에는 '지양芷陽'으로 되어 있다."

徐廣曰 一作芷陽

태사공은 말한다.

여불위는 노애조차 존귀하게 했으며 문신후①라 불리었다. 어떤 사람이 노애를 밀고했는데, 노애가 들었고 진왕은 좌우에게 증거를 얻었지만 발설하지 아니했다. 주상이 옹雍 땅의 교제郊祭에 가자 노애는 재앙이 일어날까 두려워 그 당인들과 모의해서 태후의 옥새를 위조해 군사를 뽑아, 그 군사로 기년궁蘄年宮②에서 반역했다. 진왕이 군리들을 출동시켜 노애를 공격하게 하자, 노애는 무너져 달아났다. 추격해서 호치好時③에서 처단하고 드디어

그 일족을 멸했다. 여불위는 이로 말미암아 쫓겨났다. 공자孔子께
서 '문자聞者'라고 이른 것이 여불위 같은 사람이란 말인가?④

太史公曰 不韋及嫪毐貴 封號文信侯① 人之告嫪毐 毐聞之 秦王驗左右
未發 上之雍郊 毐恐禍起 乃與黨謀 矯太后璽發卒以反蘄年宮② 發吏攻
毐 毐敗亡走 追斬之好畤③ 遂滅其宗 而呂不韋由此絀矣 孔子之所謂
聞者 其呂子乎④

① 文信侯문신후

[색은] 살펴보니 문신후는 여불위의 봉작封爵이다. 노애는 장신후長信侯
에 봉해졌다. 위 문장에서 이미 여불위가 봉해진 것을 말했고 이곳 찬문
에는 중간에 노애가 여불위로 말미암아 총애 받고 귀하게 된 것을 말하
였을 뿐이다. 지금 여기에 '장신후長信侯'를 합쳐 짓는다.

按 文信侯 不韋封也 嫪毐封長信侯 上文已言不韋封 此贊中言嫪毐得寵貴由不
韋耳 今此合作長信侯也

② 蘄年宮기년궁

[정의] 기년궁은 기주성岐州城 서쪽 옛 성안에 있다.

蘄年宮在岐州城西故城內

③ 好畤호치

[색은] 〈지리지〉에는 부풍군에 호치현이 있다.

地理志扶風有好畤縣也

④ 孔子~呂子乎공자~여자호

[집해] 《논어》 〈안연〉에서 말한다. "무릇 '문聞'이라는 것은 안색은 인仁한 척하면서도 행실은 (인에) 어긋나되 그러한 환경에 살면서 의심하지 않는 것이다. (이러한 사람은) 나랏일을 해도 반드시 이름이 알려지고, 대부의 식객으로 있어도 반드시 이름이 알려질 것이다." 마융이 말했다. "이것은 아첨하는 사람이라는 말이다."

論語曰 夫聞也者 色取仁而行違 居之不疑 在邦必聞 在家必聞 馬融曰 此言佞人也

[색은술찬] 사마정이 펼쳐서 밝히다.

여불위는 기화奇貨로 계산하고 자초에게 예물을 바쳐 자기 몸을 맡겼다.① 화양태후는 후계자로 세웠고 (여불위는) 한단에서 여자를 바쳤다. 하남에 봉해지고 호를 '중보'라 하기에 이르렀다. 촉으로 귀양 보내 비방誹謗함을 징계했고 현상금을 걸어 책을 지었다. 책략으로 헤아려 성공하고 나니 부귀는 이로써 얻어졌다.

不韋釣奇 委質①子楚 華陽立嗣 邯鄲獻女 及封河南 乃號仲父 徙蜀懲謗 懸金作語 籌策既成 富貴斯取

① 委質위지

[신주] 위지委質는 벼슬하는 사람이 예물을 바쳐 임금 앞에 두는 것이다. 위지委質는 '형체로서 자기 몸을 임금에게 맡긴다'는 뜻이다.

사기 제 86권 史記 卷八十六

자객열전 刺客列傳

사기 제86권 자객열전 제26

史記卷八十六 刺客列傳第二十六

신주 본 열전은 춘추시대 자객인 조말曹沫과 전제專諸, 전국시대의 자객인 예양豫讓, 섭정聶政, 형가荊軻와 형가를 도우며 축筑을 타던 악사 고점리高漸離의 의협義俠적인 행실로 신의信義를 실천한 일화를 다루고 있다.

조말(?~?)은 노魯나라 장공莊公 때의 사람이다. 여기서는 장공 13년(서기전 681), 조말이 제환공과 회맹자리에서 제환공을 비수로 겁박하여 빼앗긴 땅을 돌려받은 이야기를 전개하였다. 하지만《춘추》의 어떤 전傳에도 그러한 내용이 없어 많은 비판을 받았고, 또 모순되는 내용이 많다.

전제(?~서기전 515)는 오자서伍子胥를 통해 공자 광光(합려)을 섬기게 되고, 오왕 요僚를 죽임으로써 공자 광이 오왕에 즉위하게 되는 과정을 담고 있다. 그는 물고기 배 속에 비수를 숨겨 와 그것으로 요를 살해하고 자신도 희생당함으로써 대의를 위해 자신을 희생한 대표적인 자객으로 꼽힌다.

진나라 출공出公 22년(서기전 453), 지백은 한韓, 위魏와 함께 조양자趙襄子를 공격했으나, 한씨와 위씨가 조씨와 의기투합하여 거꾸로 지백을 멸하고 진나라를 삼분한다. 이때 예양(?~?)은 지백으로부터 받은 은혜를

갚기 위해 조양자를 죽이려고 많은 방법으로 시도했으나 결국 실패하고
만다. 조양자에게 잡혀 죽을 즈음 조양자가 넘겨준 옷을 베고 자살하는
장면이 인상적이다.

섭정(?~서기전 397)은 사람을 죽이고 제나라로 가서 짐승을 잡는 것을
일로 삼는다. 한나라 대부 엄중자嚴仲子는 한나라 재상 협루俠累와 원수
를 져서 섭정에게 복수를 부탁한다. 섭정은 홀로 칼을 지팡이 삼아 한나
라로 들어가 협루를 살해하고, 자살한다. 자살하기 전, 자기가 누구인지
숨기기 위해 칼로 자신의 얼굴 가죽을 벗기고 눈알을 파내는 장면이 있
다. 그 극적인 이야기로 인해 오늘날까지 각종 문학과 영상 작품에 그 이
름이 언급되고 있다.

형가(?~서기전 227)는 위衛나라 사람이다. 진秦나라가 조趙나라를 멸망
시키자 당시 진나라에 인질로 있던 연나라 태자 단丹은 도망쳐 귀국했다.
태자는 진왕秦王을 암살해 연나라의 위태로운 국면을 전환하고자 전광
이 추천한 형가에게 진왕 암살을 의뢰했다. 형가가 연나라를 떠날 때 이
수易水 가에서 친구 고점리가 연주하고 형가가 노래한 '이수가易水歌'는
지금껏 절창으로 평가받는다. 그 시가는 "장사 한번 떠나면 돌아오지
못하리. 호랑이 굴은 어디인가! 이무기 궁으로 들어가는 도다."라고 말
한다.

자객이란 남의 사주를 받고 사람을 해치는 사람이라는 부정적 이미지가
강하다. 하지만 의협적인 행동과 죽음으로 신의를 지킨 그들 6인에게서

이러한 편견을 씻게 하는 느낌을 준다. 이 때문에 사마천은 "조말부터 형가에 이르기까지 다섯 명의 자객은 그 의행이 성공하기도 하고 실패하기도 했지만, 이들의 뜻은 뚜렷하였으며 자신의 뜻을 속이지도 않았다." 라고 하여 의협義俠을 실천한 자객으로 평하였다.

조말과 전제

조말曹沫①은 노나라 사람이며 용기와 힘으로 노나라 장공을 섬겼다. 장공은 힘자랑을 좋아했다. 조말은 노나라 장군이 되어 제나라와 싸웠는데 세 번 패배했다. 노장공은 두려워 수읍遂邑 땅을 바치고 화친했지만② 조말을 오히려 다시 장군으로 삼았다.

제환공이 노나라와 가柯 땅③에서 회맹할 것을 승낙했다. 환공이 장공과 이미 단상檀上에서 회맹하는데, 조말이 비수④를 쥐고 제환공을 겁박하자 환공의 좌우 사람들은 감히 움직이지 못했다. 제 환공이 물었다.

"그대는 장차 무엇을 하려는 것이오?⑤"

조말이 대답했다.

"제나라는 강하고 노나라는 약한데 대국大國으로 노나라를 침범한 것이 또한 심했습니다. 지금 노나라 성이 무너지면 곧 제나라 국경을 압박하는 것이니⑥ 군주께서는 그것을 헤아리십시오."

曹沫者① 魯人也 以勇力事魯莊公 莊公好力 曹沫爲魯將 與齊戰 三敗北 魯莊公懼 乃獻遂邑之地以和② 猶復以爲將 齊桓公許與魯會于柯③ 而盟 桓公與莊公旣盟於檀上 曹沫執匕首④劫齊桓公 桓公左右莫敢動

> 而問曰 子將何欲⑤ 曹沫曰 齊強魯弱 而大國侵魯亦甚矣 今魯城壞卽壓
> 齊境⑥ 君其圖之

① 曹沫者조말자

[색은] 沫의 발음은 '말[亡葛反]'이다. 《좌전》과 《곡량전》에는 나란히 '조귀曹劌'로 되어 있다. 그런즉 말沫은 귀劌가 되어야 마땅하다. 말沫과 귀劌는 음성이 서로 비슷하지만 글자가 다를 뿐이다. 이곳에는 '조말曹沫'로 되어 있으며, 사건은 《공양전》을 약술해서 설명했다. 그러나 《공양전》에는 그 이름이 없고 곧 '조자曹子'라고 말했을 뿐이다. 또 《좌전》에는 노장공 10년에 장작長勺의 싸움에 조귀의 계책을 사용해 제나라에 패했으며 환공을 겁박한 일이 없었다. 13년 가柯 땅에서 회맹했는데, 《공양전》에서 처음으로 조자曹子를 논했다. 《곡량전》은 이 해에는 그저 "조귀는 회맹에 가서 제나라 후작을 믿었다."로 되어 있고 또 행사의 때를 구체적이지 않게 기록했다.

沫音亡葛反 左傳穀梁竝作 曹劌 然則沫宜音劌 沫劌聲相近而字異耳 此作 曹沫 事約公羊爲說 然彼無其名 直云 曹子 而已 且左傳魯莊十年 戰于長勺 用曹劌謀敗齊 而無劫桓公之事 十三年盟于柯 公羊始論曹子 穀梁此年惟云 曹劌之盟 信齊侯也 又記不具行事之時

② 遂邑之地以和수읍지지이화

[색은] 《좌전》에는 "제나라 사람이 수遂나라를 멸했다."라고 했는데, 두예가 이르기를 "수遂나라는 제북군 사구현 동북쪽에 있다."라고 했다.

左傳 齊人滅遂 杜預云 遂國在濟北蛇丘縣東北也

고성은 연주_{兗州} 공구현龔丘縣 서북쪽 76리에 있다.

故城在兗州龔丘縣西北七十六里也

《사기지의》에서 말한다. "장공 9년 건시乾時에서 패하고부터 뒤에 13년에 이르러 가柯 땅에서 회맹하기까지 중간에 장작長勺이 승리한 적이 있다. 곧 노나라가 한 번 싸워 한 번 승리를 이루어낸 것인데, 어찌 세 번 패할 일이 있겠는가? 제환공이 북행北杏에서 회맹할 때 수읍 사람이 오지 않아서 그들을 멸한 것이다. 수읍은 노나라 땅이 아닌데, 어찌 여기 〈자객열전〉에서는 번거롭게 노나라가 이 땅을 바쳤다고 하는가? 모두 허망한 것이다."

③ 柯가

두예가 말했다. "제북군의 동아東阿는 제나라 가읍柯邑이며, 오히려 축가祝柯가 지금의 축아祝阿가 되었다."

杜預云 濟北東阿 齊之柯邑 猶祝柯今爲祝阿也

④ 匕首비수

匕의 발음은 '비比'이다. 유씨가 말했다. "단검이다." 《염철론》에는 길이가 1자 8치이고 그 끝이 숟가락과 비슷하다고 여겼다. 그러므로 '비수'라고 이른다고 했다.

匕音比 劉氏云 短劍也 鹽鐵論以爲長尺八寸 其頭類匕 故云匕首也

⑤ 子將何欲자장하욕

《공양전》에서 말한다. "관자管子(관중)가 나아가서 이르기를 '그대는 무엇을 구하려는 것인가?'라고 했다." 하휴는 주석하여 말했다. "환공이 갑작스러워 응대하지 못하자 관중이 나아가서 말한 것이다."

公羊傳曰 管子進曰 君何求 何休注云 桓公卒不能應 管仲進爲言之也

⑥ 壓齊境압제경

[색은] 제나라와 노나라는 인접해 있으니 지금 제나라가 자주 노나라를 침략해 노나라 성이 무너지는 것은 곧 제나라 국경이 가까이 압박한다는 것이다.

齊魯鄰接 今齊數侵魯 魯之城壞 卽壓近齊之境也

환공은 이에 침략한 땅을 모두 노나라에 돌려주겠다고 허락했다. 말을 마치고 나자 조말은 그 비수를 던지고 단에서 내려가 북면하고 여러 신하의 위치로 나아갔는데, 안색은 변하지 않고 말소리도 전과같았다. 환공은 노하여 그와의 약속을 어기려고[1]하니, 관중이 말했다.

"안 됩니다. 대저 조그만 이익을 탐하고 스스로 시원하게 여긴다면, 제후들에게 신뢰를 잃고 천하의 원조를 잃을 것이니 주느니만 못합니다."

이에 환공은 마침내 노나라에 침략한 땅을 돌려주었는데, 조말이 세 번 싸워 잃은 땅을 모두 다시 노나라에 준 것이다. 그런 일이 있은 167년 뒤에 오나라에 전제專諸의 사건이 있었다.[2]

桓公乃許盡歸魯之侵地 旣已言 曹沫投其匕首 下檀 北面就群臣之位 顏色不變 辭令如故 桓公怒 欲倍[1]其約 管仲曰 不可 夫貪小利以自快

棄信於諸侯 失天下之援 不如與之 於是桓公乃逐割魯侵地 曹沫三戰
所亡地盡復予魯 其後百六十有七年而吳有專諸之事②

① 倍배

색은 倍의 발음은 '패佩'이다.

倍音佩也

② 有專諸之事유전제지사

색은 '전專' 자는 또한 '전剸' 자로 되어 있고 발음은 동일하다. 《좌전》
에서는 '전설제鱄設諸'로 되어 있다.

專字亦作剸 音同 左傳作鱄設諸

전제는 오나라 당읍堂邑① 사람이다. 오자서伍子胥는 초나라에서
도망하여 오나라로 갔는데, 전제의 능력을 알아보았다. 오자서는
오나라 왕 요僚를 만나보고 나서 초나라를 정벌해서 얻는 이익으
로 설득했다. 오나라 공자 광光이 말했다.

"저 오원伍員(오자서)은 아버지와 형이 모두 초나라에서 죽었으니
오원이 초나라 정벌을 말하는 것은 스스로 사사로이 원수를 갚으
려는 것이지 오나라를 위하는 것은 아닙니다."

오왕은 이에 중지했다. 오자서는 공자 광이 오왕 요僚를 죽이려고
하는 것을 알고 이에 말했다.

> "저 광은 장차 국내에 뜻을 두려하니 나라 밖의 일로써 설득해서
> 는 안 되겠다.②"
> 이에 전제를 공자 광에게 추천했다.
>
> 專諸者 吳堂邑①人也 伍子胥之亡楚而如吳也 知專諸之能 伍子胥旣見
> 吳王僚 說以伐楚之利 吳公子光曰 彼伍員父兄皆死於楚而員言伐楚
> 欲自爲報私讎也 非能爲吳 吳王乃止 伍子胥知公子光之欲殺吳王僚
> 乃曰 彼光將有內志 未可說以外事② 乃進專諸於公子光

① 堂邑당읍

[색은] 〈지리지〉에는 임회군에 당읍현이 있다.

地理志臨淮有堂邑縣

② 未可說以外事미가설이외사

[색은] 그가 장차 국내의 어려운 일로 군주를 시해할 뜻이 있으니, 장차
밖의 일에 대해서는 꾸며서 나타냈다는 말이다. 〈오태백세가〉에는 "광에
게 다른 뜻이 있음을 알았다."라고 했다.

言其將有內難弑君之志 且對外事生文 吳世家曰 知光有他志

> 광의 아버지는 오왕 제번諸樊이다. 제번에게는 아우 셋이 있었다.
> 다음은 여제餘祭①이고 그다음은 이말夷昧②이며 그다음은 계자
> 찰季子札이다. 제번은 계자 찰이 현명한 것을 알고 태자를 세우지

않은 채, 차례로 세 아우에게 전해서 마침내 나라가 계자 찰에게 이르도록 하고자 했다.

제번이 죽고 나자 여제에게 전했다. 여제가 죽자 이말에게 전했다. 이말이 죽자 당연히 계자 찰에게 전해져야 했는데, 계자 찰은 도망쳐 왕이 되는 것을 즐겨 하지 않자, 오나라 사람들은 이말의 아들 요僚를 세워 왕으로 삼았다. 공자 광이 말했다.

"형제의 순서로 왕이 되게 한다면 계자季子가 왕이 되는 것이 당연하지만 반드시 아들로서 한다면 이 광光이 진정한 적통의 계승자이니 당연히 왕위에 올라야 한다."

그러므로 일찍이 몰래 모사에 뛰어난 신하들을 길러서 왕위에 오르려고 했다.

光之父曰吳王諸樊 諸樊弟三人 次曰餘祭^① 次曰夷昧^② 次曰季子札 諸樊知季子札賢而不立太子 以次傳三弟 欲卒致國于季子札 諸樊旣死 傳餘祭 餘祭死 傳夷昧 夷昧死 當傳季子札 季子札逃不肯立 吳人乃立夷昧之子僚爲王 公子光曰 使以兄弟次邪 季子當立 必以子乎 則光眞適嗣 當立 故嘗陰養謀臣以求立

① 餘祭여제

[색은] 祭의 발음은 '체[側界反]'이다.

祭音側界反

② 夷昧이말

[색은] 昧의 발음음 '말[亡葛反]'이다. 《공양전》에는 '여말餘末'로 되어

있다.

亡葛反 公羊作餘末

광은 전제를 얻고 나서 객客으로 잘 대우했다. 오나라 요왕 9년, 초나라 평왕이 죽었다.[①] 그해 봄에 오왕 요僚는 초나라가 상을 당한 것을 틈타 그 두 아우인 공자 개여蓋餘와 촉용屬庸[②]을 시켜서 군사를 거느리고 초나라 잠灊을 포위케 하고[③] 연릉계자延陵季子를 진晉나라에 사신으로 보내서 제후들의 변화를 관찰하게 했다. 초나라는 군사를 일으켜 오나라 장수 개여와 촉용의 퇴로를 단절시켜서 오나라 군사들은 돌아오지 못했다. 이에 공자 광이 전제에게 일러 말했다.

"이때를 놓쳐서는 안 된다. 구하지 않는다면 무엇을 얻겠는가! 또 이 광光이 진짜 왕의 계승자므로 당연히 즉위해야 하니, 계자가 비록 돌아오더라도 나를 폐하지는 못할 것이다."

전제가 말했다.

"왕 요를 죽일 수 있습니다. 어머니는 늙었고 아들은 어리고 두 아우는 군사를 이끌고 초나라를 정벌했는데, 초나라는 그 퇴로를 단절했습니다. 바야흐로 지금 오나라는 밖으로는 초나라에서 곤경에 처해 있고 안으로는 텅 비어 강직한 신하가 없습니다. 이는 우리가 뭘 하든 어찌지 못할 것입니다.[④]"

공자 광이 머리를 조아리고 말했다.

"광의 몸은 그대의 몸이오."

光旣得專諸 善客待之 九年而楚平王死^① 春 吳王僚欲因楚喪 使其二弟公子蓋餘屬庸^②將兵圍楚之灊^③ 使延陵季子於晉 以觀諸侯之變 楚發兵絕吳將蓋餘屬庸路 吳兵不得還 於是公子光謂專諸曰 此時不可失 不求何獲 且光眞王嗣 當立 季子雖來 不吾廢也 專諸曰 王僚可殺也 母老子弱 而兩弟將兵伐楚 楚絕其後 方今吳外困於楚 而內空無骨鯁之臣 是無如我何^④ 公子光頓首曰 光之身 子之身也

① 楚平王死초평왕사

색은 《춘추》 소공 26년에 "초나라 자작 거居가 죽었다."라고 한 것이 이것이다. 〈오태백세가〉에는 12년이라 했고 이곳에는 9년이라 일렀는데 모두 잘못이다. 〈십이제후연표〉와 《좌전》에 의거하면 요僚 11년에 있었다.

春秋昭二十六年 楚子居卒 是也 吳世家云 十二年 此云 九年 竝誤 據表乃左傳合在僚之十一年也

② 蓋餘屬庸개여촉용

색은 屬의 발음은 '촉燭'이다. 개여와 촉용은 요의 아우이다. 《좌전》에는 엄여掩餘와 촉용屬庸으로 되어 있다. 엄掩과 개蓋는 뜻이 동일하다. 촉屬과 촉燭은 글자가 서로 뒤섞였을 뿐이다.

屬音燭 二子 僚之弟也 左傳作掩餘屬庸 掩蓋義同 屬燭字相亂耳

③ 圍楚之灊위초지잠

색은 사건은 노소공 27년에 있다. 〈지리지〉에는 여강군에 잠현이 있고 천주산天柱山의 남쪽에 있다고 한다. 灊의 발음은 '잠潛'이다. 두예는

《좌전》에 주석하여 말했다. "잠은 초나라 읍이고 여강군 육현六縣 서남쪽에 있다."

事在魯昭二十七年 地理志廬江有灊縣 天柱山在南 音潛 杜預左傳注云 灊 楚邑 在廬江六縣西南也

[정의] 잠의 옛 성은 수주壽州 곽산현 동쪽 2백보에 있다.

灊故城在壽州霍山縣東二百步

④ 是無如我何시무여아하

[색은] 《좌전》에서 똑바로 말한다. "왕을 죽일 수 있습니다. 어미는 늙었고 아들은 약하니, 이는 우리가 뭘 하든 어쩌지 못할 것입니다." 곧 이는 전설제가 요를 죽일 수 있음을 헤아리고 그가 조금 구제하여 돕겠다는 말이다. 그러므로 '우리가 뭘 하든 어쩌지 못합니다.'라고 했다. 태사공은 그 뜻을 캐고 또 위 문장에 의거하면, 그에 따라 두 아우가 군사를 거느리고 밖에서 곤경에 처했다는 말을 다시 더한 것이다. 복건과 두예는 《좌전》의 아래 문장에서 '나는 그대의 몸이다.'와 '그 아들을 경으로 삼았다.'에서 언급한 것을 보고 마침내 '우리가 뭘 하든 어쩌지 못할 것입니다.'를 억지로 풀이해서 오히려 '나는 어쩌할 수가 없습니다.'라는 말이라고 했으니, 전제가 늙고 약하기 때문에 광에게 부탁하고자 함을 이르는 것이다. 뜻이 진실로 흡족하지 않다. 왕숙의 설명도 《사기》에 의거했다.

左傳直云 王可殺也 母老子弱 是無若我何 則是專設諸度僚可殺 言其少援救故云 無奈我何 太史公探其意 且據上文 因復加以兩弟將兵外困之辭 而服虔杜預見左氏下文云 我爾身也 以其子爲卿 遂彊解 是無如我何 猶言 我無若是 謂專諸欲以老弱託光 義非允愜 王肅之說 亦依史記也

4월 병자일,[1] 공자 광은 갑옷을 입은 군사를[2] 굴방[3] 안에 숨기고
술을 준비하여 왕 요를 초청했다. 왕 요는 군사를 시켜서 궁으로부
터 공자 광의 집에 이르는 곳까지와 문과 계단의 좌우에 늘어서
게 했는데, 모두 왕 요의 친척들이었다. 좌우에서 왕을 끼고 서서
모시는 자들은 모두 긴 칼[4]을 지니고 있었다.

주흥이 무르익자 공자 광은 거짓으로[5] 발이 아프다며 굴방으로
들어가 전제를 시켜서 구운[6] 생선의 뱃속에 비수를 넣어서 이를
바치도록 했다. 왕의 앞에 이르자 전제는 생선의 배를 가르고 비
수로 왕 요를 찌르니,[7] 왕 요는 곧바로 죽었다. 그러자 왕의 좌우
사람들이 전제를 죽였다. 왕을 따라 왔던 사람들이 소란을 피우
자 공자 광은 그가 숨겨 놓았던 갑옷 입은 군사들을 출동시켜서
왕 요의 무리를 공격하여 모두 섬멸하고 마침내 스스로 즉위하여
왕이 되었는데, 이이가 합려闔閭이다. 합려는 이에 전제의 아들을
봉해 상경上卿으로 삼았다. 그로부터 70여 년 뒤에 진晉나라에 예
양豫讓의 사건이 일어났다.[8]

四月丙子[1] 光伏甲[2]士於窟室[3]中 而具酒請王僚 王僚使兵陳自宮至光
之家 門戶階陛左右 皆王僚之親戚也 夾立侍 皆持長鈹[4] 酒旣酣 公子
光詳爲[5]足疾 入窟室中 使專諸置匕首魚炙[6]之腹中而進之 旣至王前
專諸擘魚 因以匕首刺[7]王僚 王僚立死 左右亦殺專諸 王人擾亂 公子光
出其伏甲以攻王僚之徒 盡滅之 遂自立爲王 是爲闔閭 闔閭乃封專諸
之子以爲上卿 其後七十餘年而晉有豫讓之事[8]

① 四月丙子사월병자

색은 주석에서 요의 12년 여름도 〈오태백세가〉에서 13년이라 한 것은 잘못이다. 《좌전》 경문과 전傳에는 오직 '여름 4월'이라고 말했다. 《공양전》과 《곡량전》에는 전傳이 없고 경문에 다시 《좌전》이나 〈오태백세가〉와 같다. 이 〈자객열전〉에는 '병자'라고 일컬었는데 마땅히 의거한 바가 있을 것이나 어느 책에서 나왔는지 모르겠다.

注僚之十二年夏也 吳系家以爲十三年 非也 左氏經傳唯言 夏四月 公羊穀梁無傳 經更與左氏吳系家同 此傳稱 丙子 當有所據 不知出何書

② 伏甲복갑

색은 《좌전》에서 '복갑伏甲'이라고 했으니 갑옷 입은 병사를 말한다. 아래 문장에서 "갑옷 입은 군사들을 출동시켜서 왕을 공격하고"라고 했다.

左傳曰 伏甲 謂甲士也 下文云 出其伏甲以攻王

③ 窟室굴실

집해 서광이 말했다. "굴窟은 다른 판본에는 '공空'으로 되어 있다."

徐廣曰 窟 一作空

④ 鈹피

집해 鈹의 발음은 '피披'이다.

音披

색은 '피披'로 발음하며 병기이다. 유규는 《오도부》에 주석하여 말했다. "피鈹는 양쪽에 날이 있는 작은 칼이다."

音披 兵器也 劉逵吳都賦注 鈹 兩刃小刀

⑤ 詳爲양위

［색은］ 詳의 발음은 '양陽'이고 爲의 발음은 글자대로 읽는다. 《좌전》에는 '광위족질光僞足疾'이라고 했고 이곳에는 '양詳'이라고 일렀으니, 양詳은 곧 위僞이다. 어떤 이는 '위爲' 자를 '위僞' 자로 읽는데 잘못된 것이다. 어찌 양위詳僞의 말을 중복되게 하겠는가?

上音陽 下如字 左傳曰 光僞足疾 此云 詳 詳卽僞也 或讀此 爲字音僞 非也 豈 詳僞重言耶

⑥ 炙자

［집해］ 서광이 말했다. "자炙는 다른 판본에는 '포炮'로 되어 있다."

徐廣曰 炙 一作炮

［정의］ 炙의 발음은 '쟈[者夜反]'이다.

炙 者夜反

⑦ 刺척

［색은］ 刺의 발음은 '차[七賜反]'이다.

刺音七賜反

⑧ 有豫讓之事유예양지사

［집해］ 서광이 말했다. "합려 원년(서기전 514)부터 삼진이 지백을 멸망(서기전 453)하기까지 62년 만이다. 예양은 다른 판본에는 '양襄'으로 되어 있다."

徐廣曰 闔閭元年至三晉滅智伯六十二年 豫讓一作襄

포기하지 않은 예양

예양은 진晉나라 사람이다.[1] 본래 일찍이 범씨范氏와 중항씨中行氏[2]를 섬겼는데 명성이 알려진 바가 없었다. 다른 곳으로 떠나 지백智伯[3]을 섬겼는데 지백이 매우 존중하고 총애했다.

지백이 조양자趙襄子를 정벌하자, 조양자는 한씨韓氏, 위씨魏氏와 함께 지백을 없애기로 계획하고 지백의 후손까지 멸한 뒤에 그 땅을 셋으로 나누었다. 조양자는 지백을 가장 원망하고[4] 그의 두개골에 옻칠을 해 술 그릇으로 만들었다.[5] 예양은 산속으로 도망쳐 다니면서 말했다.

"아아! 사인은 자신을 알아주는 자를 위해서 목숨을 바치고 여인은 자신을 예뻐하는 자를 위해서 얼굴을 꾸민다. 지금 지백은 나를 알아주었으니, 나는 반드시 원수를 갚고 죽어서 지백에게 보답한다면 나의 혼백이 부끄럽지 않을 것이다."

이에 성과 이름을 바꾸고 형벌을 받은 사람처럼 똑같이 하고 궁으로 들어가 뒷간의 벽을 바르는 일을 하면서 몸에는 비수를 지니고 조양자를 찌르려고 했다. 조양자가 변소에 가다가 마음으로 느껴져 변소의 벽을 바르는 죄수를 체포해 신문하니 예양이었다.

품속에 칼을 지니고 있었는데, 말하기를 '지백의 원수를 갚고자 한다.'라고 했다. 좌우에서 예양을 죽이려고 하였는데, 조양자가 말했다.

"저 사람은 의로운 사람이다. 내가 조심하여 그를 피하면 될 따름이다. 또 지백은 망해서 후손이 없는데 그 신하가 원수에게 복수하고자 하니, 이는 천하의 어진 사람이다."

마침내 석방시켜[6] 떠나보냈다.

豫讓者 晉人也[1] 故嘗事范氏及中行氏[2] 而無所知名 去而事智伯[3] 智伯甚尊寵之 及智伯伐趙襄子 趙襄子與韓魏合謀滅智伯 滅智伯之後而三分其地 趙襄子最怨智伯[4] 漆其頭以爲飮器[5] 豫讓遁逃山中 曰 嗟乎士爲知己者死 女爲說己者容 今智伯知我 我必爲報讎而死 以報智伯則吾魂魄不愧矣 乃變名姓爲刑人 入宮塗廁 中挾匕首 欲以刺襄子 襄子如廁 心動 執問塗廁之刑人 則豫讓 內持刀兵 曰 欲爲智伯報仇 左右欲誅之 襄子曰 彼義人也 吾謹避之耳 且智伯亡無後 而其臣欲爲報仇此天下之賢人也 卒釋[6]去之

① 豫讓者 晉人也예양자 진인야

색은 살펴보니 이 〈예양전〉의 설명은 모두《전국책》의 문장을 요약한 것이다.

案 此傳所說 皆約戰國策文

② 范氏及中行氏범씨급중항씨

색은 살펴보니《좌전》에 범씨는 소자昭子 길역吉射을 이른다. 사회士會가

범范 땅에 식읍을 둔 것으로부터 뒤에 읍을 따라서 씨로 삼은 것이다. 중항씨는 중항문자 순인荀寅이다. 순림보荀林父가 장군이 되고부터 중항의 후예들은 관직을 따라서 씨로 삼았다.

案 左傳范氏謂昭子吉射也 自士會食邑於范 後因以邑爲氏 中行氏 中行文子荀寅也 自荀林父將中行後 因以官爲氏

신주 진나라 공족인 난欒, 기祁, 양설羊舌씨가 이미 망한 상태에서 범씨와 중항씨가 망하자, 공족으로는 오직 지智씨만 남음으로써 진晉나라 군주 위치가 급격히 위태로워졌고. 지백마저 멸족됨으로써 진나라가 한, 위, 조로 3분이 되었다.

③ 智伯지백

[색은] 살펴보니 지백은 양자襄子 순요荀瑤이다. 양자는 순림보의 아우 순수荀首의 후예이다. 범, 중항, 지백의 일은 이미 〈조세가〉에 갖추어져 있다.

案 智伯 襄子荀瑤也 襄子 林父弟荀首之後 范中行智伯事已具趙系家

④ 趙襄子最怨智伯조양자최원지백

[색은] 처음 술에 취했고 뒤에 또 한韓과 위魏를 거느리고 진양晉陽에 물을 대어 성이 침수되지 않은 것은 삼판三板이었다. 그러므로 원망이 깊었다.

謂初則醉以酒 後又率韓魏水灌晉陽 城不沒者三板 故怨深也

신주 〈조세가〉에 따르면, 지백은 조양자에게 술을 끼얹고 아버지 조간자에게 태자를 바꾸라고 했다. 삼판三板 때문에 조양자가 지백을 크게 원망한 것이다. 삼판은 여덟 자[尺]를 가리킨다고 한다. 진양성이 물에 잠기지 않은 높이가 그 정도 남았다는 뜻으로 이는 매우 위험한 상태를 말할 때 비유하는 말이 되었다.

⑤ 漆其頭以爲飮器칠기두이위음기

[색은] 살펴보니 〈대원열전〉에서 말한다. "흉노는 월지왕을 쳐부수고 그 두개골로 마시는 그릇을 만들었다." 배인은 〈대원열전〉에 위소를 인용하여 주석해서 말했다. "마시는 그릇는 비합椑榼(뚜껑 있는 통)이다." 진작이 말했다. "마시는 그릇는 호자虎子(요강)이다." 모두 그른 것이다. 비합은 술을 담는 그릇일 뿐이고 마시는데 쓰는 것은 아니다. 진작이 변기라고 여긴 것은 《한비자》와 《여씨춘추》에 나란히 '조양자는 지백의 머리뼈에 칠을 하고 변기로 만들었다.'고 일렀으므로, 그렇게 말했다.

案 大宛傳曰 匈奴破月氏王 以其頭爲飮器 裴氏注彼引韋昭云 飮器 椑榼也 晉 灼曰 飮器 虎子也 皆非 椑榼所以盛酒耳 非用飮者 晉氏以爲褻器者 以韓子呂 氏春秋竝云襄子漆智伯頭爲溲杆 故云

[정의] 유씨가 말했다. "술그릇이고 손님이 모일 때마다 설치해서 원망이 깊은 것을 보인 것이다." 살펴보니 여러 선유의 설명이 아마 잘못된 것이다.

劉云 酒器也 每賓會設之 示恨深也 按 諸先儒說恐非

⑥ 卒醳졸석

[색은] 卒의 발음은 '졸[足律反]'이고 醳의 발음은 '석釋'이며 글자 또한 '석釋' 자로 되어 있다.

卒 足律反 醳音釋 字亦作釋

얼마를 지나서 예양은 또 몸에 옻칠을 해 문둥이처럼 되었으며[1] 숯을 삼키고 벙어리가 되어[2] 형상을 알아볼 수 없게 했다. 시장에서 빌어먹었는데도 그 아내가 알아보지 못했다. 다니다가 그 벗을 만났는데 그 벗이 그를 알아보고 말했다.

"자네는 예양이 아닌가?"

예양이 말했다.

"내가 맞네."

그 벗이 울면서 말했다.

"그대의 재주로 예물을 바치고 신하로서 양자를 섬긴다면 양자는 반드시 그대를 가까이 총애할 것이네. 그대를 가까이 총애한다면 그대가 하고자 하는 것이[3] 도리어 쉽지 않겠는가?[4] 어찌 자신을 망가뜨리고 형상을 고달프게 하여 양자에게 원수를 갚고자 하니, 또한 어렵지 않겠는가?"

예양이 말했다.

"이미 자신이 예물을 맡기고 신하가 되어 남을 섬기면서 죽일 것을 구한다면, 이것은 두 마음을 품고 그 군주를 섬기는 것이다. 또 내가 하고자 하는 것은[5] 지극히 어려울 따름이다. 그러나 이렇게 하는 것은 장차 천하의 후세 사람들이 남의 신하가 되어 두 마음을 품고 그 군주를 섬기는 것을 부끄럽게 여기도록 하기 위해서다.[6]"

居頃之 豫讓又漆身爲厲[1] 吞炭爲啞[2] 使形狀不可知 行乞於市 其妻不識也 行見其友 其友識之 曰 汝非豫讓邪 曰 我是也 其友爲泣曰 以子之才 委質而臣事襄子 襄子必近幸子 近幸子 乃爲所欲[3] 顧不易邪[4] 何乃

残身苦形 欲以求報襄子 不亦難乎 豫讓曰 旣已委質臣事人 而求殺之
是懷二心以事其君也 且吾所爲者⑤極難耳 然所以爲此者 將以愧天下
後世之爲人臣懷二心以事其君者也⑥

① 漆身爲厲 칠신위려

[집해] 厲의 발음은 '라賴'이다.

音賴

[색은] 癘의 발음은 '라賴'이다. 라賴는 악창병惡瘡病이다. 무릇 칠은 독
이 있고 가까이 하면 부스럼 질환이 많아 문둥병과 같아진다. 그러므로
예양은 몸에 옻칠을 발라 그가 문둥병처럼 했을 따름이다. 그러나 '려厲'
와 '라賴'의 발음은 서로 비슷해 예부터 대부분 '厲' 자를 빌려 '賴' 자로
삼았고 지금의 '라癩' 자는 '녁疒'의 부수이다. 그러므로 초나라에는
나향賴鄉이 있다. 또한 '厲' 자로 쓰며 《전국책》에도 이를 설명해 또한
'厲'자를 썼다.

癘音賴 賴 惡瘡病也 凡漆有毒 近之多患瘡腫 若賴病然 故豫讓以漆塗身 令其
若癩耳 然厲賴聲相近 古多假厲爲賴 今之癩字從疒 故楚有賴鄉 亦作厲字 戰
國策說此亦作厲字

② 呑炭爲啞 탄탄위아

[색은] 啞의 발음은 '아[烏雅反]'이고 벙어리가 되는 병을 이른다. 《전국책》
에서 말한다. "몸에 옷 칠해 문둥이가 되고 수염을 없애고 눈썹을 제거
하여 그 얼굴을 바꾸어 거지가 되었다. 그 아내가 이르기를 '얼굴의 생
김새는 나의 지아비가 아닌 것 같은데 어찌 그 소리가 매우 닮았습니까?'

라고 하자, 예양은 마침내 숯을 삼키고 그 소리를 바꾸었다."

啞音烏雅反 謂瘖病 戰國策云 漆身爲厲 滅鬚去眉 以變其容 爲乞食人 其妻曰
狀貌不似吾夫 何其音之甚相類也 讓遂吞炭以變其音也

③ 乃爲所欲 내위소욕

[색은] 그 기회로 조양자를 죽이게 되는 것을 이른다.

謂因得殺襄子

④ 顧不易邪 고불이야

[색은] 고顧는 돌아봄이다. 야耶는 부정사이다. '도리어 쉽지 아니한가!'
이니, 그것이 쉽다는 말이다.

顧 反也 耶 不定之辭 反不易耶 言其易也

⑤ 所爲者 소위자

[색은] 유씨가 말했다. "지금 문둥병과 벙어리가 된 것을 이른다."

劉氏云 謂今爲癩啞也

⑥ 爲人臣懷二心以事其君者也 위인신회이심이사기군자야

[색은] 차라리 문둥이가 되어 스스로를 형벌할지언정 조양자를 섬기다
가 죽이려고 하는 것은 안 된다는 것이며 곧 아마 신하의 도의를 손상시
켜 도적에 가까워질 것이니, 충성이 아니라는 말이다.

言寧爲厲而自刑 不可求事襄子而行殺 則恐傷人臣之義而近賊 非忠也

(벗이) 떠나고 나서 얼마 있다가 조양자가 때마침 외출하는데 예양은 조양자가 지나가려는 다리 아래에① 숨어 있었다. 조양자가 다리에 이르렀는데 말이 놀라자 양자가 말했다.

"이것은 반드시 예양일 것이다."

사람을 시켜서 찾도록 하니 과연 예양이었다. 이에 조양자는 예양을 몇 차례 꾸짖어 말했다.

"그대는 일찍이 범씨와 중항씨를 섬기지 않았느냐? 지백이 그들을 모두 멸했는데 그대는 원수를 갚지 않았고 오히려 지백에게 예물을 맡기고 신하가 되었다. 지백은 또한 이미 죽었는데 그대는 유독 무슨 까닭으로 지백을 위해 이토록 심하게 원수를 갚으려고 하는가?"

예양이 말했다.

"신이 범씨와 중항씨를 섬겼는데 범씨와 중항씨는 모두 보통사람으로 나를 대우했습니다. 나는 그러므로 보통사람으로 보답했습니다. 지백에 이르러서는 국사國士로서 나를 대우했습니다. 나는 그러므로 국사國士로서 보답하려는 것입니다."

조양자가 '허!'하고 탄식하며 울면서 말했다.

"아아! 예자여! 그대는 지백을 위하였으니, 명성은 이미 이루었고 과인은 그대를 용서한 것도 이미 충분하다. 그대가 스스로 헤아려 보아라. 과인은 다시는 그대를 풀어주지 않으련다."

既去 頃之 襄子當出 豫讓伏於所當過之橋下① 襄子至橋 馬驚 襄子曰 此必是豫讓也 使人問之 果豫讓也 於是襄子乃數豫讓曰 子不嘗事范中行氏乎 智伯盡滅之 而子不爲報讎 而反委質臣於智伯 智伯亦已死

矣 而子獨何以爲之報讎之深也 豫讓曰 臣事范中行氏 范中行氏皆衆
人遇我 我故衆人報之 至於智伯 國士遇我 我故國士報之 襄子喟然歎
息而泣曰 嗟乎豫子 子之爲智伯 名旣成矣 而寡人赦子 亦已足矣 子其
自爲計 寡人不復釋子

① 橋下교하

정의 분교 아래는 분수汾水에 가설한 것이며 병주幷州 진양현 동쪽 1리
에 있다.

汾橋下架水 在幷州晉陽縣東一里

군사를 시켜서 포위하게 했다. 예양이 말했다.

"신이 듣기에, 현명한 군주는 남의 아름다운 것을 덮지 않고 충신
은 죽어서 이름을 남기는 의가 있다고 했습니다. 지난날 군께서
이미 신을 관대하게 용서하시어 천하 사람들이 군의 현명함을 칭
찬하지 않는 이가 없습니다. 오늘의 일은 신이 진실로 처단을 받
겠습니다. 그러나 바라건대 군의 옷이라도 청하여 그것을 쳐서 원
수를 갚는 뜻에 이르게 한다면, 비록 죽더라도 한스럽지 않겠습
니다. 감히 바랄 바는 아니지만 감히 본심을 펴 보이는 것입니다."
이에 조양자는 그를 크게 의롭다고 여겨 사자를 시켜서 의복을
가져다가 예양에게 주라고 했다. 예양은 검을 뽑아 세 번 뛰어올
라 옷을 내려치며① 말했다.

"나는 신하로서 지백에게 보답할 수 있게 되었다."

마침내 검을 써서 자살했다. 그가 죽은 날에 조나라의 뜻있는 사인들이 이를 듣고 모두 눈물을 흘렸다. 그로부터 40여년 뒤, 지軹 땅에서 섭정聶政의 사건이 있었다.②

使兵圍之 豫讓曰 臣聞明主不掩人之美 而忠臣有死名之義 前君已寬赦臣 天下莫不稱君之賢 今日之事 臣固伏誅 然願請君之衣而擊之 焉以致報讎之意 則雖死不恨 非所敢望也 敢布腹心 於是襄子大義之 乃使使持衣與豫讓 豫讓拔劍三躍而擊之① 曰 吾可以下報智伯矣 遂伏劍自殺 死之日 趙國志士聞之 皆爲涕泣 其後四十餘年而軹有聶政之事②

① 拔劍三躍而擊之발검삼약이격지

[색은] 《전국책》에서 말했다. "옷이 다 헤지자 피가 나왔다. 양자가 수레를 돌리게 했는데, 수레바퀴가 미처 돌아가기 전에 부서졌다." 여기서는 옷에서 피가 나오는 것을 말하지 않았는데, 태사공은 아마 괴상하고 망령된 것을 건너뛰었으므로 생략했을 뿐이다.

戰國策曰 衣盡出血 襄子迴車 車輪未周而亡 此不言衣出血者 太史公恐涉怪妄 故略之耳

② 有聶政之事유섭정지사

[집해] 삼진三晉이 지백을 멸하고부터 협루俠累를 죽임에 이르기까지 57년이다.

自三晉滅智伯至殺俠累 五十七年

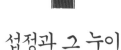

섭정과 그 누이

섭정은 지軹 땅의 심정리深井里 사람이다.[①] 사람을 죽이고 원수를
피해 어머니와 누이와 함께 제나라로 가서 가축을 잡는 것을 일로
삼았다.

오랜 시간이 흘러서 복양濮陽 사람 엄중자嚴仲子[②]가 한나라 애후
哀侯[③]를 섬겼는데, 한나라 재상 협루俠累[④]와 틈이 있었다.[⑤] 엄중
자는 처벌될 것이 두려워 도망쳐 떠나 떠돌면서 협루에게 보복할
수 있는 사람을 찾았다. 제나라에 이르자 제나라 사람 어떤 이가
'섭정은 용감한 사인이며 원수를 피해서 백정들의 사이에 숨어
산다.'라고 말했다.

엄중자는 문에 이르러 (만나기를) 청하기를 여러 차례 반복한 뒤에
스스로 섭정의 어머니 앞에 술을 준비하여 술잔을 올렸다.[⑥]

술자리가 무르익자, 엄중자는 황금 1백 일鎰을 바치면서 (술상) 앞
에서 섭정 어머니의 장수를 빌었다.

聶政者 軹深井里人也[①] 殺人避仇 與母姊如齊 以屠爲事 久之 濮陽嚴
仲子[②]事韓哀侯[③] 與韓相俠累[④]有卻[⑤] 嚴仲子恐誅 亡去 游求人可以報

> 俠累者 至齊 齊人或言聶政勇敢士也 避仇隱於屠者之間 嚴仲子至門
> 請 數反 然後具酒自暢⑥聶政母前 酒酣 嚴仲子奉黃金百溢 前爲聶政
> 母壽

① 聶政者 軹深井里人也섭정자 지심정리인야

[색은] 〈지리지〉에는 하내군에 지현이 있다. 심정深井은 지현의 마을 이름이다.

地理志河內有軹縣 深井 軹縣之里名也

[정의] 회주懷州 제원현 남쪽 30리에 있다.

在懷州濟源縣南三十里

② 嚴仲子엄중자

[색은] 고유가 말했다. "엄수嚴遂이고 자는 중자仲子이다."

高誘曰 嚴遂 字仲子

③ 韓哀侯한애후

[색은] 살펴보니 〈육국연표〉에서 섭정이 협루를 살해한 것은 열후 3년에 있다. 열후는 문후를 낳았고 문후는 애후를 낳아 총 3대를 바꾸어 애후는 6년에 한엄韓嚴에게 살해되었다. 지금 엄중자가 애후를 섬겼다는 말은 아마 그 진실이 아닐 것이다. 또 태사공은 들은 것을 의심하고 전하는 것도 의심해도 사건은 근거를 맞추기 어려우므로 둘 다 보존하고자 했다. 그러므로 〈육국연표〉와 〈자객열전〉이 각각 다른 것이다.

案 表聶政殺俠累在列侯三年 列侯生文侯 文侯生哀侯 凡更三代 哀侯六年爲韓
嚴所殺 今言仲子事哀侯 恐非其實 且太史公聞疑傳疑 事難旳據 欲使兩存 故
表傳各異

신주 단지 사마천이 '열후'라 할 것을 《전국책》을 따라 '애후'라고 잘
못 기록한 것으로 보인다. 또 애후는 여기 주석처럼 6년에 살해된 것이
아니라 3년에 살해된다. 후임 군주는 그 아들 의후懿侯이다. 의후는 애후
가 살해당한 해를 원년으로 했다. 애후를 살해한 자를 〈한세가〉에는 위
주석처럼 한엄이라 하였는데, 《죽서기년》에는 한산견韓山堅에게 살해당
한 것이라고 했다.

④ 俠累협루

색은 俠의 발음은 '겹[古夾反]'이고 累의 발음은 '루[力追反]'이다. 살펴보
니 《전국책》에서 협루의 이름은 괴傀이다.

上古夾反 下力追反 案 戰國策俠累名傀也

⑤ 有郤유각

색은 《전국책》에서 말한다. "한괴韓傀는 한나라 재상이 되고 엄수嚴遂
는 군주에게 중요하게 되자, 두 사람은 서로를 해쳤다. 엄수가 한괴의 허
물을 들추자 한괴가 조정에서 그를 꾸짖었으며, 엄수는 검을 뽑아 추격
했으나 누군가 구원해서 풀었다." 이것이 틈이 생긴 이유이다.

戰國策云 韓傀相韓 嚴遂重於君 二人相害也 嚴遂舉韓傀之過 韓傀叱之於朝
嚴遂拔劍趨之 以救解 是有郤之由也

⑥ 具酒自暢구주자창

서광이 말했다. "다른 판본에는 '사賜'로 되어 있다."

徐廣曰 一作賜

서광은 다른 판본에는 '사賜'로 되어 있다고 했다. 살펴보니《전국책》에는 '상觴'으로 되어 있는데, 뜻을 얻은 것에 가깝다.

徐氏云一作賜 案 戰國策作觴 近爲得也

數의 발음은 '시[色吏反]'이다.

數 色吏反

섭정은 그 후함에 놀라 괴이하게 여기면서 엄중자에게 굳게 사양했다. 엄중자가 굳이 바치자 섭정이 사양하면서 말했다.

"신이 다행히 늙으신 어머니가 계시는데 집안이 가난해 객으로 떠돌며 개를 잡는 일을 하고 있지만, 아침이나 저녁으로 달고 부드러운 것을[①] 얻어서 어머니를 봉양할 수 있습니다. 어머니를 봉양하고 받드는 것들이 갖추어졌으니 감히 중자께서 주는 것을 감당하지 못할 것입니다."

엄중자는 다른 사람들을 피하고 그 틈에 섭정에게 말했다.

"신은 원수진 자가 있어 제후국을 떠돌아다닌 것이 많았소. 그런데 제나라에 이르러 가만히 듣자니 족하께서 의기가 매우 높다고 들었소. 그러므로 1백금을 바친 것은 장차 대인大人(어머니)을 위해 양식[②]을 장만하는데 사용하는 비용이고 족하와 교류하는 기쁨을 얻으려는 것뿐이지, 어찌 감히 바라는 뜻이 있어서겠습니까?"

섭정이 말했다.

"신이 뜻을 낮추고 몸을 욕되게 하며[③] 시장의 도살자들 사이에 사는 것은 다만 다행히 늙은 어머니를 봉양하기 위해서입니다. 늙은 어머니가 계셔서 제 몸을 감히 남에게 아직 허락 할 수 없습니다.[④]"

엄중자가 군이 사양하며 바쳐도 섭정은 끝까지 즐겨 받지 않았다. 그러나 엄중자는 끝내 빈객과 주인의 예를 갖추고 떠나갔다.

聶政驚怪其厚 固謝嚴仲子 嚴仲子固進 而聶政謝曰 臣幸有老母 家貧 客游以爲狗屠 可以旦夕得甘毳[①]以養親 親供養備 不敢當仲子之賜 嚴仲子辟人 因爲聶政言曰 臣有仇 而行游諸侯衆矣 然至齊 竊聞足下義甚高 故進百金者 將用爲大人麤糲[②]之費 得以交足下之驩 豈敢以有求望邪 聶政曰 臣所以降志辱身[③]居市井屠者 徒幸以養老母 老母在 政身未敢以許人也[④] 嚴仲子固讓 聶政竟不肯受也 然嚴仲子卒備賓主之禮而去

① 毳취

집해 毳의 발음은 '체[此芮反]'이다.

此芮反

색은 추탄생은 '취脆'로 발음한다고 했으며 두 가지 뜻이 서로 통한다.

鄒氏音脆 二義相通也

② 麤糲추려

정의 려糲는 추미麤米와 같다. 껍질만 벗긴 곡식이다. 위소가 말했다.

"옛날에 남자를 이름 하여 장부丈夫라고 하고 부인네를 높여서 대인大人
이라고 했다. 《한서》〈선원육왕전〉에는 '왕이 대인을 만나 더욱 풀어지
자 대인을 위해 사직을 청하고 떠났다.'고 했다. 살펴보니 대인은 헌왕
憲王의 외조모이다. 옛 시에 '3일에 다섯 필을 끊어내도 대인은 느리다고
말한다.'라고 한 것이 이것이다."

糲猶麤米也 脫粟也 韋昭云 古者名男子爲丈夫 尊婦嫗爲大人 漢書宣元六王傳
王遇大人益解 爲大人乞骸去 按大人 憲王外祖母 古詩云 三日斷五疋 大人故
言遲 是也

③ 降志辱身강지욕신

[색은] 그 심지心志와 몸은 본래 고결함에 대응했는데, 지금 그 뜻을 낮
추고 그 몸을 굴욕스럽게 했다는 말이다. 《논어》에 공자께서 이르기를
"유하혜는 뜻을 낮추고 몸을 욕되게 했다."라고 한 것이 이것이다.

言其心志與身本應高絜 今乃卑下其志 屈辱其身 論語孔子謂 柳下惠降志辱身
是也

④ 未敢以許人也미감이허인야

[색은] 《예기》에서 말한다. "부모가 살아계시면 벗에게 죽음을 허락하지
않는다."

禮記曰 父母存 不許友以死

오랜 시간이 지나서 섭정의 어머니가 죽었다. 장례를 마치고 나서 상복을 벗자 섭정이 말했다.

"아아! 저는 시정市井 사람으로^① 칼을 휘둘러 짐승을 잡는 자이다. 그러나 엄중자는 제후의 경상卿相인데 1천 리를 멀다 하지 않고 (뜻을) 굽혀 수레와 기마로 와서 나와 사귀었다. 내가 그에게 받은 대접은 지극히 천한 몸으로는 드문 일이고, 이렇다 할 만한 큰 공로가 있지 않은데도, 엄중자는 백금百金을 바쳐서 어머니의 장수를 빌었다. 내가 비록 받지 않았으나 이것은 홀로 저를 깊이 알아준 것이다. 무릇 저 현자는 분함을 느껴 사소한 감정이라도 품어야 하나 친히 궁벽한 처지에 있는 사람을 믿어 주었으니, 나 홀로 어찌 말문을 닫고 거절할 수 있으랴. 또 지난날 제게 부탁했지만 저는 다만 늙으신 어머니 때문에 그러했을 뿐, 늙으신 어머니께서 이제 천수를 마치셨으니 저는 장차 나를 알아주는 자를 위해 쓰여야 할 것이다."

이에 마침내 서쪽 복양에 이르러 엄중자를 만나보고 말했다.

"지난날 당신께 제 몸을 허락하지 못한 까닭은 다만 어머니께서 살아계셨기 때문이었습니다. 지금 불행하게도 어머니께서 천수를 마치고 돌아가셨습니다. 중자께서 원수를 갚고자 하는 자가 누구입니까? 청컨대 그 일에 따르도록 하겠습니다."

久之 聶政母死 旣已葬 除服 聶政曰 嗟乎 政乃市井之人^① 鼓刀以屠 而嚴仲子乃諸侯之卿相也 不遠千里 枉車騎而交臣 臣之所以待之 至淺鮮矣 未有大功可以稱者 而嚴仲子奉百金爲親壽 我雖不受 然是者徒深知政也 夫賢者以感忿睚眦之意而親信窮僻之人 而政獨安得嘿然而

已乎 且前日要政 政徒以老母 老母今以天年終 政將爲知己者用 乃遂

西至濮陽 見嚴仲子曰 前日所以不許仲子者 徒以親在 今不幸而母以

天年終 仲子所欲報仇者爲誰 請得從事焉

① 市井之人시정지인

정의 옛날에 서로 모여서 물을 긷고 물건이 있으면 곧 판매하였으므로 시장을 이루었다. 그러므로 '시정市井'이라고 일렀다.

古者相聚汲水 有物便賣 因成市 故云市井

엄중자는 구체적으로 알려주었다.

"신의 원수는 한나라 재상 협루俠累이오. 협루는 또 한나라 군주의 막내 작은아버지이기도 하오. 종족들이 성대하게 많고 거처에는 군사들의 호위가 심하게 이루어져, 신이 사람을 시켜서 찔러 죽이고자 했으나 끝내 성취하지 못했소. 지금 족하께서 다행히 나를 버리지 않고 오셨으니, 수레와 기마와 장사壯士를 더하여 족하의 보익輔翼으로 삼을 수 있도록 청하오."

섭정이 말했다.

"한나라는 위衛나라와 서로의 거리가 중간이고 그리 멀지 않습니다.① 지금 죽이려고 하는 것은 재상이고 재상은 또 군주의 친척이라고 하니, 이는 그 형세로 보아 많은 사람을 쓸 수 없습니다. 사람이 많으면 사로잡히는 실수가 생기지 않을 수 없고② 사로잡히는 실수가 생기면 말이 새어 나가고, 말이 새어 나가면 이것은 온 한韓나라가 중자와 원수③가 될 것인데, 어찌 위태롭지 않겠습니까?"

마침내 수레와 기마와 사람의 무리를 사양하고 섭정은 하직인사를 하고 단독으로 떠났다.

嚴仲子具告曰 臣之仇韓相俠累 俠累又韓君之季父也 宗族盛多 居處兵衞甚設 臣欲使人刺之 (衆)終莫能就 今足下幸而不棄 請益其車騎壯士可爲足下輔翼者 聶政曰 韓之與衞 相去中間不甚遠① 今殺人之相 相又國君之親 此其勢不可以多人 多人不能無生得失② 生得失則語泄 語泄是韓舉國而與仲子爲讎③ 豈不殆哉 遂謝車騎人徒 聶政乃辭獨行

① 中間不甚遠중간불심원

색은 고유가 말했다. "한나라 도읍은 영천군 양적陽翟이고 위衛나라 도읍은 동군 복양濮陽이다. 그러므로 '사이가 멀지 않다.'라고 했다."

高誘曰 韓都潁川陽翟 衞都東郡濮陽 故曰間不遠也

신주 잘못된 주석이다. 한나라 도읍은 원래 낙양 북쪽의 황하를 건너서 평양平陽에 있었다. 나중에 애후 때 정나라를 멸하고 정나라 도읍이었던 하남 땅 신정新鄭으로 천도한다. 양적은 한나라가 하남 땅마저 잃고 멸망으로 치닫던 말기에 옮겼다. 섭정이 '중간'이라고 한 까닭은, 복양에서 자기가 살던 제나라까지 거리와 복양에서 한나라 도읍까지 거리가 거의 비슷했기 때문에 한 말로 여겨진다.

② 無生得무생득실

무생득無生得은《전국책》에는 '무생정無生情'으로 되어 있다. 장차 사람이 많게 되면 혹은 다른 정이 생겨나므로 말이 누설된다는 말이다. 이곳에 '생득生得'이라고 한 것은 장차 많은 사람이 갔다가 협루를 살해한 뒤에 또 살아서 사로잡히는 것을 당하면 일이 누설된다는 말이며, 또한 두 가지가 모두 통한다.

無生得 戰國策作 無生情 言所將人多 或生異情 故語泄 此云 生得 言將多人往 殺俠累後 又被生擒而事泄 亦兩俱通也

③ 讎수

서광이 말했다. "다른 판본에는 '난難'으로 되어 있다."

徐廣曰 一作難

서광은 주석하여 한편 '난難'으로 되어 있다고 했다.《전국책》에서 초주도 그렇다고 했다.

徐注云一作難 戰國策譙周亦同

(섭정은) 칼을 지팡이 삼아 한나라에 이르렀다. 한나라 재상 협루俠累는 때마침 관청에 앉아 있었는데[1] 병기와 창을 가지고 호위하며 모시는 자들이 매우 많았다. 섭정이 곧바로 들어가서 계단을 올라가 칼로 협루를 찔러 죽였다. 좌우 사람들이 크게 어지러워하자 섭정이 크게 외치며 쳐 죽인 자가 수십 명이나 되었다. 이어서 스스로 얼굴 가죽을 벗기고 눈알을 도려내어 남이 알지

못하게 하고② 스스로 배를 갈라 창자를 꺼내고 마침내 죽었다. 한나라는 섭정을 가져다가 시체를 저자에 드러내③ 놓고 현상금을 걸어 물었지만 아무도 누구인지 알지 못했다. 이에 한나라는 현상금을 걸어 재상 협루를 살해한 자를 말해 준다면 1천금을 주겠다고 했으나, 오래도록 알아내지 못했다.

杖劍至韓 韓相俠累方坐府上① 持兵戟而衛侍者甚衆 聶政直入 上階刺殺俠累 左右大亂 聶政大呼 所擊殺者數十人 因自皮面決眼② 自屠出腸遂以死 韓取聶政屍暴③於市 購問莫知誰子 於是韓(購)縣〔購〕之 有能言殺相俠累者予千金 久之莫知也

① 俠累方坐府上협루방좌부상

集解 서광이 말했다. "한나라 열후烈侯 3년 3월에 도적이 한나라 재상 협루를 살해했다. 협루의 이름은 괴傀이다. 《전국책》에는 '동맹東孟의 모임이 있었다.'고 했다. 또 이르기를 '섭정이 한괴를 찔렀는데, 아울러 애후를 맞혔다.'라고 했다."

徐廣曰 韓烈侯三年三月 盜殺韓相俠累 俠累名傀 戰國策曰 有東孟之會 又云 聶政刺韓傀 兼中哀侯

索隱 《전국책》에서 말한다. "섭정은 곧바로 들어가 계단으로 올라서 한괴를 찔렀고 한괴가 달아나 애후를 안았는데, 섭정이 찔러서 아울러 애후까지 맞혔다." 고유가 말했다. "동맹東孟은 땅 이름이다."

戰國策曰 政直入 上階刺韓傀 傀走而抱哀侯 聶政刺之 兼中哀侯 高誘曰 東孟 地名也

② 皮面決眼피면결안

색은 피면皮面은 칼로 그 얼굴 가죽을 벗겨서 남으로 하여금 알지 못하게 한 것을 이른다. 결안決眼은 그 눈알을 도려낸 것을 이른다. 《전국책》에는 '결안抉眼'으로 되어 있는데 이곳의 '결決'과 또한 통한다. 決의 발음은 '열[烏穴反]'이다.

皮面謂以刀割其面皮 欲令人不識 決眼謂出其眼睛 戰國策作 抉眼 此決亦通音烏穴反

③ 暴폭

정의 暴의 발음은 '폭[蒲酷反]'이다.

暴 蒲酷反

섭정의 누이 섭영聶榮[①]은 어떤 사람이 한나라 재상을 찔러 죽인 일이 있었는데, 해친 자를 찾지 못했고 나라에서 그 성명을 알지 못한다고 하며 그 시체를 드러내 놓고 1천금의 현상금을 걸었다는 소문을 듣고 오열하며 말했다.[②]

"아마도 그 시체는 내 동생일 것이다. 아아, 엄중자는 내 동생을 알아보았구나!"

곧 일어나 한나라로 가서 저자에 가보니 죽은 자는 과연 섭정이었다. 시체에 엎어져 통곡하는데 매우 슬퍼하여 말했다.

"이 사람은 지軹 땅 심정리의 이른바 섭정이란 자입니다."

저자의 행인과 많은 사람들이 모두 말했다.

"이 사람은 우리나라 재상을 포악스럽게 죽여서 왕께서 그 성명
姓名에 1천금의 현상금을 걸었는데 부인은 듣지 못했는가? 어찌
감히 와서 아는 척을 하는 것인가?"

섭영이 대답했다.

"그런 소식을 들었소. 그러나 섭정이 더럽히고 욕됨을 무릅쓰
고 시장바닥 사이에서 자기를 버리고 산 것은 늙은 어미가 무탈
하기를 바라고③ 제가 시집을 가지 않았기 때문이었소. 늙은 어
머니는 천수를 다해 세상을 떠나고 저도 이미 시집을 갔소. 엄
중자는 곤욕 속에서 내 동생을 뽑아 살피고④ 교제하여 은택이
두터웠으니 어찌 할 수 있었겠소! 사인은 진실로 자신을 알아주
는 자를 위해 죽는다고 했는데, 지금 제가 아직 살아 있는 까닭
으로 섭정이 거듭 자해해서 종적을 끊으려고 한 것이오.⑤ 제 몸
이 어찌 죽는 것을 두려워하여 끝까지 어진 동생의 이름을 없애
겠소!"

政姊榮①聞人有刺殺韓相者 賊不得 國不知其名姓 暴其尸而縣之千金
乃於邑曰② 其是吾弟與 嗟乎 嚴仲子知吾弟 立起 如韓 之市 而死者果
政也 伏尸哭極哀 曰 是軹深井里所謂聶政者也 市行者諸衆人皆曰 此
人暴虐吾國相 王縣購其名姓千金 夫人不聞與 何敢來識之也 榮應之
曰 聞之 然政所以蒙汚辱自棄於市販之間者 爲老母幸無恙③ 妾未嫁也
親旣以天年下世 妾已嫁夫 嚴仲子乃察④舉吾弟困汚之中而交之 澤厚
矣 可柰何 士固爲知己者死 今乃以妾尙在之故 重自刑以絕從⑤ 妾其柰
何畏歿身之誅 終滅賢弟之名

① 榮영

<u>집해</u> 다른 판본에는 '앵嫈'으로 되어 있다.

一作嫈

<u>색은</u> 영榮은 그 누이 이름이다. 《전국책》에는 '영榮' 자가 없다.

榮 其姊名也 戰國策無榮字

② 乃於邑曰내어읍왈

<u>색은</u> 유씨가 말했다. "원통함에 번민하고 고통에 근심하는 것이다."

劉氏云 煩冤愁苦

③ 無恙무양

<u>색은</u> 《이아》에서 말한다. "양恙은 근심이다." 《초사》에서 말한다. "도리어 군주는 근심이 없기에 이르렀다." 《풍속통》에서 말한다. "양恙은 병病이다. 무릇 사람이 서로 만나 편지를 통함에 이르러서는 모두 '무양無恙'이라고 이른다." 또 《역전》에서, 상고의 시대에는 풀 속에서 살고 한뎃잠을 잤다. 양恙은 무는 벌레이고 사람의 마음을 먹는 것을 잘해서 세속에서는 모두 근심한다. 그러므로 서로를 위로해서 '무양'이라고 이르는 것이라고 했다. (그 말인즉) 양恙은 병이 아니라는 것이다.

爾雅云 恙 憂也 楚詞云 還及君之無恙 風俗通云 恙 病也 凡人相見及通書 皆云 無恙 又易傳云 上古之時 草居露宿 恙 齧蟲也 善食人心 俗悉患之 故相勞云 無恙 恙非病也

④ 察찰

<u>색은</u> 살펴보니 찰察은 관찰하니 뜻과 행동이 있어서 추천한 것을 이른다.

유씨는 찰察은 선選과 같다고 했다.

案 察謂觀察有志行乃舉之 劉氏云察猶選也

⑤ 重自刑以絶從중자형이절종

집해 서광이 말했다. "아마 그 누이가 연좌에 따라 죽을 것으로 생각해서이다."

徐廣曰 恐其姊從坐而死

색은 중重은 부復와 같다. 남을 위해 원수를 갚고 죽어 이에 첩(누이) 때문에 다시 스스로 그 몸에 형벌을 가해서 남으로 하여금 알지 못하게 했다는 것이다. 從의 발음은 '종蹤'이며 옛날에는 글자가 적어서 가차해서 '족足' 변이 없다. 서광이 연좌를 따른다고 여긴 것은 잘못된 것이다. 유씨도 '종[足松反]'으로 발음한다고 했다.

重音持用反 重猶復也 爲人報讎死 乃以妾故復自刑其身 令人不識也 從音蹤 古字少 假借無旁足 而徐氏以爲從坐 非也 劉氏亦音足松反

정의 重의 발음은 '종[直龍反]'이다. 스스로 형벌하는 것은 '간刊'으로 되어 있다. 《설문》에서 '간刊은 깎아내는 것이다.'라고 한다. 살펴보니 중重은 애석과 같다. 본래 엄중자를 위해 원수를 갚고 그 일을 아까워하여 누설되지 않게 하려고 그 종적을 단절한 것이다. 그 누이가 망령되이 일러 자신을 위해서 숨긴 것이라고 한 것은 잘못된 것이다.

重 直龍反 自刑作 刊 說文云 刊 剟也 按 重猶愛惜也 本爲嚴仲子報仇訖 愛惜其事 不令漏泄 以絶其蹤迹 其姊妄云爲己隱 誤矣

(누이의 말은) 한나라 시장 사람들을 크게 놀라게 했다. 이에 크게 '하늘이여!'를 세 번 부르짖고 마침내 오열하고 섭정의 곁에서 죽었다. 진晉나라, 초나라, 제나라, 위衛나라 사람들이 이러한 소문을 듣고 모두 말했다.

"섭정만 능력이 있는 것이 아니라 그 누이도 열녀이다. 설령 섭정이 진실로 그의 누이가 인내[1]하는 뜻이 없고 해골이 드러나는 고통을 대수롭지 않게 여겨[2] 천리 험한 길을 와서 이름을 나란히 하여 남매가 한韓나라 시장에서 죽게 될 것을 알았더라면 감히 자신을 엄중자에게 허락하지 않았을 것이다. 엄중자도 사람을 알아보고 능력 있는 사인을 얻었다고 이를 만하다."

그 220여 년 남짓 뒤에 진秦나라에 형가荊軻의 사건이 있었다.[3]

大驚韓市人 乃大呼天者三 卒於邑悲哀而死政之旁 晉楚齊衞聞之 皆曰 非獨政能也 乃其姊亦烈女也 鄕使政誠知其姊無濡忍[1]之志 不重暴骸之難[2] 必絶險千里以列其名 姊弟俱僇於韓市者 亦未必敢以身許嚴仲子也 嚴仲子亦可謂知人能得士矣 其後二百二十餘年秦有荊軻之事[3]

---

① 濡忍유인

[색은] 유濡는 윤潤이다. 사람의 성품이 촉촉하여 스며들면 능히 인내심을 머금는다. 그러므로 '유인濡忍'이라고 일렀다. 만약 용감하고 조급하면 반드시 죽음을 가볍게 여긴다.

濡 潤也 人性淫潤則能含忍 故云濡忍也 若勇躁則必輕死也

② 重暴骸之難중폭해지난

[색은] 중重과 난難은 모두 통상 발음대로 읽는다. 중重은 석惜과 같다. 뼈가 드러나는 어려움을 당해도 애석하게 여기지 않는다는 말이다.

重難竝如字 重猶惜也 言不惜暴骸之爲難也

③ 有荊軻之事유형가지사

[집해] 서광이 말했다. "섭정에서 형가까지는 170년일 따름이다."

徐廣曰 聶政至荊軻百七十年爾

[색은] 서광은 〈육국연표〉에 의거해 섭정에서 형가까지의 거리는 170년이라 했다. 그런즉 이 〈자객열전〉에서 대략 2백여년 말한 것은 또한 당시 세밀하지 못했기 때문이다.

徐氏據六國年表 聶政去荊軻一百七十年 則謂此傳率略而言二百餘年 亦當時 爲不能細也

[정의] 살펴보니 〈육국연표〉에서 진시황 23년으로부터 한경후韓景侯까지는 370년이며, 만약 애후 6년까지라면 643년이다.

按 年表從始皇二十三年至韓景侯三百七十年 若至哀侯六年 六百四十三年也

[신주] 진시황 23년부터 한경후 말년까지는 176년이며, 애후 6년까지라면 147년이다. 어떻게 계산했기에 이들 주석과 같은 결과가 나왔는지 모르겠다. 참고로 애후 6년은 없으며 실제 의후懿侯 4년이다. 따라서 형가 사건은 진시황 20년에 있었다고 보아야 한다.

형가와 연태자

형가는 위衛나라 사람이다.① 그 선조는 곧 제나라 사람이었는데, 위나라로 이사하자 위나라 사람들은 그를 경경慶卿이라 불렀고② 또 연나라로 가자 연나라 사람들은 그를 형경荊卿이라고 일렀다. 형경은 글 읽기와 검도를 좋아해서③ 그 재주로 위衛나라 원군元君에게 유세했으나 위나라 원군은 등용하지 않았다. 그 뒤에 진秦나라가 위魏나라를 정벌하여 동군을 설치하고 위衛나라 원군의 갈라져 나온 일족들을 야왕野王④으로 옮기게 하였다.

형가는 일찍이 유람하며 유차楡次⑤를 지나가다가 갑섭蓋聶⑥을 만나서 검도를 논하는데 갑섭이 성내며 노려보았다. 형가가 나가자 어떤 사람이 다시 형경을 부르자고 말했다. 갑섭이 말했다.

"저번에 나와 함께 검도에 대해 논했는데 서로 맞지 않는 것이 있어서 내가 노려보았네. 시험 삼아 가보게. 이 사람은 마땅히 떠나고 감히 머무르지 않았을 것이네."

심부름꾼을 시켜 머물던 집주인에게 가보게 했는데 형경은 이미 수레를 타고 유차를 떠난 뒤였다. 심부름꾼이 돌아와서 보고하자 갑섭이 말했다.

"진실로 떠났을 것이다. 내가 얼마 전에 그를 노려보았으니.⑦"

荊軻者 衛人也^① 其先乃齊人 徙於衛 衛人謂之慶卿^② 而之燕 燕人謂之
荊卿 荊卿好讀書擊劍^③ 以術說衛元君 衛元君不用 其後秦伐魏 置東郡
徙衛元君之支屬於野王^④ 荊軻嘗游過榆次^⑤ 與蓋聶^⑥論劍 蓋聶怒而目
之 荊軻出 人或言復召荊卿 蓋聶曰 曩者吾與論劍有不稱者 吾目之 試
往 是宜去 不敢留 使使往之主人 荊卿則已駕而去榆次矣 使者還報 蓋
聶曰 固去也 吾曩者目攝之^⑦

① 荊軻者 衛人也형가자위인야

[색은] 살펴보니 (사마천이) 찬론에 일컬어 "공손계공과 동생이 나에게 말
해 주었다."라고 한즉, 이곳 〈자객열전〉은 비록 《전국책》을 요약했으나
또한 별도의 다른 소문을 기록한 것이다.

按 贊論稱 公孫季功 董生爲余道之 則此傳雖約戰國策而亦別記異聞

② 其先乃齊人~謂之慶卿기선내제인~위지경경

[색은] 형가의 선조는 제나라 사람이며 제나라에는 경씨慶氏가 있으니,
즉 어떤 판본에서는 본래 성이 경慶이라 했다. 《춘추》에는 경봉慶封이
있고 그 후손이 성씨를 하賀로 고쳤다. 이 아래에 또한 위衛나라에 이르
러서는 성씨를 형荊으로 고쳤다. 형경荊慶은 발음이 서로 비슷하다. 그러
므로 있던 나라에 따라서 그 호칭이 달랐을 뿐이다. 경卿은 당시 사람들
이 존중하는 호칭으로, 서로 높여 아름답게 여길 때도 '자子'로 일컫는
것과 같다.

軻先齊人 齊有慶氏 則或本姓慶 春秋慶封 其後改姓賀 此下亦至衛而改姓荊
荊慶聲相近 故隨在國而異其號耳 卿者 時人尊重之號 猶如相尊美亦稱子然也

③ 擊劍격검

집해 《여씨검기》에서 말한다. "짧게 쥐고 길게 들어가며 갑자기 종횡으로 누빈다."

呂氏劍技曰 持短入長 倏忽從橫

④ 野王야왕

정의 회주 하내현이다.

懷州河內縣

⑤ 楡次유차

정의 병주의 현이다.

幷州縣也

⑥ 蓋聶갑섭

색은 蓋의 발음은 '갑[古臘反]'이다. 갑蓋은 성이고 섭聶은 이름이다.

蓋音古臘反 蓋 姓 聶 名

⑦ 攝之섭지

색은 섭攝은 정정整과 같다. 자신의 뜻에 걸맞지 않아 화를 내어 쳐다봄으로 인해서 정돈했다는 것을 이른다.

攝猶整也 謂不稱己意 因怒視以攝整之也

정의 섭攝은 쳐다봄과 같다.

攝猶視也

형가가 한단에서 유람하는데, 노구천魯句踐[1]은 형가와 육박六博 놀이를 하면서 (육박의) 말길을 다투었다. 노구천이 노하고 꾸짖자 형가는 잠자코 있다가 도망쳐 떠나 마침내 다시 만나지 않았다. 형가는 연나라에 이르고 나서 연나라에서 개를 도살하는 자와 축筑을 잘 타는[2] 고점리高漸離와 친밀하게 지냈다.

형가는 술을 즐겼는데 날마다 개를 잡는 백정 및 고점리와 함께 연나라 시장에서 술을 마셨다. 술이 무르익어 가면 고점리는 축筑을 타고 형가는 축에 화답하여 시장 안에서 노래를 불러 서로 즐거워했고 끝나면 서로 울기도 하며 곁에 사람이 아무도 없는 것처럼 하였다.

형가는 비록 술 마시는 사람들과[3] 놀았으나 그 사람됨은 마음이 침착하고 생각이 깊으며 글을 좋아했다. 그가 제후국에서 유람할 때는 모두 그곳의 어진이나 호걸이나 장자長者들과 함께 서로 친분을 맺었다. 그가 연나라로 가자 연나라 처사處士 전광田光 선생도 그를 잘 대우했는데, 그가 보통사람이 아님을 알아서다.

荊軻游於邯鄲 魯句踐[1]與荊軻博 爭道 魯句踐怒而叱之 荊軻嘿而逃去 遂不復會 荊軻旣至燕 愛燕之狗屠及善擊筑者[2]高漸離 荊軻嗜酒 日與 狗屠及高漸離飮於燕市 酒酣以往 高漸離擊筑 荊軻和而歌於市中 相 樂也 已而相泣 旁若無人者 荊軻雖游於酒人乎[3] 然其爲人沈深好書 其 所游諸侯 盡與其賢豪長者相結 其之燕 燕之處士田光先生亦善待之 知其非庸人也

① 魯句踐노구천

노로魯는 성이고 구천句踐은 이름이다. 월왕과 이름이 같은데 어떤 의의가 있을 것이다. 속본에 천踐 자는 '천賤'으로 되어 있지만 그른 것이다.

魯 姓 句踐 名也 與越王同 或有意義 俗本踐作賤 非

② 筑者축자

색은 축筑은 금琴과 비슷하고 현이 있어 대나무를 사용해 치는 것으로 취하여 이름으로 삼았다. 점漸은 통상 발음대로 읽는다. 왕의는 '점[哉廉反]'으로 발음한다고 했다.

筑似琴 有弦 用竹擊之 取以爲名 漸音如字 王義(之)音哉廉反

③ 酒人乎주인호

집해 서광이 말했다. "술을 마시는 사람이다."

徐廣曰 飲酒之人

얼마쯤 지나서 때마침 연나라 태자 단丹이 진나라에 인질로 갔다가 도망쳐 연나라로 돌아왔다. 연나라 태자 단은 옛날 일찍이 조나라에 인질로 있었는데 진왕 정政(진시황)이 조나라에서 태어났으므로 그가 어렸을 때 단과 즐겁게 놀았다. 정이 즉위해 진왕이 되기에 이르렀고 단은 진나라에 인질이 되었다.

진왕은 연나라 태자 단에 대한 대우를 잘하지 못했다. 그러므로 단은 원망하고 도망쳐 돌아온 것이다. 돌아와서 진왕에게 보복할 자를 구했는데 나라가 작아 힘으로 어쩌지 못했다.

그 뒤로 진나라는 날마다 군사를 산동山東으로 출동시켜서 제나라와 초나라와 삼진三晉(한韓, 위魏, 조趙)을 쳐서 점점 제후들을 잠식하고 또 연나라에 이르렀다. 연나라 군주와 신하들은 모두 재앙이 닥칠 것을 걱정했다. 태자 단은 이를 근심하여 그 스승 국무鞠武^①에게 물었다.

居頃之 會燕太子丹質秦亡歸燕 燕太子丹者 故嘗質於趙 而秦王政生於趙 其少時與丹驩 及政立爲秦王 而丹質於秦 秦王之遇燕太子丹不善 故丹怨而亡歸 歸而求爲報秦王者 國小 力不能 其後秦日出兵山東以伐齊楚三晉 稍蠶食諸侯 且至於燕 燕君臣皆恐禍之至 太子丹患之問其傅鞠武^①

① 鞠武국무

색은 鞠의 발음은 '국麹'이며 또 통상 발음대로 읽는다. 사람의 성명이다.

上音麴 又如字 人姓名也

국무가 대답했다.

"진나라 땅이 천하에 두루 퍼져 있고 한나라, 위나라, 조나라를 위협합니다. 북쪽은 감천甘泉과 곡구谷口의 견고함이 있고 남쪽은 경수涇水와 위수渭水의 비옥함이 있으며 파巴와 한중漢中의 풍요로운 것을 마음대로 하고 있으며, 오른쪽은 농롱隴과 촉산蜀山이 있고 왼쪽은 함곡관과 효산殽山의 험난함이 있습니다. 백성은 많고 군사들은 씩씩하며 병기와 갑옷은 남아돕니다. 뜻이 있다면 나가는 곳은 즉 장성 남쪽이든 이수易水 북쪽①이든 정해진 곳이 없습니다. 어찌 수모를 당했다는 원한만으로 그들의 역린을 건드리려 하십니까?②"

태자 단이 말했다.

"그렇다면 어찌해야 합니까?"

국무가 대답해서 말했다.

"청컨대 깊이 도모해 보겠습니다."

武對曰 秦地徧天下 威脅韓魏趙氏 北有甘泉谷口之固 南有涇渭之沃 擅巴漢之饒 右隴蜀之山 左關殽之險 民衆而士厲 兵革有餘 意有所出 則長城之南 易水以北① 未有所定也 奈何以見陵之怨 欲批②其逆鱗哉 丹曰 然則何由 對曰 請入圖之

① 易水以北이수이북

[정의] 이북은 연나라를 이른다.

以北謂燕國也

② 批별

[집해] 批의 발음은 '별[白結反]'이다.

批音白結反

[색은] 批의 발음은 '별[白結反]'이다. 별批은 맞대서 치는 것을 이른다.

白結反 批謂觸擊之

얼마 사이에, 진나라 장군 번오기樊於期가 진왕에게 죄를 짓고 도망쳐 연나라로 왔는데 태자 단이 받아 주어 머무르게 했다. 국무가 간하여 말했다.

"안 됩니다. 저 진왕의 포악함 때문에 연나라에서 노여움을 쌓아 놓는 것만으로도 족히 마음이 오싹할 지경인데,[①] 또 하물며 번장군이 있다고 들으면 어찌 되겠습니까? 이것을 일러 '굶주린 호랑이가 다니는 길에 고기를 맡기는 것과 같다.'라고 하는 것이니, 재앙은 반드시 떨쳐내지[②] 못할 것입니다. 비록 관중管仲과 안영晏嬰이 있더라도 계책을 낼 수 없습니다. 원컨대 태자께서는 빨리 번오기 장군을 보내 흉노로 들어가게 해서 구실을 없애야 합니다. 서쪽으로 삼진三晉과 약속하고 남쪽으로 제나라와 초나라와 연합하고 북쪽으로는 선우單于와 화친[③]한다면, 그 뒤에 곧 도모할 수 있을 것입니다."

태자가 말했다.

"태부의 계책은 너무나 오랜 시간이 걸립니다. 마음이 어지러워[④] 아마 잠깐이라도 채용할 수 없을 것입니다. 또 단지 이뿐만 아니라 무릇 번장군은 천하에서 곤궁해져서 자신을 나에게 맡겼는데, 나는 끝내 강한 진나라 핍박 때문에 가련한 친구를 저버리지 못합니다. 흉노로 보낸다면 이는 진실로 내 목숨이 끝나는 때일 것입니다. 원컨대 태부께서는 다시 생각해 주십시오."

居有間 秦將樊於期得罪於秦王 亡之燕 太子受而舍之 鞠武諫曰 不可 夫以秦王之暴而積怒於燕 足爲寒心[①] 又況聞樊將軍之所在乎 是謂 委肉當餓虎之蹊也 禍必不振[②]矣 雖有管晏 不能爲之謀也 願太子疾遣樊

> 將軍入匈奴以滅口 請西約三晉 南連齊楚 北購③於單于 其後迺可圖也
> 太子曰 太傅之計 曠日彌久 心惛然④ 恐不能須臾 且非獨於此也 夫樊
> 將軍窮困於天下 歸身於丹 丹終不以迫於彊秦而棄所哀憐之交 置之匈
> 奴 是固丹命卒之時也 願太傅更慮之

① 寒心한심

색은 보통 사람은 추위가 심하면 마음이 떨고 두려워져도 떤다. 지금 두려운 것으로써 추위에 비유했으니 마음이 떨릴 만하다는 말이다.

凡人寒甚則心戰 恐懼亦戰 今以懼譬寒 言可爲心戰

② 振진

색은 진振은 구救이다. 재앙이 천하에 미치면 구제할 수 없다는 말이다.

振 救也 言禍及天下 不可救之

③ 購구

색은 《전국책》에서 '구購'는 '강講'으로 되어 있다. 강講은 화친하는 것이다. 지금 구購를 '위연구爲燕購'와 똑같게 발음하는데, 구媾는 또한 합合이다. 《한서》와 《사기》에는 구媾와 강講 두 글자는 항상 섞어 썼으며, 지금 북쪽과 함께 연결하여 화친하려는 것이다. 〈장의열전〉에 딸린 〈진진열전〉에도 이르기를 '서쪽에서 진나라와 화친했다.'라고 했다.

戰國策購作講 講 和也 今讀購與爲燕媾 同 媾亦合也 漢史媾講兩字常襍 今欲北與連和 陳軫傳亦曰 西購於秦也

④ 惛然혼연

정의 惛의 발음은 '혼昏'이다.

惛音昏

국무가 말했다.

"무릇 위태로운 일을 행하면서 편안함을 찾고자 하고, 재앙을 만들면서 복을 구한다면 계책이 얕아지고 원한이 깊어집니다. 한 사람의 하찮은 사귐에 연결連結되어 국가의 큰 피해를 돌아보지 않는다면, 이는 이른바 '원한을 바탕삼아 재앙을 조장助長한다.'라는 것입니다. 대저 기러기의 털을 화로의 숯불 위에 태우는 것은 반드시 사고를 없게 하는 것입니다. 만일 사나운 독수리 같은 진나라가 원망하여 포악한 노여움을 행한다면, 어떠한 방법을 써서 감당하겠습니까? 연나라에 전광田光 선생이 있는데 그는 사람됨이 지혜가 깊고 용감하며 침착해서 함께 도모할 만합니다."

태자가 말했다.

"원컨대 태부를 따라 전광 선생을 사귀고자 하는데, 되겠습니까?"

국무가 말했다.

"삼가 그리하겠습니다."

국무가 출타해서 전광 선생을 만나보고 말했다.

"태자께서 국사를 선생과 도모하기를 원하십니다."

전광이 말했다.

"삼가 가르침을 받들겠소."

이에 전광 선생이 그곳에 나아갔다.

鞠武曰 夫行危欲求安 造禍而求福 計淺而怨深 連結一人之後交 不顧
國家之大害 此所謂 資怨而助禍 矣 夫以鴻毛燎於爐炭之上 必無事矣
且以鵰鷙之秦 行怨暴之怒 豈足道哉 燕有田光先生 其爲人智深而勇
沈 可與謀 太子曰 願因太傅而得交於田先生 可乎 鞠武曰 敬諾 出見田
先生 道太子願圖國事於先生也 田光曰 敬奉教 乃造焉

태자가 영접하여 맞이하고 뒤로 물러나서 인도하고 꿇어앉아
(전광의) 자리의 먼지를 털었다.[①] 전광이 자리에 앉자 좌우에 사람
을 없게 하고 태자는 자리에서 벗어나 청해 말했다.

"연나라와 진나라는 양립할 수 없으니 원컨대 선생께서는 유념해
주십시오."

전광이 말했다.

"신이 듣건대, 천리마가 힘이 왕성할 때는 하루에 1천 리를 달리지
만 노쇠함에 이르면 노둔한 말도 천리마를 앞선다고 합니다. 지금
태자께서는 제가 왕성할 때의 일만을 듣고 신의 정신이 이미 쇠
잔해졌음을 알지 못합니다. 비록 그러하나 제가 감히 국사를 도
모하려 하지 않는 것은 아닙니다. 저와 잘 지내는 형경荊卿(형가)은
쓰실 만합니다.[②]"

태자가 말했다.

"원컨대 선생을 통해 형경과 교제를 맺고 싶은데, 되겠습니까?"

전광이 말했다.

"삼가 그리하겠습니다."

곧 일어나 빠른 걸음으로 나갔다. 태자가 송별하며 문에 이르러 조심스럽게 말했다.

"제가 알려준 것이나 선생께서 말씀하신 것은 국가의 큰일이니, 선생께서 누설하지 않기를 원합니다."

전광은 몸을 숙이고[3] 웃으면서 말했다.

"그리하겠습니다."

太子逢迎 卻行爲導 跪而蔽席[1] 田光坐定 左右無人 太子避席而請曰 燕秦不兩立 願先生留意也 田光曰 臣聞騏驥盛壯之時 一日而馳千里 至其衰老 駑馬先之 今太子聞光盛壯之時 不知臣精已消亡矣 雖然 光 不敢以圖國事 所善荊卿可使也[2] 太子曰 願因先生得結交於荊卿 可乎 田光曰 敬諾 卽起 趨出 太子送至門 戒曰 丹所報 先生所言者 國之大事 也 願先生勿泄也 田光俛[3]而笑曰 諾

① 蔽席별석

집해 서광이 말했다. "폐蔽는 다른 판본에는 '발撥'로 되어 있고 또 다른 판본에는 '발拔'로 되어 있다."

徐廣曰 蔽 一作撥 一作拔

색은 蔽의 발음은 '펼[疋結反]'이고 별蔽은 털어냄과 같다.

蔽音疋結反 蔽猶拂也

② 所善荊卿可使也소선형경가사야

[정의] 《연단자》에서 말한다. "전광이 대답하기를 '가만히 태자의 객을 살펴보건대 쓸 만한 자가 없습니다. 하부夏扶는 핏대를 세우는 용맹한 사람으로 노하면 얼굴이 붉어집니다. 송의宋意는 맥박이 좋은 용맹한 사람으로 노하면 얼굴이 파래집니다. 무양武陽은 골격이 좋은 용맹한 사람으로 노하면 얼굴이 하얘집니다. 제가 아는 형가는 신명이 용감한 사람으로 노해도 얼굴이 변하지 않습니다.'라고 했다."

燕丹子云 田光答曰 竊觀太子客無可用者 夏扶血勇之人 怒而面赤 宋意脈勇之人 怒而面青 武陽骨勇之人 怒而面白 光所知荊軻 神勇之人 怒而色不變

③ 俛부

[정의] 俛의 발음은 '부俯'이다.

挽音俯

전광은 몸을 굽히고 가서 형경을 만나 말했다.

"저와 그대가 서로 친하다는 것을 연나라에서 알지 못하는 이가 없습니다. 지금 태자께서 제가 왕성할 때의 일만 듣고 나의 몸이 다해서 따라가지 못하는 것을 알지 못합니다. 다행히 하교해서 말하시기를 '연나라와 진나라는 양립할 수 없으니 원컨대 선생께서는 유념해 주십시오.'라고 했소. 나는 마음 속으로 도외시度外視하지 못하고 족하를 태자에게 말씀드렸소. 원컨대 족하는 궁宮에 들러 태자를 뵈십시오."

형가가 대답했다.

"삼가 가르침을 받들겠습니다."

전광이 말했다.

"내가 듣자니 장자長者는 행동하는데 남에게 의심받지 않는다고 했소. 지금 태자께서는 나에게 고하시기를 '말한 것은 국가의 큰 일이니 선생께서 누설하지 않기를 원합니다.'라고 했소. 이것은 태자께서 나를 의심하는 것이오. 무릇 행동하는 자가 남에게 의심을 산다면 절개와 의협義俠을 지닌 사람이 아닐 것이오."

이에 목숨을 끊어서 형경과 격려코자 해서 말했다.

"원컨대 족하께서는 급히 태자에게 들러서 전광은 이미 죽어서 말하지 않을 것을 명백하게 했다고 말해주시오."

그리하고 마침내 스스로 목을 찔러서 죽었다.

僂行見荊卿 曰 光與子相善 燕國莫不知 今太子聞光壯盛之時 不知吾形已不逮也 幸而教之曰 燕秦不兩立 願先生留意也 光竊不自外 言足下於太子也 願足下過太子於宮 荊軻曰 謹奉教 田光曰 吾聞之 長者爲行 不使人疑之 今太子告光曰 所言者 國之大事也 願先生勿泄 是太子疑光也 夫爲行而使人疑之 非節俠也 欲自殺以激荊卿 曰 願足下急過太子 言光已死 明不言也 因遂自刎而死

형가는 마침내 태자를 만나보고 전광이 이미 죽었다고 말하면서 전광이 한 말을 전했다. 태자는 두 번 절을 올리고 무릎을 꿇은 다음에 무릎으로 기어가며 눈물을 흘리더니 잠시 후에 말했다.

"제가 전광 선생에게 말하지 말도록 조심스럽게 이른 까닭은 큰일의 계획을 이루고자 함이었소. 지금 전 선생이 죽음으로써 말하지 않은 것을 밝혔는데 어찌 제 마음이었겠소!"

형가가 자리에 앉자 태자가 자리를 벗어나 머리를 조아리고 말했다.

"전광 선생께서는 제가 불초不肖한 것을 모르고 그대를 얻어 앞에 이르게 해 감히 말할 바를 있게 했소. 이것은 하늘이 연나라를 가엾게 여겨 나(고孤)①를 버리지 않은 까닭이오. 지금 진나라는 이익을 탐할 마음만 가지고 있어 욕심이 만족할 줄 모르오. 천하의 땅을 다 가지고 온 천하의 왕들을 신하로 삼지 않고는 마음에 들지 않을 것이오.

지금 진나라는 이미 한왕韓王을 사로잡고 그 땅을 다 들였소. 또 군사를 일으켜 남쪽으로 초나라를 정벌하고 북쪽으로 조나라에 다다랐소. 왕전王翦 장군은 수십만 명을 거느리고 장漳과 업鄴 땅을 막고 이신李信은 태원太原과 운중雲中으로 나갔소.

荊軻遂見太子 言田光已死 致光之言 太子再拜而跪 膝行流涕 有頃而后言曰 丹所以誠田先生毋言者 欲以成大事之謀也 今田先生以死明不言 豈丹之心哉 荊軻坐定 太子避席頓首曰 田先生不知丹之不肖 使得至前 敢有所道 此天之所以哀燕而不棄其孤①也 今秦有貪利之心 而欲不可足也 非盡天下之地 臣海內之王者 其意不厭 今秦已虜韓王 盡納其地 又舉兵南伐楚 北臨趙 王翦將數十萬之衆距漳鄴 而李信出太原雲中

① 孤고

색은 살펴보니 아버지가 없는 것을 '고孤'라고 부른다. 당시에는 연왕燕王이 아직 살아있는데 단丹이 고孤라고 칭한 것은 혹은 기록한 자가 단어를 실수했거나 혹은 제후의 적자嫡子가 당시에 또한 참람하게 고孤라고 칭한 것일 것이다. 또 유향은 '단은 연왕 희喜의 태자이다.'라고 했다.

案 無父稱孤 時燕王尙在 而丹稱孤者 或記者失辭 或諸侯嫡子時亦僭稱孤也 又劉向云 丹 燕王喜之太子

조나라는 진나라를 버텨내지 못하고 반드시 신하로 들어갈 것이오. 신하로 들어가면 재앙이 연나라에 이를 것이오. 연나라는 작고 약해서 수차 전쟁에서 곤경을 당했소. 지금 계산하면 온 제후국으로도 진나라를 당해내기에 부족하오. 제후들은 진나라에 복종하여 감히 합종을 하지 못하오.

저의 개인적 계책은 어리석지만, 진실로 천하의 용사를 얻어서 진나라에 사신을 보내 커다란 이익을 보게 하는 것이오.① 진왕이 탐욕스러우니② 그 형세에서는 반드시 원하는 바를 얻게 될 것이오. (이리하여) 진실로 진왕을 겁박해서 빼앗은 땅들을 제후들에게 모두 돌려주게 할 수 있다면, 마치 조말曹沫이 제환공에게 한 것과 같아서 크게 좋은 일일 것이오. 그렇지 못하다면 그 기회를 타 그를 찔러 죽일 것이오.

저 진나라 대장들은 군사를 나라의 밖에서 멋대로 하고 있지만 안에 난리가 있으면 군주와 신하가 서로 의심하게 될 테니, 그 틈에 제후들이 합종하면 그것으로 진나라를 쳐부술 것은 틀림없소. 이 것이 저의 최상의 소원인데 이 사명을 맡길 수 있는 사람을 알지 못하였습니다. 오직 형경이 이에 유념해 주시오.

趙不能支秦 必入臣 入臣則禍至燕 燕小弱 數困於兵 今計擧國不足以 當秦 諸侯服秦 莫敢合從 丹之私計愚 以爲誠得天下之勇士使於秦 闚① 以重利 秦王貪② 其勢必得所願矣 誠得劫秦王 使悉反諸侯侵地 若曹沫 之與齊桓公 則大善矣 則不可 因而刺殺之 彼秦大將擅兵於外而內有 亂 則君臣相疑 以其間諸侯得合從 其破秦必矣 此丹之上願 而不知所 委命 唯荊卿留意焉

① 闚규

[색은] 규闚는 보이는 것이다. 이로운 것으로 유인한다는 말이다.

闚 示也 言以利誘之

② 秦王貪진왕탐

[색은] 절구이다.

絕句

한참 있다가 형가가 말했다.

"이것은 국가의 큰일입니다. 신은 둔하고 뒤쳐져서 아마 사명을 맡기에는 부족합니다."

태자가 앞에서 머리를 조아리며 굳이 사양하지 말기를 청한 연후에야 형가가 허락했다. 이에 형경을 높여 상경上卿으로 삼아서 좋은 관사에서 머무르게 했다. 태자는 날마다 문하에 이르러 태뢰太牢를 장만하여 제공하고 특이한 물건을 틈틈이 올리며 수레와 기마와 미녀들을 형가가 하고 싶은 대로 해주어 그 뜻에 알맞게 해주었다.①

久之 荊軻曰 此國之大事也 臣駑下 恐不足任使 太子前頓首 固請毋讓 然後許諾 於是尊荊卿爲上卿 舍上舍 太子日造門下 供太牢具 異物間 進 車騎美女恣荊軻所欲 以順適其意①

① 以順適其意이순적기의

[색은] 《연단자》에서 말한다. "형가와 태자는 동궁의 연못에서 놀았는데, 형가가 기와를 주워 거북이에게 던지자 태자가 쇠로 만든 구슬을 받들어 올렸다. 또 함께 천리마를 타다가 형가가 이르기를 '천리마의 간은 좋다.'고 하자 곧 죽여서 말의 간을 올렸다. 태자가 번오기 장군과 함께 화양대華陽臺에서 술자리를 차리고 미인들을 불러내어 비파를 타게 하자, 형가가 이르기를 '고운 손이로다.'라고 했는데, (미인의 손을) 끊어서 옥쟁반에 담았다. 형가가 '태자께서 저를 대우함이 너무 후하십니다.'라고 했다." 이것을 말한다.

燕丹子曰 軻與太子遊東宮池 軻拾瓦投龜 太子捧金丸進之 又共乘千里馬 軻曰 千里馬肝美 卽殺馬進肝 太子與樊將軍置酒於華陽臺 出美人能鼓琴 軻曰 好手 也 斷以玉盤盛之 軻曰 太子遇軻甚厚 是也

오랜 시간이 지났는데도 형가는 떠날 뜻이 있지 않았다. 진나라 장군 왕전은 조나라를 쳐부수어 조왕을 사로잡고 그 땅을 모두 거두었으며 군사를 진격시켜 북쪽에서 (조나라) 땅을 공략하고 연나라 남쪽 경계에 이르렀다. 태자 단은 두려워하며 이에 형가에게 청해서 말했다.

"진나라 군사가 조석 간에 이수易水를 건너오면 비록 오래도록 족하를 모시고자 해도 어찌 그리할 수 있겠습니까!"

형가가 말했다.

"태자의 말씀이 아니었더라도 신이 배알하기를 원했습니다. 지금 가더라도 신임할만한 것이 없다면 진왕을 친견하지 못할 것입니다. 저 번장군은 진왕이 금 1천근과 1만호의 읍으로 사려고 합니다. 진실로 번장군의 머리와 연나라 독항督亢의 지도를[1] 가지고 진왕에게 바친다면, 진왕은 반드시 기뻐하고 신을 만나볼 것입니다. 그러면 신이 태자에게 보답할 수 있게 될 것입니다."

태자가 말했다.

"번장군은 자신이 곤궁한 채 저에게 와서 귀의하는데 저는 차마 나의 사사로움으로써 장자長者의 뜻을 손상시키지 못하니, 족하께서 다시 생각하기를 원하오."

久之 荊軻未有行意 秦將王翦破趙 虜趙王 盡收入其地 進兵北略地至燕南界 太子丹恐懼 乃請荊軻曰 秦兵旦暮渡易水 則雖欲長侍足下 豈可得哉 荊軻曰 微太子言 臣願謁之 今行而毋信 則秦未可親也 夫樊將

軍 秦王購之金千斤 邑萬家 誠得樊將軍首與燕督亢之地圖^① 奉獻秦王
秦王必說見臣 臣乃得有以報 太子曰 樊將軍窮困來歸丹 丹不忍以己
之私而傷長者之意 願足下更慮之

① 督亢之地圖독항지지도

집해 서광이 말했다. "방성현에 독항정이 있다." 살펴보니 유향의 《별록》
에서 말한다. "독항은 기름진 땅이다."

徐廣曰 方城縣有督亢亭 駰案 劉向別錄曰 督亢 膏腴之地

색은 〈지리지〉에는 광양국에 계현薊縣이 있다. 사마표의《군국지》에서
말한다. "방성에 독항정이 있다."

地理志廣陽國有薊縣 司馬彪郡國志曰 方城有督亢亭

정의 독항파는 유주 범양현范陽縣 동남쪽 10리에 있다. 지금 고안현
固安縣 남쪽에 독항맥이 있고 유주의 남쪽 영역이다.

督亢坡在幽州范陽縣東南十里 今固安縣南有督亢陌 幽州南界

형가는 태자가 차마 못하리라는 것을 알고 이에 마침내 개인적으
로 번오기를 만나서 말했다.
"진나라에서 장군을 대우함이 심했다고 할 수 있을 것이며 부모
와 종족들은 모두 죽임을 당했습니다. 지금 듣자니 장군의 머리
에 금 천근과 1만호의 읍을 현상금으로 걸었다고 하는데 장차 어
찌 하시겠습니까?"

번오기는 하늘을 우러르며 크게 한숨 쉬고 눈물을 흘리면서 말했다.

"제가 늘 그것을 생각하면 골수에 사무치지만, 돌아보고 계책을 곰곰이 생각해보아도 나갈 바를 모를 뿐입니다."

형가가 말했다.

"지금 한마디 말로 연나라 근심거리를 풀고 장군의 원수를 갚고자 하는데, 어떻게 하시겠습니까?"

번오기가 앞으로 나오며 말했다.

"어떻게 할 것입니까?"

형가가 말했다.

"원컨대 장군의 머리를 얻어 진왕에게 바치면 진왕이 반드시 기뻐하여 신을 만나줄 것이니 신이 왼손으로 그 소매를 잡고 오른손으로 그 가슴을 찌를① 것입니다. 그런즉 장군의 원수를 갚고 연나라가 능멸을 당한 부끄러움은 제거될 것입니다. 장군께서는 어찌 생각하십니까?"

荊軻知太子不忍 乃遂私見樊於期曰 秦之遇將軍可謂深矣 父母宗族皆爲戮沒 今聞購將軍首金千斤 邑萬家 將柰何 於期仰天太息流涕曰 於期每念之 常痛於骨髓 顧計不知所出耳 荊軻曰 今有一言可以解燕國之患 報將軍之仇者 何如 於期乃前曰 爲之柰何 荊軻曰 願得將軍之首以獻秦王 秦王必喜而見臣 臣左手把其袖 右手揕①其匈 然則將軍之仇報而燕見陵之愧除矣 將軍豈有意乎

① 揕침

서광이 말했다. "침摲의 발음은 '짐[張鳩切]'이다. 다른 판본에는 '항抗'으로 되어 있다."

徐廣曰 摲音張鳩切 一作抗

서광은 摲의 발음이 '짐[丁鳩反]'이라고 했다. 침摲은 검으로 그 가슴을 찌르는 것이다. 또 이르기를 다른 판본에는 '항抗' 자로 되어 있다고 했다. 抗의 발음이 '강[苦浪反]'이라고 했다. 항抗은 항거를 말하는 것으로 그 뜻은 잘못이다.

徐氏音丁鳩反 摲謂以劍刺其胸也 又云一作抗 抗音苦浪反 言抗拒也 其義非

번오기는 한쪽 어깨를 드러내고 팔을 잡으면서[①] 앞으로 다가와 말했다.

"이것은 신이 낮밤으로 이를 갈며 속을 끓이던 것입니다.[②] 이제 야 가르침을 듣게 되었습니다."

마침내 스스로 목을 찌르고 죽었다. 태자가 이를 듣고 달려가서 시신에 엎드려 곡을 하는데 매우 슬퍼했다. 이미 숨이 끊어져 어찌할 수 없었다. 이에 마침내 번오기의 머리를 상자에 담아서 봉했다.

이에 태자가 미리 천하에서 날카로운 비수를 구했는데, 조나라 사람 서부인徐夫人[③]의 비수를 얻어서 100금을 주고 가져와 공인工人에게 독약을 칼에 바르게 했다.[④] 이를 사람에게 시험하니 피가 실오라기만큼 흘러도 사람이 즉사하지 않는 이가 없었다.[⑤] 이에 행장行裝을 꾸려 형경荊卿을 보내게 했다.

樊於期偏袒搤捥^①而進曰 此臣之日夜切齒腐心也^② 乃今得聞教 遂自
剄 太子聞之 馳往 伏屍而哭 極哀 旣已不可奈何 乃遂盛樊於期首函封
之 於是太子豫求天下之利匕首 得趙人徐夫人^③匕首 取之百金 使工以
藥焠之^④ 以試人 血濡縷 人無不立死者^⑤ 乃裝爲遣荊卿

① 搤捥액완

[집해] 서광이 말했다. "다른 판본에는 '알捾'로 되어 있다."

徐廣曰 一作捾

[색은] 搤의 발음은 '역[烏革反]'이고 捥의 발음은 '안[烏亂反]'이다. 용맹한
자가 씩씩하게 분발하면, 반드시 먼저 왼손으로 오른쪽 팔을 잡는다.
완捥은 옛날 '완腕' 자이다.

搤音烏革反 捥音烏亂反 勇者奮厲 必先以左手扼右捥也 捥 古腕字

② 切齒腐心也절치부심야

[색은] 절치切齒는 서로 이를 가는 것이다. 《이아》에는 "뼈를 가는 것을
절切이라 한다."고 했다. 부腐는 보輔로 발음하며 또한 문드러진다는 것
이다. 지금 사람들의 일에 참을 수 없으면 "썩어 문드러진다."라고 이르
는 것과 같으며, 모두 분노하는 뜻이다.

切齒 齒相磨切也 爾雅曰 治骨曰切 腐音輔 亦爛也 猶今人事不可忍云 腐爛 然
皆奮怒之意也

③ 徐夫人서부인

[집해] 서광이 말했다. "서徐는 다른 판본에서 '진陳'으로 되어 있다."

徐廣曰 徐 一作陳

[색은] 서徐는 성이고 부인夫人은 이름이며 남자를 이른다.

徐 姓 夫人 名 謂男子也

④ 焠之쉬지

[색은] 쉬焠는 물들이는 것이다. 焠의 발음은 '췌[恖潰反]'이고 독약으로 칼날에 물들인 것을 이른다.

焠 染也 音恖潰反 謂以毒藥染劍鍔也

⑤ 血濡縷 人無不立死者혈유루 인무불립사자

[집해] 비수로써 사람에게 시험해보니 사람이 피를 흘려 실오라기를 적시기에 충분하면 곧바로 죽는다는 말이다.

言以匕首試人 人血出 足以沾濡絲縷 便立死也

연나라에는 용사勇士로 진무양秦舞陽이 있었는데 13세에 사람을 죽인 일이 있어서 사람들이 감히 똑바로 쳐다보는① 자가 없었다. 이에 진무양을 보좌로 삼았다. 형가는 기다리는 사람이 있었는데 함께하고자 했으나 그 사람은 먼 곳에 살아 아직 오지 않았는데 행장은 모두 꾸려졌다. 얼마간 시간이 흘렀는데도 출발하지 않자 태자는 지연되는 것에 형가가 마음을 바꾸어 후회하는가를 의심하여 이에 다시 청해서 말했다.

"날짜가 이미 다됐는데 형경은 무슨 뜻함이 있소? 제가 청컨대 먼저 진무양을 보냈으면 하오."

형가가 노하고 태자를 꾸짖어서 말했다.

"어찌 태자께서 보낸다고 하십니까? 가서 돌아오지 않을 자는 저 녀석입니다. 또 하나의 비수를 가지고 예측할 수 없는 강한 진나라로 들어가는 것입니다. 제가 머무르고 있는 것은 나의 객客을 기다려 함께하려는 것입니다. 지금 태자께서 더디다고 하시니, 청컨대 하직하고 떠나겠습니다."

마침내 출발하였다.

燕國有勇士秦舞陽 年十三 殺人 人不敢忤視① 乃令秦舞陽爲副 荊軻有所待 欲與俱 其人居遠未來 而爲治行 頃之 未發 太子遲之 疑其改悔 乃復請曰 日已盡矣 荊卿豈有意哉 丹請得先遣秦舞陽 荊軻怒 叱太子曰 何太子之遣 往而不返者 豎子也 且提一匕首入不測之彊秦 僕所以留者 待吾客與俱 今太子遲之 請辭決矣 遂發

① 忤視오시

색은 오忤는 거스르는 것이고 '오[五故反]'로 발음한다. 감히 거슬러 보지 못하는 것은 사람들의 두려움이 심하다는 말이다.

忤者 逆也 五故反 不敢逆視 言人畏之甚也

태자와 빈객들로 그 일을 아는 자들은 모두 흰 의관을 하고 전송했다.① 이수易水 가에② 이르러 이미 길제사를 지내고 길을 잡았는데 고점리는 축을 타고 형가는 화답해 노래를 불렀다. 변치變徵③의 소리가 되자 사인들은 모두 눈물을 흘리면서 훌쩍거렸다. 또 앞에서 노래를 만들어 말했다.

"바람은 쓸쓸하고 이수는 차갑구나. 장사 한 번 떠나면 되돌아오지 못하리!"

다시 우음羽音의 소리가 되어 의기가 북받치자 사인들은 모두 눈을 부릅뜨고 머리털은 모두 위로 솟아 관을 곤두섰다. 이에 형가가 수레에 올라 떠나면서 끝까지 돌아보지 않았다.

太子及賓客知其事者 皆白衣冠以送之① 至易水之上② 旣祖 取道 高漸離擊筑 荊軻和而歌 爲變徵③之聲 士皆垂淚涕泣 又前而爲歌曰 風蕭蕭兮易水寒 壯士一去兮不復還 復爲羽聲忼慨 士皆瞋目 髮盡上指冠 於是荊軻就車而去 終已不顧

① 皆白衣冠以送之개백의관이송지

신주 흰 의관은 상례喪禮를 뜻한다. 형가 일행이 모두 죽을 것을 알기 때문에 미리 상례를 올린 것이다.

② 易水之上이수지상

정의 이주는 유주 귀의현歸義縣의 영역에 있다.

易州在幽州歸義縣界

신주 이수는 현재 하북성 서부를 흐르는 강인데, 수원은 이현易縣 경내에서 나와서 남거마하南拒馬河로 들어간다.

③ 變徵변치

정의 徵의 발음은 '지[知雉反]'이다.

徵 知雉反

신주 오음五音의 '궁상각치우'는 서양 음계의 '도레미솔라'에 해당하며 파에 해당하는 음이 '변치'이고 시에 해당하는 음이 '변궁'이다.

실패한 형가 그리고 고점리

마침내 진秦나라에 이르러 (형가는) 1,000금의 자금과 폐물幣物을 가지고 진왕의 총애 받는 신하인 중서자中庶子 몽가蒙嘉에게 후한 선물을 보냈다. 몽가가 먼저 진왕에게 말했다.

"연나라 왕은 진실로 대왕의 위엄에 두려워 떨면서 감히 군사를 일으켜 (우리) 군사와 관리들에게 맞서지 않으며 온 나라가 신하가 되어 제후의 반열에 견주며, 군현郡縣처럼 공물과 직분을 바치면서 선왕들의 종묘를 받들어 지키게 되기를 원하고 있습니다. 두려워 감히 직접 아뢰지 못하고 삼가 번오기의 머리를 베어 연나라 독항督亢의 지도와 함께 바치려고 함에 봉한 후 연왕이 궁정에서 절을 해서 보내고 사신으로 하여금 대왕에게 아뢰려 하니 대왕께서는 명을 내리십시오."

진왕이 이를 듣고 크게 기뻐하여 이에 조복朝服을 갖추고 구빈九賓①의 예를 베풀어 연나라 사자를 함양궁咸陽宮②에서 만나기로 했다. 형가는 번오기의 머리가 든 함을 받들고 진무양은 지도가 든 함③을 받들어 차례로 앞으로 나아갔다. 계단에 이르러 진무양이 안색이 변하며 두려움에 떨자 군신들이 괴이하게 여겼다.

형가는 진무양을 돌아보고 웃으면서 앞으로 나와 사죄하여 말했다.

"북쪽 변방 만이의 천한 사람이 일찍이 천자를 배알한 적이 없으므로 두려움에 떠는 것입니다. 원컨대 대왕께서는 조금이나마 용서하시어 사신의 예를 앞에서 다하게 해주십시오."

遂至秦 持千金之資幣物 厚遺秦王寵臣中庶子蒙嘉 嘉爲先言於秦王曰 燕王誠振怖大王之威 不敢擧兵以逆軍吏 願擧國爲內臣 比諸侯之列 給貢職如郡縣 而得奉守先王之宗廟 恐懼不敢自陳 謹斬樊於期之頭 及獻燕督亢之地圖 函封 燕王拜送于庭 使使以聞大王 唯大王命之 秦王聞之 大喜 乃朝服 設九賓① 見燕使者咸陽宮② 荊軻奉樊於期頭函 而秦舞陽奉地圖柙③ 以次進 至陛 秦舞陽色變振恐 群臣怪之 荊軻顧笑舞陽 前謝曰 北蕃蠻夷之鄙人 未嘗見天子 故振慴 願大王少假借之 使得畢使於前

① 九賓구빈

정의 유씨가 말했다. "문물을 크게 갖추어 베푸는 것을 곧 구빈九賓이라고 이르며, 부득이《주례》로서 구빈九賓의 뜻을 해석했다."

劉云 設文物大備 卽謂九賓 不得以周禮九賓義爲釋

② 咸陽宮함양궁

정의 《삼보황도》에서 말한다. "진나라에서 처음으로 천하를 합치고 함양咸陽에 도읍하여 북쪽 능선을 따라 궁전을 건축했다. 곧 자궁紫宮은 제궁帝宮을 상징하고 위수渭水는 도시를 관통해 은하수를 상징하며 횡교橫橋의 남쪽으로 건너는 것은 견우牽牛를 본받은 것이다."

三輔黃圖云 秦始兼天下 都咸陽 因北陵營宮殿 則紫宮象帝宮 渭水貫都以象天
漢 橫橋南度以法牽牛也

③ 柙합

색은 柙의 발음은 '합[戶甲反]'이다. 합柙은 또한 함函이다.

戶甲反 柙亦函也

진왕이 형가에게 일러 말했다.

"진무양이 가진 지도를 가져오라."

형가가 지도를 가져오고 나서 아뢰자 진왕이 지도를 펴보는데, 지
도가 다 펴지자 비수가 보였다. 그 기회에 형가는 왼손으로 진왕의
소매를 잡고 오른손으로 비수를 쥐고 진왕을 찔렀다. 진왕의 몸에
닿지 않았는데 진왕은 놀라서 저절로 당겨져 소매가 끊어졌다. 이
에 진왕은 검을 뽑으려는데 검이 길어서 그 칼집에 걸렸다.① 당시
에 두렵고 다급한데다 칼이 굳게 꽂혀있어 곧바로 뽑지 못했다.

형가가 진왕을 쫓았으나 진왕은 기둥을 돌아서 달아났다. 모든
신하가 모두 놀라고 갑자기 뜻하지 않게 일어난 일인지라 모두 그
방도를 잃었다. 진나라 법에는 전상에서 모시는 모든 신하는 한
자나 한 치의 병기도 몸에 지닐 수가 없었다. 여러 낭중郎中②은
병기를 가지고 모두 궁전의 아래에 늘어서 있었으나 왕이 부르지
않으면 올라갈 수 없었다.

바야흐로 위급한 때라 궁전 아래에 있는 군사들을 미처 부르지 못했다. 이 때문에 형가가 진왕을 쫓은 것이다. 갑자기 황급해져서 형가를 공격할 수 없어서 손으로 함께 내리쳤다.

秦王謂軻曰 取舞陽所持地圖 軻既取圖奏之 秦王發圖 圖窮而匕首見 因左手把秦王之袖 而右手持匕首揕之 未至身 秦王驚 自引而起 袖絕 拔劍 劍長 操其室^① 時惶急 劍堅 故不可立拔 荊軻逐秦王 秦王環柱而走 群臣皆愕 卒起不意 盡失其度 而秦法 群臣侍殿上者不得持尺寸之兵 諸郎中^②執兵皆陳殿下 非有詔召不得上 方急時 不及召下兵 以故荊軻乃逐秦王 而卒惶急 無以擊軻 而以手共搏之

① 操其室조기실

색은 실室은 칼집을 이른다.

室謂鞘也

정의 《연단자》에서 말한다. "왼손으로 그 가슴을 찔렀다. 진왕이 이르기를 '오늘의 일은 그대를 따라 계획할 뿐이다. 비파 소리를 들은 뒤에 죽게 해다오.'라고 했다. 첩을 불러서 비파를 타게 했는데 비파 소리에는 '비단과 명주의 홑옷은 찢어서 끊을 수 있네. 8척의 병풍은 뛰어서 넘을 수 있네. 녹로鹿盧의 검은 등에 지고 뽑을 수 있네.'라고 했다. 왕은 이에 소매를 떨치고 병풍을 뛰어넘어 달아났다."

燕丹子云 左手揕其胸 秦王曰 今日之事 從子計耳 乞聽瑟而死 召姬人鼓琴 琴聲曰 羅縠單衣 可裂而絕 八尺屏風 可超而越 鹿盧之劍 可負而拔 王於是奮袖超屏風走之

② 郎中낭중

색은 지금의 숙위관과 같다.

若今宿衞之官

이때 왕을 모시던 의사 하무저夏無且^①가 자신이 가지고 있던 약
주머니를 형가에게 던졌다.^② 진왕은 바야흐로 기둥을 돌아서 달
아나다가 마침내 황급해져서 어찌할 바를 알지 못하는데 좌우에
서 이에 일러 말했다.

"왕이시여, 검을 등에 지십시오.^③"

진왕은 검을 등에 지고 마침내 뽑아서 형가를 공격하여 그 왼쪽
허벅지를 베었다. 형가는 넘어지면서 이에 그 비수를 당겨 진왕
에게 던졌는데^④ 적중시키지 못하고 구리기둥에 맞았다.^⑤ 진왕이
다시 형가를 공격하여 형가는 여덟 군데 상처를 입었다. 형가는
스스로 일이 성사되지 못할 것으로 여기고 기둥에 기대 웃으면서
두 다리를 뻗고 욕하며 말했다.

"일을 성공시키지 못한 것은 생포해서 겁박하여 반드시 약속을
받아내어 태자에게 보답하려 했기 때문이다.^⑥"

이에 왕의 좌우 사람들이 앞에서 형가를 죽였으나 진왕은 한참
동안 불쾌한 기색이었다. 그 후 공로를 논하여 여러 신하에게 상
을 내리는데 연관된 자들에게 각각 차등을 두었으며, 하무저에게
는 황금 200일을 하사하면서 말했다.

"하무저는 나를 아끼고 약주머니를 형가에게 던졌다."

是時侍醫夏無且①以其所奉藥囊提②荊軻也 秦王方環柱走 卒惶急 不知所爲 左右乃曰 王負劍③ 負劍 遂拔以擊荊軻 斷其左股 荊軻廢 乃引其匕首以擿④秦王 不中 中桐柱⑤ 秦王復擊軻 軻被八創 軻自知事不就 倚柱而笑 箕踞以罵曰 事所以不成者 以欲生劫之 必得約契以報太子也⑥ 於是左右旣前殺軻 秦王不怡者良久 已而論功 賞群臣及當坐者各有差 而賜夏無且黃金二百溢 曰 無且愛我 乃以藥囊提荊軻也

① 且저

색은 且의 발음은 '져[卽餘反]'이다.

且音卽餘反

② 提제

정의 提의 발음은 '제[姪帝反]'이다.

提 姪帝反

③ 王負劍왕부검

색은 왕소가 말했다. "옛날에는 검을 차면 위가 길어서 뽑으면 칼집에서 나오지 않았다. 왕이 등에서 밀어내서 앞이 짧아져 쉽게 뽑도록 하고 싶었으므로 '왕이시여, 검을 등에 지십시오.'라고 했다." 또 《연단자》에서 비파 소리로 일컬어 "녹로鹿盧의 검은 등에 지고 뽑을 수 있네."라고 한 것이 이것이다.

王劭曰 古者帶劍上長 拔之不出室 欲王推之於背 令前短易拔 故云 王負劍 又燕丹子稱琴聲曰 鹿盧之劍 可負而拔 是也

④ 摘적

색은 적摘과 '척擲'은 동일하고 옛 글자일 뿐이다. '직[持益反]'으로 발음한다.

摘與擲同 古字耳 音持益反

⑤ 中桐柱중동주

정의 《연단자》에서 말한다. "형가는 비수를 뽑아서 진왕에게 던졌는데, 귀를 가르고 구리 기둥으로 들어가서 불똥이 튀어나왔다."

燕丹子云 荊軻拔匕首擲秦王 決耳入銅柱 火出

⑥ 約契以報太子也약계이보태자야

집해 한나라 《염철론》에서 말한다. "형가가 여러 해의 계획을 품었지만, 일을 성취하지 못한 것은 1자 8치의 비수를 믿지 못했기 때문이다. 진왕은 뜻하지 않게 당했지만, 분육과 하육을 차례로 벤 것은 일곱 자날카로운 검을 끼고 있었기 때문이다."

漢鹽鐵論曰 荊軻懷數年之謀而事不就者 尺八匕首不足恃也 秦王操於不意 列斷賁育者 介七尺之利也

이에 진왕은 크게 노하여 군사를 늘려 징발하여 조나라에 보내고 왕전의 군대에 조서를 내려 연나라를 정벌하게 했다. 10월에 연나라 수도 계성薊城을 함락시켰다. 연왕 희喜와 태자 단 등은 그 정예병들을 모두 인솔하여 동쪽으로 달아나 요동을 지켰다. 진나라 장수 이신이 다급하게 연왕을 추격하자, 대왕代王 가嘉^①는 이에 연왕 희에게 서신을 보내서 말했다.

"진나라에서 더욱 연나라를 급하게 추격하는 것은 태자 단 때문입니다. 지금 왕께서 진실로 단을 죽여서 진왕에게 바친다면 진왕이 반드시 추격을 풀어서 사직은 다행히 제사를 받게 될 것입니다."

그 뒤에 이신이 단을 추격하자 단은 연수衍水^② 안으로 숨었다. 연왕이 이에 사신을 시켜서 태자 단을 참수하여 진나라에 바치고자 했다. 진나라에서 다시 군사를 진격시켜 공격했다. 5년 뒤에 진나라는 마침내 연나라를 멸하고 연왕 희를 사로잡았다.

於是秦王大怒 益發兵詣趙 詔王翦軍以伐燕 十月而拔薊城 燕王喜太子丹等盡率其精兵東保於遼東 秦將李信追擊燕王急 代王嘉^①乃遺燕王喜書曰 秦所以尤追燕急者 以太子丹故也 今王誠殺丹獻之秦王 秦王必解 而社稷幸得血食 其後李信追丹 丹匿衍水^②中 燕王乃使使斬太子丹 欲獻之秦 秦復進兵攻之 後五年 秦卒滅燕 虜燕王喜

① 代王嘉대왕가

신주 진시황 19년에 조나라가 망하자, 그 일족들이 대代에서 옹립하여 세운 왕이다. 6년을 버텼지만, 진나라가 연나라를 멸한 다음에 군사를 돌려 멸했다.

② 衍水연수

색은 물 이름이고 요동에 있다.

水名 在遼東

연수는 고대 요동인 하북성 일대에 있던 강인데, 더 이상의 사료가 없어서 정확한 위치는 알 수 없다.

그 다음해 진나라는 천하를 합치고 칭호를 황제皇帝라고 했다. 이에 진나라에서 태자 단과 형가의 빈객들을 쫓자 빈객들은 모두 도망쳤다.

고점리는 성명을 바꾸고 남의 머슴이 되어[1] 송자[2]에 숨어서 지냈다. 그렇게 오래 지내면서 일을 고통스럽게 여겼다. 그 주인집 마루에서 객이 축을 타는 것을 듣고는 서성거리며 떠나가지 못했다. 그때마다 말을 내뱉었다.

"저 사람은 잘하는 것도 있지만 못하는 것도 있다."

종자從者[3]가 듣고 그 주인에게 고해서 말했다.

"저 머슴이 음을 아는지 가만히 옳으니 그르니 말합니다."

집안의 어른이[4] 불러서 앞에서 축을 타게 했는데, 온 자리의 사람들이 훌륭하다고 칭찬했고 술을 하사했다. 고점리는 오래도록 숨어서 두려워만 하면 궁색함에서 벗어날 수 없을 것이라고[5] 생각했다. 이에 물러나 그가 갑 속에 넣어 두었던 축과 좋은 옷을 꺼내어 다시 용모를 바꾸고 앞에 나섰다. 모든 앉아 있던 객들이 모두 놀라 내려와서 함께 예를 올리고 상객上客으로 삼았다. 축을 타고 노래하게 했더니 객들 가운데 눈물을 흘리지 않고 떠난 자가 없었다.

其明年 秦幷天下 立號爲皇帝 於是秦逐太子丹荊軻之客 皆亡 高漸離 變名姓爲人庸保[1] 匿作於宋子[2] 久之 作苦 聞其家堂上客擊筑 傍偟不

能去 每出言曰 彼有善有不善 從者③以告其主 曰 彼庸乃知音 竊言是
非 家丈人④召使前擊筑 一坐稱善 賜酒 而高漸離念久隱畏約無窮時⑤
乃退 出其裝匣中筑與其善衣 更容貌而前 舉坐客皆驚 下與抗禮 以爲
上客 使擊筑而歌 客無不流涕而去者

① 爲人庸保위인용보

[색은] 〈난포열전〉에서 "제나라에서 품을 팔고 술집 사람이 되었다."라
고 했는데,《한서》에는 "술집에 고용되었다."로 되어 있다. 살펴보니 술집
에서 고용되어 일했다고 이른 것은 보증하여 믿을 만하다는 말이다. 그
러므로 '용보'라고 일렀다.《갈관자》에서 "이윤은 술집 머슴이 되었다."라
고 했다.

欒布傳曰 賣庸於齊 爲酒家人 漢書作 酒家保 案 謂庸作於酒家 言可保信 故云
庸保 鶡冠子曰 伊尹保酒

[신주] 〈난포열전〉에는 '爲酒人保'라 했다. 인용이 잘못되었다.

② 宋子송자

[집해] 서광이 말했다. "현 이름이고 지금은 거록군에 속한다."

徐廣曰 縣名也 今屬鉅鹿

[색은] 서광이 주석하여 "현 이름이고 거록군에 속한다."고 한 것은
〈지리지〉에 의거해서 안 것이다.

徐注云 縣名 屬鉅鹿者 據地理志而知也

[정의] 송자의 옛 성은 조주趙州 평극현 북쪽 30리에 있다.

宋子故城在趙州平棘縣北三十里

③ 從者종자

[색은] 주인집의 좌우 사람을 이른다.

謂主人家之左右也

④ 家丈人가장인

[색은] 유씨가 말했다. "주인옹을 이른다." 또 위소가 말했다. "옛날에 남자를 이름하여 장부丈夫라고 하고 부인네를 높여서 장인丈人이라고 했다. 그러므로 《한서》〈선원육왕전〉에서 이른바 장인은 회양헌왕淮陽憲王의 외조모이며 즉 장박張博의 어머니이다. 그러므로 옛 시에 '3일에 다섯 필을 끊어내도 장인은 더디다고 말한다.'라고 한 것이 이것이다."

劉氏云 謂主人翁也 又韋昭云 古者名男子爲丈夫 尊婦嫗爲丈人 故漢書宣元六王傳所云丈人 謂淮陽憲王外王母 卽張博母也 故古詩曰 三日斷五疋 丈人故言遲 是也

[신주] 같은 위소의 주석이 앞서 〈섭정전〉에 나오는데, 거기서는 장인이 아니라 대인大人이라 했다.

⑤ 畏約無窮時외약무궁시

[색은] 약約은 빈천하고 검약한 것을 이른다. 이미 머슴이 되어 항상 사람을 두려워했다. 그러므로 '외약畏約'이라고 일렀다. 그런 까닭에 《논어》에서 "오래도록 곤궁한 곳에 처할 수 없다."라고 했다.

約謂貧賤儉約 旣爲庸保 常畏人 故云畏約 所以論語云 不可以久處約

[신주] 約에는 묶다, 움츠리다, 추스르다, 검약하다, 줄이다, 나누다 등 여러 뜻이 있다. '畏約'이라 했으니 '두려워 움츠리다'라는 뜻에 가깝다.

송자에서 번갈아 그를 객으로 삼았는데[①] 진시황에게도 알려졌다. 진시황이 불러서 만나보았는데 알아보는 사람이 있어 이에 말했다.

"고점리입니다."

진시황은 그가 축을 잘 타는 것을 애석하게 여기고 죽을 죄를 사면하고 그 눈을 멀게 했다.[②] 축을 타게 시켰는데 일찍이 좋다는 칭찬을 하지 않은 적이 없었다. 점점 더욱 가까이하자 고점리는 납[③]을 축 안에 넣었고 다시 나아가 가까워지게 되자 축을 들어서 진황제를 내리쳤지만[④] 맞지 않았다. 이에 마침내 고점리를 처형하고 (진시황은) 종신토록 다시는 제후국의 사람들을 가까이하지 않았다.

노구천은 이미 형가가 진왕을 찔렀다는 소문을 듣고 나서 사사로이 말했다.

"아아! 안타깝구나, 그에게 검을 찌르는 기술을 가르치지 않은 것이.[⑤] 심하구나, 내가 사람을 알아보지 못한 것이! 지난날 내가 꾸짖었으니 그 사람은 나를 사람이 아니라고 여겼을 것이다!"

宋子傳客之[①] 聞於秦始皇 秦始皇召見 人有識者 乃曰 高漸離也 秦皇帝惜其善擊筑 重赦之 乃矐[②]其目 使擊筑 未嘗不稱善 稍益近之 高漸離乃以鉛[③]置筑中 復進得近 擧筑朴[④]秦皇帝 不中 於是遂誅高漸離 終身不復近諸侯之人 魯句踐已聞荊軻之刺秦王 私曰 嗟乎 惜哉其不講[⑤] 於刺劍之術也 甚矣吾不知人也 曩者吾叱之 彼乃以我爲非人也

① 傳客之전객지

집해 서광이 말했다. "서로 객으로 삼은 것이다."

徐廣曰 互以爲客

② 矐학

집해 矐의 발음은 '학[海各反]'이다.

矐音海各反

색은 矐의 발음은 '학[海各反]'이고 한편 '각角' 발음도 있다. 설명하는 자가 이르기를 말똥을 태워 연기를 쐬게 해서 실명하게 한 것이라고 했다.

海各反 一音角 說者云以馬屎燻令失明

③ 鉛연

색은 살펴보니 유씨가 말했다. "납을 축筑 안에 꼿꼿이 붙여 무겁게 해서 사람을 치려는 것이다."

案 劉氏云 鉛爲挺著筑中 令重 以擊人

④ 朴박

색은 朴의 발음은 '밉[普十反]'이다. 박朴은 치는 것이다.

普十反 朴 擊也

⑤ 不講불강

색은 살펴보니 불강不講은 논하여 익히지 않은 것을 이른다.

案 不講謂不論習之

태사공은 말한다.

세상에서 형가를 말하면서 그 태자 단의 운명을 일컬어 '하늘에서 곡식이 비처럼 내리고 말에 뿔이 난다.①'라고 한 것은 너무 지나치다. 또 형가가 진왕에게 상처를 입혔다고 한 것은 모두 잘못된 것이다. 처음에 공손계공公孫季功과 동중서는 하무저와 교유하여 구체적으로 그 사실을 알고 있었으며 나에게도 이같이 말했다. 조말로부터 형가에 이르기까지 다섯 명의 자객은 그 의행義行이 성공하기도 하고 실패하기도 했다. 그러나 이들이 세운 뜻은 뚜렷하였으며 자신의 뜻을 속이지도 않았으니, 이들의 이름이 후세에 전해지는 것이 어찌 망령된 일이 되겠는가!

太史公曰 世言荊軻 其稱太子丹之命 天雨粟 馬生角① 也 太過 又言荊軻傷秦王 皆非也 始公孫季功董生與夏無且游 具知其事 爲余道之如是 自曹沫至荊軻五人 此其義或成或不成 然其立意較②然 不欺其志 名垂後世 豈妄也哉

① 天雨粟 馬生角천우속 마생각

색은 《연단자》에서 말한다. "단이 (연나라로) 돌아가게 해달라고 요구하자 진왕이 이르기를 '까마귀 머리가 하얘지고 말에 뿔이 나야 만이 허락할 뿐이다.'라고 했다. 단이 이에 '하늘을 우러러 탄식하면서 까마귀 머리는 곧 하얘지고 말도 뿔이 날 것이다.'라고 했다." 《풍속통》과 《논형》에는 모두 이 설명이 있으며, 거듭 이르기를 "마구간 문의 나무로 만든 까마귀에 진짜 발이 난다면"이라고 했다.

燕丹子曰 丹求歸 秦王曰 烏頭白 馬生角 乃許耳 丹乃仰天歎 烏頭卽白 馬亦生
角 風俗通及論衡皆有此說 仍云 廄門木烏生肉足

② 較교
[색은] 교較는 밝음이다.
較 明也

[색은술찬] 사마정이 펼쳐서 밝히다.

조말은 가柯 땅에서 회맹할 때 침탈된 땅을 노나라로 돌려주게 했다. 전
제는 구운 고기를 바쳐 오나라의 빼앗긴 군주 자리를 바로 했다. 아우를
드러내 시장에서 곡하고 주인에게 보답하려고 측간에서 벽을 발랐다. 목
을 잘라 억울함을 풀려 했지만 행한 일은 옷소매에 걸렸다. 사나운 진나
라는 혼백을 빼앗았지만 나약한 사내는 기운을 늘렸구나!

曹沫盟柯 返魯侵地 專諸進炙 定吳簒位 彰弟哭市 報主塗廁 刎頸申冤 操袖行
事 暴秦奪魄 懦夫增氣

[지도 2] 자객열전

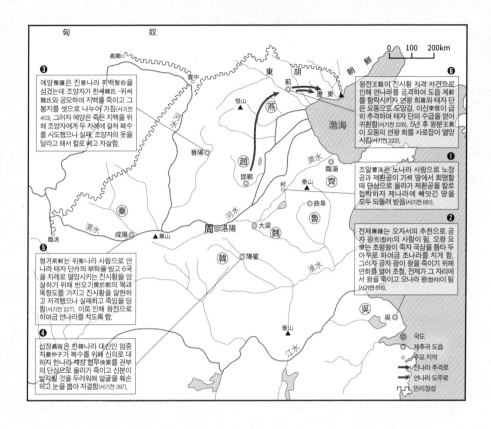

匈　　奴

高闕

東　胡

朝　鮮

0　100　200km

❸ 예양豫讓은 진晉나라 지백智伯을 섬겼는데 조양자가 한씨韓氏·위씨魏氏와 공모하여 지백을 죽이고 그 봉지를 셋으로 나누어 가짐(서기전 453). 그러자 예양은 죽은 지백을 위해 조양자에게 두 차례에 걸쳐 복수를 시도했으나 실패, 조양자의 옷을 달라고 해서 칼로 베고 자살함.

雲中

恒山▲

薊

遼東

燕

渤海

❻ 왕전王翦이 진시황 저격 사건으로 인해 연나라를 공격하여 도읍 계薊를 함락시키자 연왕 희喜와 태자 단은 요동으로 도망감. 이신李信이 급히 추격하여 태자 단의 수급을 얻어 귀환함(서기전 226). 5년 후 왕분王賁이 요동의 연왕 희를 사로잡아 멸망시킴(서기전 222).

河水

晉陽

趙

邯鄲

淸水

臨淄

齊

泰山▲

❶ 조말曹沫은 노魯나라 사람으로 노장공과 제환공이 가柯 땅에서 회맹할 때 단상으로 올라가 제환공을 칼로 협박하자 제나라에 빼앗긴 땅을 모두 되돌려 받음(서기전 681).

秦

渭水

臨洮

咸陽

華山▲

周

洛陽

柯

曲阜

魯

大梁

魏

河水

❺ 형가荊軻는 위衛나라 사람으로 연나라 태자 단丹의 부탁을 받고 6국을 차례로 멸망시키는 진시황을 암살하기 위해 번오기樊於期의 목과 독항도를 가지고 진시황을 알현하고 저격했으나 실패하고 죽임을 당함(서기전 227). 이로 인해 왕전으로 하여금 연나라를 치도록 함.

韓

陽翟

❷ 전제專諸는 오자서의 추천으로 공자 광光(합려)의 사람이 됨. 오왕 요僚는 초평왕이 죽자 국상을 틈타 두 아우로 하여금 초나라를 치게 함. 그러자 공자 광이 왕을 죽이기 위해 연회를 열어 초청, 전제가 그 자리에서 왕을 죽이고 오나라 왕(합려)이 됨(서기전 516).

淮水

❹ 섭정聶政은 한韓나라 대신인 엄중자嚴仲子가 복수를 위해 신의로 대하자 한나라 재상 협루俠累를 관부의 단상으로 올라가 죽이고 신분이 발각될 것을 두려워해 얼굴을 훼손하고 눈을 뽑아 자결함(서기전 397).

衡山▲

江水

吳

吳

◎ 국도
◎ 제후국 도읍
○ 주요 지역
➔ 진나라 추격로
➔ 연나라 도주로
〰 만리장성

《신주 사마천 사기》〈열전〉을 만든 사람들

한가람역사문화연구소 사기연구실

이덕일(한가람역사문화연구소 소장, 문학박사)

김명옥(문학박사)

송기섭(문학박사)

이시율(고대사 및 역사고전 연구가)

정 암(지리학박사)

최원태(고대사 연구가)

한가람역사문화연구소는 1998년 창립된 이래 한국 사학계에 만연한 중화사대주의 사관과 일제식민 사관을 극복하고 한국의 주체적인 역사관을 세우려 노력하고 있는 학술연구소이다. 독립운동가들의 역사관 계승 작업을 꾸준히 진행하는 한편《사기》본문 및 '삼가주석'에 한국 고대사의 진실을 말해주는 수많은 기술이 있음을 알고 연구에 몰두했다. 지난 10여 년간 《사기》원전 및 삼가주석 강독(강사 이덕일)'을 진행하는 한편 사기연구실 소속 학자들과《사기》에 담긴 한중고대사의 진실을 찾기 위한 연구 및 답사도 계속했다.《신주 사마천 사기》는 원전 강독을 기초로 여러 연구자들이 그간 토론하고 연구한 결과의 집대성이라고 할 수 있다. 한가람역사문화연구소는《신주 사마천 사기》출간을 시작으로 역사를 바로세우기 위해 토대가 되는 문헌사료의 번역 및 주석 추가 작업을 꾸준히 이어갈 계획이다.

한문 번역 교정

유정님 박상희 김효동 곽성용 김영주 양훈식 박종민

《사기》를 지은 사람들

본문_ 사마천

사마천은 자가 자장子長으로 하양(지금 섬서성 한성시) 출신이다. 한무제 때 태사공을 역임하다가 이릉 사건에 연루되어 궁형을 당했다. 기전체 사서이자 중국 25사의 첫머리인 《사기》를 집필해 역사서 저술의 신기원을 이룩했다. 후세 사람들이 태사공 또는 사천이라고 높여 불렀다. 《사기》는 한족의 시각으로 바라본 최초의 중국 민족사라고 할 수 있는데 여기서 사마천은 동이족의 역사를 삭제하거나 한족의 역사로 바꾸기도 했다.

삼가주석_ 배인 · 사마정 · 장수절

《집해》 편찬자 배인은 자가 용구龍駒이며 남북조시대 남조 송(420~479)의 하동 문희(현 산서성 문희현) 출신이다. 진수의 《삼국지》에 주석을 단 배송지의 아들로 《사기집해》 80권을 편찬했다.

《색은》 편찬자 사마정은 자가 자정子正으로 당나라 하내(지금 하남성 심양) 출신인데 굉문관 학사를 역임했다. 사마천이 삼황을 삭제한 것을 문제로 여겨서 〈삼황본기〉를 추가했으며 위소, 두예, 초주 등 여러 주석자의 주석을 폭넓게 모으고 자신의 견해를 덧붙여 《사기색은》 30권을 편찬했다.

《정의》 편찬자 장수절은 당나라의 저명한 학자로, 개원 24년(736) 《사기정의》 서문에 "30여 년 동안 학문을 섭렵했다"고 썼을 정도로 《사기》 연구에 몰두했다. 그가 편찬한 《사기정의》에는 특히 당나라 위왕 이태 등이 편찬한 《괄지지》를 폭넓게 인용한 것을 비롯해서 역사지리에 관한 내용이 풍부하다.